Gouvernance et intérêt général dans les services sociaux et de santé

P.I.E. Peter Lang

Bruxelles · Bern · Berlin · Frankfurt am Main · New York · Oxford · Wien

CIRIEC
(sous la dir. de Bernard ENJOLRAS)

Gouvernance et intérêt général dans les services sociaux et de santé

Collection « Économie sociale & Économie publique »
n° 1

Les activités, publications et recherches du CIRIEC sont réalisées avec le soutien du Gouvernement fédéral belge – Politique scientifique et avec celui de la Communauté française de Belgique – Recherche scientifique.

La recherche a en outre bénéficié d'un soutien de la Banque Nationale de Belgique.

© P.I.E. PETER LANG s.a.
Éditions scientifiques internationales
Bruxelles, 2008
1 avenue Maurice, B-1050 Bruxelles, Belgique
www.peterlang.com ; info@peterlang.com

Imprimé en Allemagne

ISSN 2030-3408
ISBN 978-90-5201-392-3
D/2008/5678/12

Information bibliographique publiée par « Die Deutsche Bibliothek »

« Die Deutsche Bibliothek » répertorie cette publication dans la « Deutsche National-bibliografie » ; les données bibliographiques détaillées sont disponibles sur le site http://dnb.ddb.de.

Table des matières

Remerciements

Le présent ouvrage est le résultat du groupe de travail transversal du CIRIEC international sur le thème « Régimes de gouvernance et intérêt général dans le domaine des services sociaux et de santé » qui s'est régulièrement réuni durant trois ans (2003-2006) afin d'explorer cette thématique. Au terme de ce travail, je tiens à remercier tous les membres du groupe de travail et les contributeurs à cet ouvrage pour leur collaboration et la qualité de nos échanges. Ce livre n'aurait pu voir le jour sans le soutien de l'équipe du CIRIEC international et en particulier Christine Dussart et Barbara Sak ainsi qu'en l'absence de l'engagement et l'aide de Marie J. Bouchard (CIRIEC Canada), de Benoît Lévesque, Président du Conseil scientifique international du CIRIEC, ainsi que de Bernard Thiry, Directeur général du CIRIEC international. Qu'ils soient ici remerciés.

Bernard Enjolras

Introduction

Bernard ENJOLRAS

Institute for Social Research, Oslo (Norway)

Les services sociaux et de santé sont aujourd'hui au cœur de nos préoccupations. Leurs modes de fourniture, de réglementation et de financement connaissent de nombreux bouleversements que ce soit dans des pays qui essaient d'atteindre des niveaux de prestations décents malgré la faiblesse des ressources disponibles ou dans des économies plus riches confrontées à une remise en cause de la cohésion sociale et à des défis majeurs comme le vieillissement des populations.

Ces bouleversements, ces réformes posent notamment la question conceptuelle du caractère économique ou marchand de ces services : en quoi les services sociaux et de santé se différencient-ils des (autres) services économiques ? En particulier dans l'Union européenne, les règles de concurrence s'appliquent-elles aux services sociaux et de santé ? Par ailleurs, les modes d'intervention de la puissance publique ont évolué au cours de la dernière décennie. Il est dès lors important d'identifier et de conceptualiser les nouvelles modalités d'intervention de la puissance publique dans le domaine des services sociaux et de santé.

Compte tenu des caractéristiques des services sociaux et de santé, le marché n'est pas en mesure d'atteindre, seul, les objectifs d'intérêt général. La satisfaction de l'intérêt général peut être obtenue de différentes manières et peut s'articuler, selon différentes modalités, autour de plusieurs types d'organisations (publiques et privées, à but lucratif ou non). L'intérêt général peut en outre être servi par le marché, l'État, ou au travers des montages institutionnels de la société civile. Le choix de la structure institutionnelle retenue est non seulement déterminé par des considérations technologiques ou économiques, mais aussi par la nature des préférences individuelles et collectives des intéressés, leurs valeurs personnelles et la distribution de ces préférences et de ces valeurs. On peut dès lors distinguer différents *régimes institutionnels* qui contribuent à servir l'intérêt général.

Compte tenu des défaillances du marché, la fourniture des services d'intérêt général nécessite des aménagements institutionnels particuliers. Or, au cours de la dernière décennie, les systèmes institutionnels sur lesquels repose l'organisation des services économiques d'intérêt général ont subi diverses modifications notamment dans les pays européens. De nombreux monopoles d'État ont été privatisés, et la régulation concurrentielle s'est substituée à leur administration directe par les gouvernements. Les services économiques d'intérêt général traditionnels dans les secteurs de l'énergie, des transports, des télécommunications et, dans une moindre mesure, la santé et l'éducation, sont de plus en plus souvent considérés comme des services d'intérêt privé. D'autres services, dans les domaines de l'environnement, de la santé publique et des risques industriels sont, en revanche, progressivement souvent perçus comme des questions d'intérêt public, et de nouvelles formes de services émergent. Des transformations sont également observées dans les services non marchands d'intérêt général qui sont fournis dans le cadre d'une multitude de systèmes institutionnels qui réunissent des acteurs publics et privés, marchands et non marchands. La question de l'efficacité relative des différents systèmes institutionnels mis en place en vue de la fourniture de ces services constitue dès lors une question politique d'une actualité brûlante. Quant aux organisations *associatives* et *d'économie sociale* promouvant l'intérêt général, elles jouent un rôle de plus en plus important et de nouvelles formes de partenariat entre organisations publiques et privées ont vu le jour. Dans le même temps, le paradigme de la nouvelle gouvernance a contribué à transformer notre conception de la formation des politiques publiques et des processus de mise en œuvre de ces politiques. Le pluralisme a longtemps constitué la conception dominante du processus politique. Dans la perspective pluraliste, le pouvoir n'est pas distribué de manière hiérarchique. Il découle plutôt d'un processus de négociation et de concurrence entre plusieurs groupes qui défendent des intérêts différents. L'approche pluraliste des politiques publiques tend à présupposer que ces dernières résultent de la libre concurrence entre idées et intérêts. Les approches pluralistes ont débouché sur le développement de nouveaux modèles tels que ceux des réseaux et des *communautés politiques* (Rhodes, 1987), modèles qui visent à prendre en considération l'évolution des processus de décision politique et des structures concernées. Dans une certaine mesure, ces concepts mettent en évidence le rapport qui unit les agences gouvernementales aux groupes organisés tout en soulignant que les politiques publiques sont le fruit d'un processus complexe dans lequel interviennent de nombreux acteurs. En tant que théorie de la gouvernance, l'approche des réseaux politiques met en évidence la *nature interactive* des processus d'élaboration et de mise en œuvre des politiques publiques ainsi que le *contexte institutionnel* dans lequel ces processus se déroulent.

C'est dans cette perspective que se sont inscrits les travaux du groupe du CIRIEC dont les résultats sont présentés dans cet ouvrage. Ces travaux se sont articulés autour des notions de services sociaux et de santé d'intérêt général et de régime de gouvernance.

Services sociaux et de santé d'intérêt général

La Commission européenne définit les services d'intérêt général comme « les activités de service, marchands ou non, considérées comme étant d'intérêt général par les autorités publiques et soumises pour cette raison à des obligations spécifiques de service public[1] ». Il est possible de distinguer trois conceptions de l'intérêt général :

- l'intérêt général comme somme ou agrégation des intérêts particuliers. Outre que cette conception pose des problèmes de méthodes (comment agréger les intérêts particuliers ?), elle conduit à une conception minimaliste de l'intérêt général ;
- l'intérêt général comme intérêt commun : cette conception exclut de l'intérêt général tous les domaines où les intérêts ne sont pas convergents ;
- l'intérêt général comme intérêt de la collectivité ou de la communauté : dans ce cas, l'intérêt général dépasse et peut s'opposer aux intérêts des individus.

À partir de cette dernière conception de l'intérêt général, c'est-à-dire l'intérêt général comme intérêt de la collectivité, on peut identifier quatre caractéristiques des services d'intérêt général :

- Ce qui est d'intérêt général n'est pas de nature absolue, mais est un *construit social*, c'est-à-dire un bien commun qui se construit dans une collectivité donnée à un moment donné. Les conceptions de l'intérêt général varient donc dans le temps et dans l'espace.
- Les services d'intérêt général, pour la plupart d'entre eux, impliquent la mise en œuvre d'activités de nature économique, mais leur finalité n'est pas uniquement économique. En d'autres termes, les activités économiques de ces services génèrent des *effets externes* qui bénéficient à l'ensemble de la collectivité ou de la communauté (par exemple, effets sur la cohésion sociale, développement du territoire, égalité d'accès aux services, etc.).

---

[1] Communication de la Commission sur « Les services d'intérêt général en Europe » [COM (2000) 580 – C5-0399/2001], Bruxelles.

– Il existe plusieurs « niveaux » de l'intérêt général en fonction des critères de définition de la « collectivité ». La collectivité peut être définie d'un point de vue spatial et il est possible d'identifier un intérêt général local, régional, national, supranational, etc. La communauté peut également être définie à partir de son « périmètre de solidarité » correspondant à une identité partagée.

– Du fait de ces caractéristiques, le *marché est en échec* pour produire l'intérêt général et des *mécanismes institutionnels non marchands* sont nécessaires.

La finalité des services sociaux et de santé est la protection et l'aide aux personnes fragilisées ou en difficulté pour des raisons tenant aux vicissitudes de l'existence (maladie, âge, handicap, situation familiale, etc.) et aux phénomènes sociaux (chômage, pauvreté, désintégration sociale, criminalité, toxicomanie, etc.). Du fait que les *bénéficiaires* des services sociaux et, dans une moindre mesure, de santé sont des personnes fragilisées ou en difficulté, ces services (i) répondent à une demande souvent non solvable et (ii) sont caractérisés par une asymétrie informationnelle entre l'offreur et le bénéficiaire qui suppose la mise en œuvre de procédures garantissant la qualité des services et la protection des bénéficiaires. En outre (iii) ces services génèrent des effets externes au plan de la collectivité.

– Historiquement, l'aide et la protection des personnes fragilisées ont été assurées, premièrement, dans la famille et par le jeu des solidarités naturelles et de la philanthropie. L'histoire de l'État-providence et des services sociaux est l'histoire de la *socialisation* de ces services. Il est de ce point de vue possible de distinguer deux formes de contribution au « bien-être » : la forme *socialisée*, qui est celle mise en œuvre par l'État-providence, fondée sur le droit ou le statut et la forme *volontaire*, qui s'appuie sur les solidarités volontaires ou spontanées. Le développement des services sociaux s'est généralement effectué par une combinaison de ces deux formes de contribution au bien-être. En Europe, par exemple, les *associations à but non lucratif* ont joué un rôle pionnier dans l'identification des problèmes sociaux (révélation des besoins) et dans la prise en charge de ces problèmes (offre de service). Progressivement, une *division du travail* s'est instaurée entre la puissance publique et les associations. Cette division du travail prend des formes différentes selon les pays. Il est possible de ce point de vue de différencier trois fonctions de *révélation des demandes*, de *financement* et *d'offre*, qui peuvent être remplies soit de façon exclusive soit partagées par l'État d'un côté, les associations de l'autre. Les modalités de partage de ces trois fonctions déterminent différents types de relations entre État/associations.

– Pour les services sociaux et de santé, la question de la *qualité* de la prestation est cruciale, tant pour des raisons de sécurité, de bien-être physique et moral que d'efficacité. La qualité des services sociaux et de santé ne dépend pas uniquement de l'accomplissement, suivant un ensemble de normes prédéterminé, d'un certain nombre de tâches matérielles mais aussi, et avant tout, de la qualité de la relation humaine qui s'établit entre le prestataire et le bénéficiaire et qui détermine pour une large part l'efficacité de la prestation. De plus, le bénéficiaire connaît vis-à-vis du prestataire une situation d'asymétrie informationnelle, ce dernier disposant *a priori* d'une information sur la qualité de sa prestation dont ne dispose pas le bénéficiaire et étant en mesure de maîtriser cette dimension de la prestation. L'offre de services sociaux et de santé implique donc la mise en œuvre de modalités institutionnelles garantissant la qualité des services et la protection des personnes.

– *Effets externes* : la consommation ou la production d'un bien est porteuse d'externalités quand un tiers qui n'est pas impliqué dans la décision de consommer ou de produire est affecté par cette décision. Dans le cas des services sociaux et de santé, la présence d'externalités a pour effet que les services n'affectent pas uniquement leurs bénéficiaires directs mais génèrent des effets *sociaux* (c'est-à-dire des conséquences pour la collectivité dans son ensemble), par exemple, en termes de cohésion sociale, de réduction et de prévention de la pauvreté, de sécurité, de qualité de vie, etc.

Les services sociaux et de santé sont des services d'intérêt général dans la mesure où ils contribuent à la réalisation de certaines « valeurs communes » :

– ils contribuent à maintenir la *cohésion sociale* d'une collectivité ;
– ils contribuent à établir et à garantir un minimum de *sécurité* pour tous les membres d'une collectivité ;
– ils contribuent à garantir la *dignité des personnes* sans laquelle l'idée de *citoyenneté* est illusoire.

Gouvernance

Le thème de la gouvernance a pour arrière plan une double érosion des prérogatives de l'État. D'une part, les capacités d'intervention de l'État sont mises en cause par les phénomènes de dérégulation des marchés financiers à l'échelle mondiale ainsi que par le renforcement des prérogatives des niveaux supranationaux et infranationaux. D'autre part, les capacités d'intervention de l'État ont été réduites de l'intérieur dans la mesure où sa capacité à résoudre les problèmes sociétaux a été mise en cause. Avec l'expansion des conceptions néo-libérales, l'État a de plus en plus été considéré comme source des problèmes d'ineffi-cience économique plutôt que comme solution à ces problèmes. En ont résulté des politiques de dérégulation, de privatisation, de coupe dans les budgets publics ainsi que l'introduction de pratiques « managériales » dans le secteur public, inspirées de celles en usage dans les entreprises privées.

L'émergence de la problématique de la gouvernance peut donc se lire comme une recherche de modes d'action alternatifs pour l'interven-tion publique permettant la réalisation de l'intérêt général sans pour autant recourir à des instruments coercitifs de politique publique. La problématique de la gouvernance s'intéresse par conséquent aux pra-tiques émergentes qui visent à redéfinir les relations entre l'État et la société ainsi que les modalités de l'intervention publique. Cependant, comme le souligne Pierre (2000), la littérature sur la gouvernance est susceptible de générer la confusion en ce qui concerne le concept même de gouvernance. En effet, on peut donner deux sens au concept de gou-vernance se référant à deux approches de la problématique de la gouvernance. La première approche se centre sur l'État et examine les capacités et les moyens de l'État pour « gouverner » la société face à la complexité et la pluralité des acteurs. La seconde approche se centre sur la société et met l'accent sur l'auto-gouvernance et sur les modalités de coordination des acteurs au sein de différents types de réseaux et de partenariats. La littérature sur la gouvernance insiste cependant sur les changements qui caractérisent les modes d'intervention de la puissance publique. Comme l'écrit Rodhes (1997 : 46) « la gouvernance signifie un changement du sens du terme gouvernement, se référant à un nou-veau processus de gouvernement, ou à des conditions transformées de réglementation, ou encore à de nouvelles méthodes par lesquelles la société est gouvernée ». Le concept de gouvernance souligne donc le développement de modalités d'actions publiques qui transcendent les limites de la hiérarchie et du marché (Rhodes, 1997) et place l'accent sur les transformations du rôle de l'État dans une société de plus en plus complexe (Kooiman, 2003). L'idée centrale est que les mécanismes d'intervention publique hiérarchiques ont été remplacés par les méca-nismes du marché dans les années 1980 et par le développement de réseaux et de partenariats dans les années 1990.

Les modes de gouvernance des services sociaux et de santé connais-sent une évolution dans la plupart des pays. D'une façon schématique, on peut dire qu'on est passé d'une conception en termes d'administration publique à une conception en termes de gouvernance, traduisant une remise en cause du modèle rationnel des politiques publiques (en termes d'objectifs, de moyens et de résultats, Hill, 1997) pour privilégier le rôle des acteurs (autonomie des acteurs) et pour mettre l'accent sur des incitations. Traditionnellement, les interventions publiques ont été conçues sur la base d'un processus « rationnel » consistant en l'identification d'un problème ; la prise de décision politique d'agir afin d'apporter une solution au problème ; la définition d'un programme d'action identifiant des objectifs, des ressources, des moyens législatifs ainsi que les acteurs administratifs chargés de la mise en œuvre du programme ; le contrôle de la mise en œuvre du programme et éventuellement son évaluation. Un tel modèle d'intervention présente deux limites. D'une part, les administrations publiques sont fonctionnellement et verticalement organisées autour d'une fonction (par exemple, travail, logement, santé, etc.) et non autour d'un problème (par exemple, l'exclusion sociale). Les liens horizontaux entre ces fonctions et donc l'intégration de ces fonctions sont donc faibles, limitant les capacités d'agir sur des problèmes qui sont transversaux par rapport aux fonctions. D'autre part, la réussite des politiques publiques ne dépend pas uniquement de la capacité des acteurs publics mais aussi de la mobilisation et de la coopération d'une pluralité d'acteurs, qu'ils soient bénéficiaires des programmes, acteurs de la société civile ou du monde de l'entreprise. Là encore le modèle rationnel d'intervention publique, en l'absence de coopération et de confiance de la part des acteurs de la société civile et de l'entreprise, montre ses limites.

La notion de gouvernance se distingue donc de celle de gouvernement ou d'administration en ce qu'elle insiste sur les processus par lesquels les problèmes collectifs sont résolus. Alors que l'idée de gouvernement renvoie au rôle de l'État et des administrations publiques, la gouvernance se réfère aux interactions qui s'établissent entre la société civile et la puissance publique. La gouvernance suppose donc la présence d'une pluralité d'acteurs publics et privés, et en particulier celle des acteurs de l'économie sociale et solidaire, dans les processus d'élaboration et de mise en œuvre des interventions collectives. Le rôle de la puissance publique qu'implique l'idée de gouvernance n'est pas celui d'une autorité hiérarchique commandant et contrôlant, mais celui d'un facilitateur qui exerce un *leadership* et qui collabore comme partenaire au sein d'un réseau d'acteurs.

Régimes de gouvernance

Si le concept de gouvernance met l'accent sur les changements caractérisant les modes d'intervention de la puissance publique et décrit un processus par lequel les coordinations hiérarchiques sont remplacées par des coordinations marchandes puis par des coordinations en réseaux, il reste que les changements des modes d'intervention ne sont ni homogènes ni linéaires, contrairement à ce qu'implique une vision par trop simplifiée du changement. Les nouveaux modes d'intervention et de coordination ne se substituent pas nécessairement aux anciens, mais dans la plupart des cas ils s'y ajoutent ou se mixent, créant parfois des tensions et des incohérences. Le concept de régime de gouvernance qui structure cet ouvrage permet, en distinguant des types-idéaux des modalités d'intervention de l'État, d'analyser les changements caractérisant la gouvernance ainsi que de concevoir des complexes institutionnels hybrides de gouvernance.

Si l'on définit la *gouvernance* comme l'ensemble des modalités institutionnelles régissant les interactions d'acteurs dont les activités contribuent à la réalisation d'objectifs relevant de l'intérêt général, il est possible d'identifier des *régimes de gouvernance*, c'est-à-dire des régimes institutionnels visant à la réalisation de l'intérêt général.

Un régime de gouvernance peut se définir à partir de trois éléments constitutifs :

– *Les acteurs* impliqués dans la réalisation d'objectifs d'intérêt général ainsi que leurs caractéristiques (objectifs, valeurs, formes institutionnelles, ressources, type d'incitations les motivant, légitimité) ;

– *Les instruments de politique publique* mis en œuvre afin d'atteindre les objectifs d'intérêt général. Il est possible de ce point de vue de distinguer trois types d'instruments : *régulateurs*, qui ont pour objet de contraindre les acteurs à agir d'une manière déterminée ; *incitatifs*, qui ont pour objet de motiver les acteurs à agir dans une direction donnée ; *informatifs*, qui ont pour objet de convaincre les acteurs d'agir d'une certaine façon.

– *Les modalités institutionnelles d'interaction* au sein d'un réseau de politique publique. Les instruments de politiques publiques ne se mettent pas en œuvre d'eux-mêmes, mais supposent l'existence de modalités institutionnelles de coordination qui définissent les modalités reliant l'application et la conception des politiques publiques.

Le concept de « nouvelle gouvernance » traduit une transformation des modes d'intervention des politiques publiques, et les travaux rassemblés ici, mettent en évidence l'émergence de deux paradigmes ou de deux *régimes de gouvernance*.

Le premier régime est celui de la gouvernance de type *partenarial*, qui se caractérise par la mise en place d'un partenariat entre puissance publique et *réseaux d'acteurs*, notamment ceux de la société civile. Le rôle des autorités publiques est conçu non pas en termes d'exercice d'un pouvoir coercitif mais en termes de coordination et d'incitation supposant l'établissement d'une interface et de multiples partenariats entre la société civile et la puissance publique. Le local apparaît comme le lieu privilégié de la mise en œuvre d'une telle gouvernance, à la fois parce qu'il constitue l'espace des coordinations horizontales entre acteurs mais aussi parce que le territoire est devenu un facteur de production et de compétitivité. La « nouvelle gouvernance » comme la valorisation du « capital territorial » supposent l'existence et la valorisation d'un capital social ainsi que le développement de lieux institutionnels où la démocratie participative puisse s'exercer. De ce point de vue, parce qu'elles constituent des espaces d'engagement civique et de participation citoyenne, les organisations de l'économie sociale et solidaire jouent un rôle central dans la mise en œuvre des processus de gouvernance et de valorisation du territoire. Les acteurs de l'économie sociale présentent entre autres, deux caractéristiques qui en font des acteurs privilégiés des processus de gouvernance, notamment au plan local. D'une part, ils constituent des « périmètres de solidarité » (Monnier & Thiry, 1997) permettant la réalisation d'actions collectives fondées sur la réciprocité et l'engagement volontaire. D'autre part, les processus de décision au sein de ces organisations sont fondés sur des principes et procédures démocratiques qui normalement garantissent la participation de leurs membres aux prises de décision. Ces caractéristiques font des organisations d'économie sociale et solidaire des acteurs clés de la mobilisation et de la représentation de la société civile, c'est-à-dire de ce segment de la société qui n'est ni sous le contrôle de l'État ni totalement soumis à la loi du marché.

Cependant, si le discours de la « nouvelle gouvernance » insiste sur le caractère partenarial des relations entre la puissance publique et la société civile, il est nécessaire d'identifier une pluralité de régimes et niveaux de gouvernance qui se superposent et complexifient la question de la gouvernance. L'analyse en termes de régimes de gouvernance a en effet permis de montrer la complexité des problèmes de coordination ainsi que l'existence d'un autre paradigme qui tend à devenir hégémonique, celui de la gouvernance *concurrentielle*. Si le paradigme de la gouvernance partenariale rencontre les valeurs de l'économie sociale et solidaire, cela ne doit pas masquer le fait que la majeure partie de la « modernisation » des modes d'intervention publique s'effectue par le jeu de l'extension des mécanismes de régulation marchands.

Dans le cadre de la gouvernance *concurrentielle*, la puissance publique laisse jouer le jeu de la concurrence et de la liberté du consommateur et du producteur, même si elle oriente la demande, joue sur la formation des prix ou garantit la qualité. Il est possible de distinguer deux formes de gouvernance concurrentielle, celle qui se fonde sur le mécanisme du *marché* même si elle vise à en aménager certains aspects, et celle qui, constatant l'échec du marché, vise à organiser un *quasi marché*. La régulation quasi marchande met en œuvre des *contrats incitatifs* entre la puissance publique et les offreurs. Dans le cadre de la régulation marchande *stricto sensu* (et contrairement à la régulation quasi marchande), le consommateur est aussi l'acheteur, de sorte que la régulation ne s'opère pas par le jeu de contrats entre la puissance publique et les offreurs, mais par le *contrôle de la qualité* des produits et par la *distorsion des prix* (subventions, taxes).

Ces deux régimes de gouvernance, comme le montrent les contributions rassemblées ici, ne sont pas exclusifs l'un de l'autre. Dans la plupart des cas, la gouvernance des services sociaux et de santé recourt à des formes de gouvernance qui opèrent un mixage entre les formes paradigmatiques partenariale et concurrentielle. La gouvernance des services sociaux et de santé est donc le plus souvent caractérisée par une tension interne entre les principes définissant les instruments d'interventions et les modalités institutionnelles d'interaction. Ces principes renvoient à des « sphères de justice » (Walzer, 1983) ou à des « cités » (Boltanski et Thévenot, 1991) différentes. La question demeure de savoir laquelle des sphères de justice, la sphère du marché ou la sphère civique, va prévaloir comme principe structurant la gouvernance des services sociaux et de santé.

En dernière analyse, le type de régime de gouvernance mis en œuvre dans les services sociaux et de santé renvoie à la question de la contradiction (supposée) entre, d'une part, *justice* (et démocratie), d'autre part, *efficacité*. La mise en œuvre d'une gouvernance concurrentielle est le plus souvent justifiée par des raisons d'efficacité. Le problème ici consiste en ce que l'évaluation de l'efficacité d'un régime de gouvernance, telle qu'elle est couramment réalisée par les analyses de politiques publiques qui président aux interventions de la puissance publique, implique une conception « welfariste » du bien-être social (Sen, 1987) qui ne laisse pas place à des critères évaluatifs et objectifs de l'action humaine autres que ceux du « bonheur » subjectif d'un agent égoïste (Sen, 1985, 1999). Le fait de prendre en compte d'autres critères d'évaluation de l'efficacité, par exemple la contribution des régimes de gouvernance à la réduction des inégalités relatives aux « capabilités » des agents (Sen, 1985, 1999), aurait certainement pour conséquence la reconsidération des « avantages » procurés par la gouvernance concurrentielle dans le champ des services sociaux et de santé.

Les contributions qui suivent n'ont pas une visée normative mais mettent en évidence, en recourant à la comparaison internationale, les mutations en cours au niveau des régimes de gouvernance dans le champ des services sociaux et de santé, ainsi que les enjeux de ces mutations. Le premier chapitre propose un cadre d'analyse théorique autour du concept de régime de gouvernance. Ce cadre théorique a servi de base aux échanges qui ont eu lieu au sein du groupe du CIRIEC « Gouvernance et intérêt général ». Les contributions apportent des éclairages diversifiés du fait de leur perspective nationale, sectorielle ou territoriale. Ainsi deux contributions québécoises analysent, d'une part, le logement communautaire, d'autre part, les innovations locales dans les services sociaux. Au Royaume-Uni, l'analyse porte sur les « partenariats stratégiques locaux » et leur rôle en matière de services sociaux tandis qu'en Belgique, ce sont les partenariats de développement local et d'insertion qui sont examinés. En France, deux contributions, l'une portant sur le soutien à la création d'activité par un public composé de chômeurs et de « RMIstes », l'autre sur les « pays », permettent de mettre en lumière différentes configurations institutionnelles de la gouvernance. La contribution italienne, exclusivement focalisée sur les services de santé, s'interroge sur les conditions de la gouvernance régionale des services de santé dans un cadre quasi-marchand, tandis que le cas vénézuélien met l'accent sur les problèmes de la gouvernance dans le champ de la santé et dans un contexte de développement rapide. L'expérience slovène permet, quant à elle, d'illustrer les enjeux normatifs qui caractérisent la gouvernance dans un « pays en transition ». Le présent ouvrage se termine par un chapitre de conclusions qui revient sur les éléments communs aux différents cas étudiés et discute la pertinence du cadre théorique à la lumière des différentes contributions.

Bibliographie

Boltanski, L., Thévenot, L., *De la justification*, Paris, Gallimard, 1991.

Hill, M., *The Policy Process in the Modern State*, Harlow, Prentice Hall, 1997.

Jessop, B., « Governance Failure », in Stoker, G. (ed.), *The New Politics of British Local Governance*, London, Macmillan, 2000.

Kooiman, J., *Governing as Governance*, London, Sage, 2003.

Majone, G., « From the Positive to the Regulatory State: Causes and Consequences of Change in the Mode of Governance », in *Journal of Public Policy*, 1997, Vol.17, No.2, p. 139-167.

Mansbridge, J.J., « A Deliberative Theory of Interest Representation », in Petracca, M.P. (ed.), *The Politics of Interests*, Boulder, Westview Press, 1992, p. 32-57.

Newman, J., *Modernizing Governance*, London, Sage, 2001.

Monnier, L., Thiry, B. (eds.), *Mutations structurelles et intérêt général*, Paris, De Boeck, 1997.

Pierre, J. (ed.), *Debating Governance*, Oxford, Oxford University Press, 2000.

Rhodes, R.A.W., *Understanding Governance*, Buckingham, Open University Press, 1997.

Rhodes, R.A.W., « Foreword: Governance and Networks », in Stoker, G. (ed.), *The New Management of British Local Governance*, London, Macmillan, 1999.

Rhodes, R.A.W., « Governance and Public Administration », in Pierre, J. (ed.), *Debating Governance*, Oxford, Oxford University Press, 2000.

Salamon, L.M. (ed.), *The Tools of Government*, Oxford, Oxford University Press, 2002.

Sen, A., *Commodities and Capabilities*, Amsterdam, North Holland, 1985.

Sen, A., *On Ethics and Economics*, Oxford, Blackwell, 1987.

Sen, A., *Development as Freedom*, New York, Knopf, 1999.

Stokker, G., « Governance as Theory: Five Propositions », in *International Social Science Journal*, 1998, No.155, p. 17-28.

Walzer, *Spheres of Justice*, New York, Basic Books, 1983.

Régimes de gouvernance et intérêt général

Bernard ENJOLRAS

Institute for Social Research, Oslo (Norway)

Introduction

Du fait des caractéristiques des services d'intérêt général, le *marché est en échec* pour produire l'intérêt général et des *mécanismes institutionnels non marchands* sont nécessaires. Les arrangements institutionnels qui sont associés à la production des services d'intérêt général dans les pays européens ont connu de profondes transformations durant les dernières décennies. Le consensus qui caractérisait le rôle de l'« État positif », comme planificateur, producteur direct de biens et services et employeur de dernier ressort, a commencé à s'éroder au cours des années 1970 (Majone, 1997). Le nouveau modèle qui émerge alors est fondé sur la privatisation, la libéralisation et la dérégulation. Comme le souligne Majone (1997), cette période est aussi caractérisée par le développement de politiques de régulation au niveau national et européen. On observe non pas un démantèlement des régulations publiques, mais une combinaison de dérégulation et de re-régulation. Privatisation, européanisation des politiques et développement d'un gouvernement indirect (*third party government*) caractérisent l'émergence d'un « État régulateur ». Ces changements peuvent s'analyser comme le résultat d'une transition d'un *régime institutionnel* à un autre. L'objectif poursuivi dans cet ouvrage est d'identifier les régimes institutionnels qui caractérisent la production de l'intérêt général, qualifiés de *régimes de gouvernance* et, ce faisant, d'illustrer la notion de régime institutionnel.

En effet, les transformations qui caractérisent l'environnement institutionnel de l'intervention publique ont contribué à un déplacement de l'attention vers les *réseaux d'acteurs* et les questions de *gouvernance*. L'idée de *nouvelle gouvernance* met l'accent sur le fait que les instruments directifs et de contrôle ne sont plus appropriés dans un contexte

23

caractérisé par l'interdépendance des acteurs. L'idée de gouvernance met également l'accent sur le rôle des acteurs et des réseaux d'acteurs dans les processus d'élaboration, et pas seulement de mise en œuvre, des politiques publiques. Alors que l'idée traditionnelle de gouvernement conçoit l'État comme dirigeant la société, la gouvernance conçoit la solution des problèmes collectifs et la réalisation de l'intérêt général comme le résultat d'interactions entre la société civile et la puissance publique.

Les acteurs de l'économie sociale présentent entre autres deux caractéristiques qui en font des acteurs privilégiés des processus de gouvernance, notamment au plan local. D'une part, les organisations d'économie sociale constituent des « périmètres de solidarité » (Monnier & Thiry, 1997) permettant la mise en œuvre d'actions collectives fondées sur la réciprocité et l'engagement volontaire. D'autre part, les processus de décision au sein de ces organisations sont fondés sur des principes et procédures démocratiques qui normalement garantissent la participation de leurs membres aux prises de décision. Ces caractéristiques font des organisations d'économie sociale des acteurs clés de la mobilisation et de la représentation de la société civile, c'est-à-dire de ce segment de la société qui n'est ni sous le contrôle de l'État ni soumis à la loi du marché. Cependant si le discours de la « nouvelle gouvernance » met l'accent sur le caractère partenarial des relations entre la puissance publique et la société civile, il est nécessaire d'identifier une pluralité de régimes et de niveaux de gouvernance qui se superposent et complexifient la question de la gouvernance et ce d'autant que le paradigme de la « nouvelle gouvernance » n'est pas le seul à informer les modes d'intervention de la puissance publique.

Régimes de gouvernance

Le développement d'un État régulateur ainsi que celui d'un nouveau paysage institutionnel caractérisant la production de l'intérêt général a contribué à un déplacement de l'attention portée aux modes de fonctionnement des organisations publiques vers une attention accrue portée aux *réseaux d'acteurs* et aux questions de *gouvernance*. Comme le souligne Salamon (2002 : 15), même si l'idée de gouvernance met l'accent sur la nécessité d'un rôle actif de la puissance publique, elle met également l'accent sur le fait que les instruments directifs et de contrôle ne sont plus appropriés dans un contexte constitué de réseaux d'acteurs. Dans un tel contexte caractérisé par l'interdépendance des acteurs, aucun acteur, pas même la puissance publique, n'est à même d'imposer sa volonté aux autres. La négociation, la persuasion et l'incitation remplacent la coercition comme mode d'intervention publique. L'idée de gouvernance contribue également à prendre en compte le rôle des acteurs et des réseaux d'acteurs dans les processus d'élaboration, et pas seulement de mise en œuvre, des politiques publiques. Le concept de réseaux de politique publique (Rhodes, 1987) vise à prendre en compte le fait que les politiques publiques sont élaborées dans un contexte institutionnel complexe où une diversité d'acteurs interagit. L'idée de gouvernance souligne donc également la nature interactive des processus d'élaboration des politiques publiques, aussi bien que l'importance du cadre institutionnel dans lequel elles s'inscrivent.

Le concept de *régime de gouvernance* qui est développé ici s'inscrit dans une approche des phénomènes institutionnels qui s'appuie sur une théorie *relationnelle* de l'action et qui distingue trois niveaux d'institutionnalisation (Enjolras, 2006) autour des concepts de *convention*, de *forme institutionnelle* et de *régime institutionnel*. Une *institution* peut se définir comme un groupement social *légitime* fondé sur plusieurs conventions. De ce point de vue, une institution est un ensemble ou combinaison stable de conventions ayant pour finalité de remplir un besoin social, comme par exemple le mariage, la famille, l'État. L'institution a un caractère plus coercitif que les conventions. Le degré de coercition varie en général avec le degré de légitimité. Une institution, au-delà de sa stabilité, se caractérise par les formes de légitimation auxquelles elle recourt et par les conventions qu'elle incorpore et stabilise. L'institution de la famille, par exemple, inclut une convention d'échange (réciprocité), une convention de coopération (hiérarchie ou démocratie), une convention de distribution (égalité ou besoin) et une convention de différenciation (genre, position hiérarchique). Une institution peut donc s'analyser comme une métaconvention, une convention structurant plusieurs conventions et les stabilisant. Une *organisation* partage les mêmes caractéristiques qu'une institution ; en d'autres termes, une organisation est aussi une institution, mais ce qui distingue une institution d'une organisation, c'est la nature *formelle* de cette dernière, le fait qu'une partie des conventions qui régissent les relations entre les différentes parties prenantes de l'organisation et qui définissent son objet sont explicitement et formellement formulées. Une organisation peut donc se penser comme un ensemble ou combinaison stable de conventions formalisées (structure formelle) et non formalisées (structure informelle) ayant un objet social formellement formulé.

La distinction institution-organisation se distingue de celle qu'opère Touraine (1973) et s'inscrit dans le courant *néo institutionnaliste* (Powell & DiMaggio, 1991). En effet, pour Touraine, le phénomène institutionnel a une origine politique : « On doit concevoir (...) les institutions, non pas comme la vie sociale organisée mais comme *les mécanismes de formation des décisions légitimes dans une unité poli-*

tique » (Touraine, 1973 : 68 ; souligné par l'auteur), ou encore « je ne ferais *pas de différence entre les expressions système institutionnel et système politique* » (Touraine, 1973 : 212 ; souligné par l'auteur). Pour Touraine, l'organisation précède l'institution (Touraine, 1973 : 237) et consiste en un mode de résolution des conflits (Touraine, 1973 : 241). L'approche néo-institutionnaliste développe une conception plus large du phénomène institutionnel et considère le fait institutionnel comme préalable au fait organisationnel. L'institutionnalisation est à la fois « un processus phénoménologique par lequel certaines relations sociales et actions sont considérées comme données et une situation dans laquelle la cognition partagée définit quelles actions ont du sens et quelles actions sont possibles » (Zucker, 1983 : 2).

À côté des formes institutionnelles, il est possible d'identifier des arrangements institutionnels de « niveau » supérieur, c'est-à-dire des paradigmes et régularités qui régissent, encadrent et régulent les comportements des acteurs de façon plus ou moins centralisée. Ces arrangements qui mobilisent plusieurs types d'acteurs, de formes institutionnelles et de conventions, peuvent être qualifiés de *régimes institutionnels*. Dans le domaine de l'économique, relèvent de tels régimes institutionnels ce que les théoriciens de l'école de la régulation (cf. Boyer & Saillard, 1995) qualifient de « formes institutionnelles » : monnaie, rapport salarial, formes de la concurrence, régime international, régimes de l'État-providence. L'identification des régimes institutionnels par secteur de l'action sociale, économique, politique, sociale, culturelle, civile, etc. relève d'une théorisation spécifique à ces champs. Ce qu'il est important de saisir ici, c'est comment le niveau de l'action individuelle, structuré par et structurant les conventions, s'articule non seulement au niveau de ce qu'on qualifiera de formes institutionnelles et des organisations, mais s'inscrivent également dans des arrangements institutionnels cohérents et plus ou moins stables au plan macro-social. Les régimes institutionnels articulent et stabilisent plusieurs conventions et formes institutionnelles (qui elles-mêmes stabilisent et articulent plusieurs conventions) et de ce fait, produisent des modalités et des formes stables d'interactions des acteurs. Ces interactions qui s'ordonnent et se régulent (ou sont régulées) selon des formes stables, génèrent une cohérence que l'analyste est à même d'identifier, de reconstruire et de mettre en évidence.

Typologie des régimes de gouvernance

Comme déjà mentionné dans l'introduction générale à cet ouvrage, un régime de gouvernance peut se définir à partir de trois éléments constitutifs :

- *les acteurs* impliqués dans la réalisation d'objectifs d'intérêt général ainsi que leurs caractéristiques (objectifs, valeurs, formes institutionnelles, ressources, types d'incitations les motivant, légitimité) ;

- *les instruments de politique publique* mis en œuvre afin d'atteindre les objectifs d'intérêt général. Il est possible de ce point de vue de distinguer trois types d'instruments : *régulateurs*, qui ont pour objet de contraindre les acteurs à agir d'une manière déterminée ; *incitatifs*, qui ont pour objet de motiver les acteurs à agir dans une direction donnée ; *informatifs*, qui ont pour objet de convaincre les acteurs d'agir d'une certaine façon ;

- *les modalités institutionnelles d'interaction* au sein d'un réseau de politique publique. Les instruments de politiques publiques ne se mettent pas en œuvre d'eux-mêmes, mais supposent l'existence de modalités institutionnelles de coordination qui définissent les modalités reliant la mise en œuvre et la conception des politiques publiques.

Les types des acteurs

Les types des acteurs sont donnés par la nature de leur forme institutionnelle, privée ou publique, lucrative ou non lucrative. Chaque forme institutionnelle peut être caractérisée par une forme spécifique de *structure de gouvernance*. Le terme de gouvernance est ici employé dans le sens qui lui est commun dans la littérature portant sur la gouvernance d'entreprise (*corporate governance*) qui diffère de celui qui lui est commun dans la littérature relative au management public. Pour être précis, il est nécessaire de distinguer trois acceptions du terme : la gouvernance organisationnelle, la gouvernance institutionnelle et les régimes de gouvernance. De ce point de vue, la gouvernance organisationnelle s'intéresse aux modalités de coordination et d'interaction des acteurs au sein de l'organisation et la gouvernance institutionnelle s'intéresse aux modalités de coordination et d'interaction entre, d'une part, une organisation, d'autre part, les acteurs constitutifs de son environnement ; les régimes de gouvernance quant à eux sont concernés par les modalités de coordination et d'interaction des acteurs au plan d'un secteur (meso) ou d'une collectivité (macro).

Chaque forme institutionnelle, lucrative, publique et associative, peut être caractérisée par une structure spécifique de gouvernance combinant plusieurs conventions. On peut identifier cinq dimensions ou conventions, qui définissent une structure de gouvernance : la distribution des droits de propriété et en particulier des droits sur les revenus résiduels ; le mode de dévolution du pouvoir de décision ; le mécanisme de coordination dominant caractérisant la forme institutionnelle ; les principes d'imputabilité (*accountability*) ; le type d'incitations motivant les membres du conseil d'administration (CA).

Structures de gouvernance et formes institutionnelles
(Types-idéaux)

Conventions	Entreprise lucrative	Entreprise publique	Économie sociale et solidaire
Droits de propriété ; droits sur les revenus résiduels (*residual claim*)	Actionnaires	État	Pas de porteurs de droits résiduels (associations) ou découplage entre droits de propriété et décision (une personne – une voix)
Décision	Pouvoir de décision en proportion de la part du capital détenue	Membres du conseil d'administration désignés par les autorités politiques	Membres du conseil d'administration élus par les membres de l'association
Mécanisme de coordination dominant	Marchand	Hiérarchique	Réciprocitaire
Principes « d'imputabilité »	Capitaliste	Démocratique	Démocratique
Incitations	Monétaires	Monétaires et axiologiques	Monétaires et axiologiques

Dans la littérature sur les *droits de propriété*, il est usuel de classer les formes institutionnelles selon le type d'arrangement contractuel qui gouverne les droits sur le revenu résiduel (*residual claim*), c'est-à-dire les sommes restant quand tous les contrats à rémunération fixe ont été payés (Eggertsson, 1990). Alors que dans l'entreprise lucrative (si l'on fait abstraction de la relation principal-agent qui peut caractériser les rapports entre actionnaires et manager salarié), les dirigeants supportent les conséquences de leurs décisions en termes de richesse, les deux autres formes institutionnelles (entreprise publique et association) sont caractérisées par le fait que les dirigeants ne supportent pas les conséquences financières de leurs décisions. C'est cette caractéristique qui est souvent utilisée pour démontrer le caractère inefficace des formes publiques et associatives relativement à la forme lucrative. Il est important de noter que cette ligne d'argumentation va de pair avec l'idée que les acteurs agissent égoïstement et sont uniquement motivés par leur intérêt matériel.

Les structures de gouvernance qui caractérisent les différentes formes institutionnelles se différencient également d'après les principes qui président à la *dévolution* et à *la distribution du pouvoir*, c'est-à-dire les principes de nomination des membres dirigeants du CA et de pondération de leurs pouvoirs. Alors que dans l'entreprise lucrative, le pouvoir est proportionnel à la part détenue dans le capital, le pouvoir des membres du CA résulte d'une délégation par les autorités politiques dans les entreprises publiques et d'une élection par les membres dans les associations. Il est à noter que, si les membres du CA ne supportent pas les conséquences financières de leurs décisions dans les entreprises publiques et les associations, d'autres mécanismes d'ordre politique engagent leur responsabilité.

À côté du marché et de la hiérarchie, il est possible d'identifier un modèle institutionnel ou une convention réciprocitaire (Enjolras, 2000). Tandis que sur le marché et au sein des systèmes hiérarchiques, *la coordination* est réalisée respectivement par le jeu du mécanisme des prix et de celui de la coercition, la coordination réalisée par l'obligation caractérise le modèle institutionnel réciprocitaire. Les transactions prenant place au sein de la famille ou des réseaux de relations personnelles, supposent la présence de liens personnels, et ne sont pas coordonnées par des considérations de prix mais par des obligations sociales et morales. Chaque forme institutionnelle est caractérisée par un mécanisme dominant de coordination, même si certaines formes institutionnelles incorporent des *compromis* entre différents mécanismes. L'entreprise lucrative est caractérisée par le mécanisme marchand, tandis que les mécanismes hiérarchique et réciprocitaire caractérisent respectivement l'entreprise publique et l'association.

Les structures de gouvernance sont aussi définies par les modalités par lesquelles les dirigeants rendent des comptes, c'est-à-dire les conventions d'*imputabilité*. Dans l'entreprise lucrative, les dirigeants sont responsables devant les propriétaires-actionnaires (imputabilité capitaliste), alors que dans les entreprises publiques, les dirigeants qui reçoivent une délégation des autorités politiques sont soumis indirectement à une forme de contrôle démocratique et de ce point de vue sont politiquement responsables. Dans les associations, les dirigeants sont responsables devant et rendent des comptes à l'assemblée générale des membres suivant les principes démocratiques.

Les structures de gouvernance sont enfin définies par la nature des *incitations* qu'elles incorporent et auxquelles les dirigeants répondent. Alors que les entreprises lucratives sont caractérisées par des systèmes d'incitations monétaires (intéressement au résultat, *stock-options*, etc.), les dirigeants des associations sont essentiellement motivés par des incitations axiologiques et non monétaires, même si dans certains cas des « incitations sélectives » (Olson, 1965) à la fois matérielles et symboliques existent. Les entreprises publiques sont caractérisées quant à elles par l'existence à la fois d'incitations monétaires et d'incitations axiologiques : il ne faut pas sous-estimer le rôle de l'adhésion à des valeurs comme celles du service public ou de l'intérêt général comme facteurs motivant les dirigeants publics.

Prises ensemble, les dimensions ou conventions qui caractérisent les structures de gouvernance des trois formes institutionnelles considérées ici dessinent des modes de gouvernance contrastés mettant en œuvre différentes conventions.

Le mode de gouvernance *démocratique* au sein d'organisations publiques ou non lucratives met en œuvre des principes de délibération, de coordination, de décision et de contrôle qui sont adaptés aux activités axiologiques. La définition des fins, l'allocation des moyens et l'évaluation des résultats résultent d'un processus de décision collective où l'atteinte d'un accord sur la définition du bien commun résulte d'un mécanisme soit *procédural* (la définition du bien commun résulte de la mise en œuvre d'une règle permettant la prise de décision collective, règle majoritaire), soit *délibératif* (le consensus sur la définition du bien commun est atteint au travers de la discussion). La distribution des droits de propriété, les principes de dévolution des pouvoirs, les mécanismes de coordination, les principes d'« imputabilité », les systèmes d'incitation qui caractérisent les formes publique et non lucrative permettent la mise en œuvre d'activités à finalité axiologique dans la mesure où les modes de gouvernance qui en résultent ne visent pas en premier lieu à assurer la réalisation d'un gain maximal mais l'adéquation des activités et des moyens aux objectifs axiologiques qui sont la raison d'être de ces organisations.

Dans le cas des entreprises publiques, la propriété publique permet que les représentants de l'État au sein du CA garantissent la prise en compte des valeurs non monétaires (les représentants de l'État agissent en vertu d'un principe *démocratique/politique*) à côté des impératifs d'efficacité (valeurs monétaires).

Les types d'instruments d'intervention

Les types d'instruments d'intervention peuvent se définir selon trois dimensions :

- coercitifs ou incitatifs ;
- directs ou indirects ;
- régulation concurrentielle ou régulation non concurrentielle.

Il est en effet possible de caractériser les instruments d'intervention (Salamon, 2002) à partir (i) de leurs degrés de directivité (direct ou indirect), c'est-à-dire la mesure dans laquelle la puissance publique est directement impliquée dans la mise en œuvre d'une activité d'intérêt général et (ii) de leurs degrés de coercition, c'est-à-dire le fait que les instruments restreignent ou contraignent le comportement des acteurs ou au contraire tendent à encourager ou à décourager certains comportements (incitations). À ces deux dimensions, il faut ajouter une troisième, celle des modalités de régulation, concurrentielle ou non concurrentielle. Les instruments d'intervention ont dans tous les cas pour effet de corriger les échecs du marché, mais ils peuvent le faire en reposant sur des mécanismes concurrentiels (et dans ce cas, ils corrigent les dysfonctionnements du marché ou créent les conditions nécessaires à ce qu'une forme de marché existe) ou en mettant en œuvre des mécanismes institutionnels non concurrentiels (régulation non concurrentielle).

En croisant ces trois dimensions, on obtient la typologie suivante d'instruments d'intervention :

Types d'instruments d'intervention (Types idéaux)

		Concurrentiel	Non concurrentiel
Direct	Coercitif	Régulation des entrées, prix, produits, qualité	Administration publique, assurance publique
	Incitatif	Quasi-marché Contrats	Propriété publique
Indirect	Coercitif	Chèques-service	Régulation tutélaire
	Incitatif	Régulation incitative, incitations fiscales	Système de paiement par une tierce partie

Le tableau ci-dessus présente les différents instruments d'intervention qui sont à la disposition de la puissance publique afin de réguler l'offre de services d'intérêt général classés selon les trois dimensions (direct/indirect, coercitif/incitatif, concurrentiel/non concurrentiel) considérées. Les instruments de type non concurrentiel supposent la mise en œuvre de procédures administratives de planification, de programmation et de contrôle, tandis que les instruments de type concurrentiel reposent sur l'aménagement des mécanismes du marché et de la concurrence. Les instruments incitatifs favorisent la liberté de choix des usagers alors que les instruments coercitifs ont tendance à la restreindre. De même les instruments directs garantissent en règle générale une meilleure adéquation entre les objectifs et les résultats de la régulation publique mais sont plus coûteux à mettre en œuvre que les instruments indirects. Le choix des instruments d'intervention suppose en conséquence un arbitrage entre efficacité de l'intervention, liberté de choix et efficience économique.

Les types de coordination institutionnelle

Les types de coordination institutionnelle en matière d'élaboration des politiques publiques peuvent s'ordonner selon deux dimensions :

- moniste ou pluraliste ;
- informelle ou formelle.

Les arrangements institutionnels pluralistes impliquent qu'une pluralité d'acteurs soit partie prenante des processus d'élaboration des politiques publiques, alors que les arrangements institutionnels de type moniste privilégient un acteur.

Les processus d'élaboration des politiques publiques qui sont de nature informelle et qui privilégient un type d'acteur peuvent être qualifiés de technocratiques. C'est le cas par exemple, lorsque les fonctionnaires d'un ministère définissent les objectifs et modalités d'action publique dans un champ d'activité en se reposant sur les analyses et informations fournies par les décideurs d'une firme ou d'une administration publique.

Les arrangements institutionnels de type corporatiste (Sreek, 1991) caractérisent les liens établis entre l'État et la société par le biais de la participation privilégiée de certains intérêts organisés ainsi que par le jeu de collaborations exclusives et d'intérêts mutuels alliant une organisation représentative et la puissance publique.

Les arrangements institutionnels de type pluraliste au contraire ne donnent pas de monopole à une organisation représentative et supposent que plusieurs organisations représentatives de différents intérêts soient en concurrence. Les réseaux de politique publique (Rhodes, 2001) informels et autorégulés par les acteurs illustrent cette forme institutionnelle d'élaboration des politiques publiques.

Le partenariat institutionnalisé suppose, quant à lui, la présence d'un cadre formel et une forme de régulation par la puissance publique. Ce type d'arrangement institutionnel associe les acteurs pertinents dans un champ de politique publique au processus d'élaboration des interventions publiques.

Types de coordination institutionnelle (Types-idéaux)

	Moniste	Pluraliste
Informel	Technocratie	Réseaux de politique publique
Formel	Corporatisme	Partenariat institutionnalisé

Prises ensemble, ces trois dimensions (type d'acteur, type d'instrument d'intervention et type de coordination institutionnelle), définissent un régime de gouvernance. Il est possible de distinguer quatre types-idéaux de ces régimes de gouvernance.

Types de régime de gouvernance (Types-idéaux)

	Gouvernance publique	*Gouvernance corporative*	*Gouvernance concurrentielle*	*Gouvernance partenariale*
Forme institutionnelle des acteurs	Publique	Publique Non lucrative	Publique Lucrative Non lucrative	Publique Lucrative Non lucrative
Mise en œuvre des politiques	Administration publique ; propriété publique	Régulation tutélaire ; tierce partie	Contrats ; régulation incitative	Régulation des prix ; produits ; qualité
Élaboration des politiques	Technocratie	Corporatisme	Réseaux de politique publique	Partenariat institutionnalisé

La *gouvernance publique* n'implique que des acteurs publics, se fonde sur l'administration directe et la propriété publique, et recourt à la technocratie pour l'élaboration des interventions publiques. Le meilleur exemple de ce type de gouvernance est celui qui a caractérisé tradition-nellement le secteur dit des services publics en France. La *gouvernance corporative* suppose que la puissance publique donne un monopole de représentation et de mise en œuvre à une organisation « parapluie » représentative des intérêts organisés. Les interventions sont mises en œuvre par le recours à des instruments coercitifs, à des financements publics et à des formes de régulation non concurrentielle. Une telle gouvernance est illustrée par les arrangements institutionnels qui carac-térisent la fourniture de services sociaux et de santé en Allemagne. Avec la *gouvernance concurrentielle*, les autorités publiques interviennent afin de créer ou de réguler un marché par le jeu d'instruments incitatifs. Tandis que la gouvernance concurrentielle repose sur des mécanismes de marché, la *gouvernance partenariale* met en œuvre des mécanismes de régulation de type politique (négociation, délibération) et utilise des instruments directs et coercitifs d'intervention. Il est clair que ces régimes de gouvernance sont des types-idéaux et que les arrangements institutionnels dans un champ d'intervention donné, mixent à des degrés variables, généralement du fait d'une sédimentation historique des inter-ventions, plusieurs de ces régimes. Cette typologie permet cependant, en identifiant les formes hybrides, de caractériser de façon empirique des régimes sectoriels ou nationaux.

Conclusion

Cette typologie des régimes de gouvernance illustre comment le concept de *régime institutionnel* peut être construit et utilisé dans l'ana-lyse des phénomènes institutionnels. Les régimes institutionnels ont en commun avec les conventions, d'une part, de structurer cognitivement la compréhension qu'ont les acteurs du monde social dans lequel ils agissent (principes de vision et de division du monde), d'autre part, de structurer et de contraindre les interactions des acteurs. Les régimes institutionnels diffèrent des conventions par le fait qu'ils n'émergent pas de la simple interaction des acteurs mais sont produits et reproduits par des mécanismes institutionnels complexes (par exemple, le fonctionnement de l'État, les procédures de la démocratie institutionnalisée, etc.) qui régissent les modalités d'émergence et d'institutionnalisation de ces régimes. Une autre différence consiste en ce que ces régimes institutionnels incorporent et stabilisent une pluralité de conventions (de coordination, d'allocation, de différenciation) et de formes institutionnelles. Ce faisant, ils incorporent (comme le font les conventions) des relations de pouvoir et de domination entre acteurs et instituent des compromis entre intérêts qui peuvent être antagonistes, ce qui leur confère une fonction de régulation (au sens de la théorie de la régulation, Boyer & Saillard, 1995).

Au-delà de l'aspect théorique, cette typologie des régimes de gouvernance présente un intérêt pour l'analyse empirique et comparative des transformations qui affectent la gouvernance des services sociaux et de santé d'intérêt général. En effet, ces services sont offerts dans le cadre d'une pluralité de configurations institutionnelles qui varient suivant les services, suivant les cadres nationaux mais aussi dans le temps. Le discours sur la « nouvelle gouvernance » met l'accent sur la dimension partenariale des nouvelles formes de gouvernance, les instances partenariales jouant alors un rôle de coordinateur au sein de réseaux constitués d'une pluralité d'acteurs, dont les opérateurs publics, et de programmes et politiques publiques. La question demeure cependant de déterminer dans quelle mesure ce nouveau discours reflète un changement des pratiques de gouvernance. Le concept de régime de gouvernance, en permettant de prendre en considération la diversité des régimes institutionnels ainsi que leur possible hybridation, constitue un outil d'analyse empirique et comparative des modalités de la gouvernance des services sociaux et de santé d'intérêt général.

Bibliographie

Baron, D.P., « The Economics and Politics of Regulation: Perspectives, Agenda, and Approaches », in Banks, J.S., Hanushek, E.A. (eds.), *Modern Political Economy*, Cambridge, Cambridge University Press, 1995.

Baumol, W., Panzar, C., Willig, R., *Contestable Markets and the Theory of Industrial Structure*, New York, Harcourt, 1988.

Boyer, R., Saillard, Y. (eds.), *Théorie de la régulation. L'état des savoirs*, Paris, La Découverte, 1995.

Bell, D., *The Coming of Post-industrial Society*, New York, Basic Book, 1973.

Ben-Ner, A., Van Hoomissen, T., « Nonprofit Organizations in the Mixed Economy », in Ben-Ner, A., Van Hoomissen, T. (eds.), *The Nonprofit Sector in the Mixed Economy*, Ann Arbor, The University of Michigan Press, 1993.

Beck, U., *Risk Society*, London, Sage, 1992.

Beck, U., Giddens, A., Lash, S., *Reflexive Modernization*, Cambridge, Polity Press, 1994.

Boadway, R., Bruce, N., *Welfare Economics*, New York, Basill, Blackwell, 1984.

Boltanski, L., Thévenot, L., *De la justification*, Paris, Gallimard, 1991.

Buchanan, J.M., « An Economic Theory of Clubs », in *Economica*, 1965, No.32, p. 1-14.

Castells, M., *The Rise of the Network Society*, Oxford, Blackwell, 1996.

Coase, R.H., « The Nature of the Firm », in *Readings in Price Theory*, Stigler, G.J., Boulding, K.E. (eds.), Irwin, Homewood, 1937, 1952, p. 386-405.

Cornes, R., Sandler, T., *The Theory of Externalities, Public Goods and Club Goods*, Cambridge, Cambridge University Press, 1986.

Crouch, C., Dore, R. (eds.), *Corporatism and Accountability*, Oxford, Clarendon Press, 1990.

Davies, D.G., « The Efficiency of Public versus Private Firms », in *Journal of Law and Economics*, 1971, No.14, p. 149-65.

De Alessi, L., « Property Rights, Transaction Costs, and X-efficiency, an Essay in Economic Theory », in *American Economic Review*, 1983, Vol.73, No.1, p. 64-81.

Di Maggio, P., Powel, W.W., « The Iron Cage Revisited: Institutional Isomorphism and Collective Rationality in Organizational Fields », in *American Sociological Review*, 1983, Vol.48, No.4, p. 147-160.

Easley, D., O'Hara, M., « The Economic Role of the Nonprofit Firm », in *Bell Economic Journal*, 1983, No.14, p. 531-538.

Easley, D., O'Hara, M., « Contract and Asymmetric Information in the Theory of the Firm », in *Journal of Economic Behaviour and Organisation*, 1988, No.9, p. 229-246.

Eggertsson, T., *Economic Behavior and Institutions*, Cambridge, Cambridge University Press, 1990.

Elster, J., « Social Norms and Economic Theory », in *Journal of Economic Perspective*, 1989a, Vol.3, No.4, p. 99-117.

Elster, J., *The Cement of Society*, Cambridge, Cambridge University Press, 1989b.

Enjolras, B., *Protection sociale et performance économique*, Paris, Desclée de Brouwer, 1999.

Enjolras, B., « Coordination Failure, Property Rights and Nonprofit Organizations », in *Annals of Public and Cooperative Economics*, 2000, Vol.71, No.3, p. 347-374.

Enjolras, B., *Conventions et institutions. Essais de théorie sociale*, Paris, L'Harmattan, 2006.

Fama, E. F., Jensen, M.C., « Agency Problems and Residual Claims », in *Journal of Law and Economics*, 1983, Vol.21, No.6, p. 327-349.

Fleurbaey, M., *Théories économiques de la justice*, Paris, Economica, 1996.

Foley, D.K., « Resource Allocation and the Public Sector », in *Yale Economic Essays*, 1967, No.7, p. 45-98.

Frech III, H.E., « The Property Rights Theory of the Firm, Empirical Results from a Natural Experiment », in *Journal of Political Economy*, 1976, Vol.84, No.1, p. 143-152.

Frech III, H.E., Ginsburg, P.B., « Property Rights and Competition in Health Insurance: Multiple Objectives for Nonprofit Firms », in *Research in Law and Economics*, 1981, No.3, p. 155-172.

Gui, B., « The Economic Rationale for the Third Sector. Nonprofit and other Noncapitalist Organizations », in *Annals of Public and Cooperative Economics*, 1991, Vol.62, No.4, p. 551-572.

Harris, R.A., Milkis, S.M., *The Politics of Regulatory Change: a Tale of Two Agencies*, New York, Oxford University Press, 1996.

Hansmann, H., « The Role of Non Profit Enterprise », in *Yale Law Journal*, 1980, No.89, p. 835-898.

Hansmann, H., « Nonprofit Enterprise in the Performing Arts », in *Bell Journal of Economics*, 1981, No.12, p. 341-361.

Hansmann, H., « The Effect of Tax Exemption and other Factors on the Market Share of Nonprofit versus For-profit Firms », in *National Tax Journal*, 1987, Vol.40, No.1, p. 1-82.

Hansmann, H., *The Ownership of Enterprise*, Cambridge MA, The Belknap Press of Harvard University Press, 1996.

Hill, M., *The Policy Process in the Modern State*, Harlow, Prentice Hall, 1997.

Hondeghem, A. (ed.), *Ethic and Accountability in Context of Governance and New Public Management*, Amsterdam, IOS Press, 1998.

James, E., « How Nonprofits Grow: a Model », in *Journal of Policy Analysis and Management*, 1983, Vol.2, No.3, p. 350-366.

James, E., Rose-Ackerman, S., *The Nonprofit Enterprise in Market Economics*, Harwood Academic Publisher, 1986.

Kearns, K.P., *Managing for Accountability*, San Francisco, Jossey-Bass, 1996.

Laffont, J.J., Tirole, J., *A Theory of Incentives in Procurement and Regulation*, Cambridge MA, MIT press 1993.

Laffont, J.J., Tirole, J., *Competitions in Telecommunications*, Cambridge MA, MIT press, 2000.

Lash, S., Friedman, J. (eds.), *Modernity and Identity*, Oxford, Blackwell, 1992.

Leach, R., Percy-Smith, J., *Local Governance in Britain*, London, Palgrave, 2001.

Lewis, N., « Corporatism and Accountability: the Democratic Dilemma », in Crouch, C., Dore, R. (eds.), *Corporatism and Accountability*, Oxford, Clarendon Press, 1990.

Lindbeck, A., « Disinsentive Problems in Developed Countries », in *Growth and Entrepreneurship*, 1981, p. 91-109.

Maes, R., « Political and Administrative Innovations as a Social Project, the Belgian Case », in Hondeghem, A. (ed.), *Ethic and Accountability in Context of Governance and New Public Management*, Amsterdam, IOS Press, 1998.

Majone, G., « From the Positive to the Regulatory State: Causes and Consequences of Change in the Mode of Governance », in *Journal of Public Policy*, 1997, Vol.17, No.2, p. 139-167.

Monnier, L., Thiry, B. (eds.), *Mutations structurelles et intérêt général*, Paris, De Boeck, 1997.

Opp, K-D., « The Emergence and Effects of Social Norms, a Confrontation of some Hypotheses of Sociology and Economics », in *Kytlos*, 1979, Vol.32, No.4, p. 775-801.

Pazner, E., Schmeidler, D., « Egalitarian Equivalent Allocations: a New Concept of Economic Equity », in *Quarterly Journal of Economics*, 1978, No.92, p. 671-87.

Peters, B.G., van Nispen, F.K.M., *Public Policy Instruments*, Cheltenham, Edward Elgar, 1998.

Rawls, J., *Theory of Justice*, Cambridge, Harvard University Press, 1971.

Rhodes, R.A.W., *Understanding Governance*, Buckingham, Open University Press, 1997, 2001.

Romzek, B.S., « Enhancing Accountability », in Perry, J.L. (ed.), *Handbook of Public Administration*, San Francisco, Jossey-Bass Publisher, 1996.

Salamon, L.M. (ed.), *The Tools of Government*, Oxford, Oxford University Press, 2002.

Sandmo, A., « Economists and the Welfare State », in *European Economic Review*, 1991, No.35, p. 213-239.

Samuel, P., « Strengthening Public Service Accountability, a Conceptual Framework », in *World Bank Discussion Papers*, No.136, 1991.

Scott, J.F., *Internalization of Norms*, Englewood Cliffs, Prentice-Hall, 1971.

Sen, A., *Commodities and Capabilities*, Amsterdam, North Holland, 1985.

Sherif, M., *The Psychology of Social Norms*, New York, Harper Torchbooks, 1966.

Streeck, W., Schmitter, P.C., « Community, Market State and Associations? The Prospective Contribution of Interest Governance to Social Order », in Thompson. G.J. *et al.* (eds.), *Markets, Hierarchies and Networks: the Coordination of Social Life*, London, Sage, 1991.

Sugden, R., « Reciprocity: the Supply of Public Goods through Voluntary Contribution », in *The Economic Journal*, 1984, Vol.94, No.376, p. 772-787.

Touraine, A., *Production de la société*, Paris, Éditions du Seuil, 1973.

Walzer, *Spheres of Justice*, New York, Basic Books, 1983.

Weber, M., *Economy and Society*, Berkley, University of California Press, 1978.

Weisbrod, B., « Toward a Theory of the Voluntary Nonprofit Sector in a Three Sector Economy », in Phelps, E. (ed.), *Altruism Morality and Economic Theory*, New York, Russell Sage, 1975.

Weisbrod, B., *The Voluntary Nonprofit Sector*, Lexington Mass., D.C Heath, 1977.

Wiesbrod, B.A., « Institutional Form and Organizational Behavior », in Powell, W.W, Clemens, E.S. (eds.), *Private Action and the Public Good*, New Haven, Yale University Press, 1999.

Wilson, C.A., « Policy Regimes and Policy Change », in *Journal of Public Policy*, 2000, Vol.20, No.3, p. 247-274.

Williamson, O.E., *The Economics of Discretionary Behaviour: Managerial Objectives in the Theory of the Firm*, Prentice-Hall, 1964.

Zucker, L.G., « The Role of Institutionalization in Cultural Persistence », in *American Sociological Review*, 1977, Vol.42, No.10, p. 726-743.

Modèle québécois de développement et gouvernance

Entre le partenariat et la concurrence ?

Marie J. BOUCHARD, Benoît LÉVESQUE et Julie ST-PIERRE

*Chaire de recherche du Canada en économie sociale
de l'Université du Québec à Montréal (Canada)*

*École nationale d'administration publique
et Université du Québec à Montréal (Canada)*

*Chaire de recherche du Canada en économie sociale
de l'Université du Québec à Montréal (Canada)*

Introduction

Au Québec, depuis quarante ans, on voit se déployer trois modèles de développement successifs : fordiste, partenarial et, tout récemment, néolibéral. Après avoir présenté brièvement ces trois modèles selon leurs particularités québécoises, nous les illustrons ensuite par deux cas qui entretiennent des liens étroits avec la question sociale, soit celui du développement économique communautaire (DÉC) et celui du logement communautaire (coopératif et associatif). Ces deux secteurs ont ceci de particulier qu'ils articulent le développement économique au développement social, et qu'ils favorisent ainsi l'*empowerment* des collectivités et l'insertion sociale. Bien qu'en marge des services sociaux comme tels, ils témoignent d'un réaménagement du social et de l'économique. En ce sens, ils remettent en question le cloisonnement des politiques publiques. Ceci, en grande partie grâce au rôle joué par des groupes sociaux émanant de la société civile dans la construction du modèle partenarial. Celui-ci prend une dynamique ascendante (*bottom-up*), favorisant un nouvel arrangement entre l'État, le marché et la société civile. Les acquis de ce modèle sont aujourd'hui mis en danger par une conception étroite des dynamiques de développement, notamment la négation des effets d'externalités et de *spillover* de ces externalités sur la communauté dans son ensemble. Nous conclurons sur les leçons à tirer de ces expériences.

Avant d'entrer dans le cœur du sujet, indiquons que le Québec fait partie du Canada, une confédération formée d'un gouvernement central (fédéral) et de gouvernements provinciaux et territoriaux. Les champs de juridiction fédérale et provinciale sont souvent l'objet de tensions, voire d'une concurrence qui se joue sur les domaines de compétences (partagées et même exclusives) de même que sur la gestion budgétaire (double régime de taxation et mécanisme de péréquation entre les provinces). Ainsi, dans des domaines qui sont de juridiction provinciale selon la constitution (par exemple l'éducation), les interventions fédérales sont généralement contestées par le Québec qui revendique, en contrepartie, une plus grande part du budget de péréquation afin d'administrer suivant les caractéristiques de sa « société distincte ». Cette situation influence le régime de gouvernance dans des domaines tel le logement social ou le développement local. Il existe des « zones d'incertitude » entre les champs de compétence administrative, qui ont des effets de concurrence et d'émulation dont « profitent » les acteurs sociaux, notamment dans leur capacité à légitimer un rapatriement sur le territoire québécois, d'interventions initiées au palier fédéral.

Trois modèles de développement successifs

Le modèle québécois de développement a pris jusqu'à tout récemment deux formes principales : le modèle fordiste ou providentialiste (1960-1980) caractérisé par une *gouvernance hiérarchique et publique* et le modèle partenarial (1981-2003) reflétant une *gouvernance distribuée ou simplement partenariale*. La conjoncture actuelle nous amène à croire que le modèle partenarial pourrait se transformer radicalement vers un troisième modèle (2004- ...) dont le mode de gouvernance reposerait sur le marché, à travers les partenariats public-privé et la consultation des citoyens pris individuellement, remettant ainsi en question les mécanismes de concertation avec les acteurs collectifs. Ce modèle conduit à une *gouvernance marchande et concurrentielle*.

Modèle fordiste : gouvernance hiérarchique et publique (1960-1980)

Le modèle fordiste, mis en place au Québec en 1960 par ce qui fut qualifié de « Révolution tranquille », se caractérise par une gouvernance à la fois hiérarchique et publique (Bernier, Bouchard et Lévesque, 2002 ; Bourque, 2000). Dans ce modèle, l'État joue un rôle central et adopte une approche interventionniste de type descendant (*top-down*). La gouvernance hiérarchique, sur le plan institutionnel, renvoie à deux types de hiérarchies : étatique et corporative (Bourque, 2000 ; Enjolras, 2004). Dans le premier cas, la gouvernance s'exerce par un État externe qui a la légitimité d'intervenir dans la sphère privée par la mise en place de politiques sociales et d'incitatifs économiques. Dans le deuxième cas, les monopoles et les grandes entreprises bureaucratiques constituent l'autre facette de la gouvernance hiérarchique, dont il sera moins question dans cet article.

Le modèle québécois de cette époque s'appuie également sur un compromis entre le patronat et les syndicats afin de moderniser les entreprises. Pour parvenir à appuyer le développement économique, l'intervention de l'État est perçue comme nécessaire pour freiner les inégalités sociales et régionales. La mise en place de politiques sociales était alors compatible avec le développement économique. D'une part, les sommes consacrées au démarrage ou à la modernisation des entreprises avaient des répercussions sur la création d'emploi et la revitalisation des régions ; d'autre part, l'investissement dans l'éducation et la santé permettait une main-d'œuvre plus qualifiée, ce qui avait un impact sur la productivité. L'État québécois devint ainsi un levier pour le développement économique et social par les politiques de développement régional, le partage des gains de productivité avec les travailleurs, la reconnaissance des syndicats ainsi que l'accès et la gratuité dans le domaine des services. Le modèle fordiste favorisa aussi des formes de démocratie représentative et délibérative dans le cadre de ces grands débats et projets de modernisation sociale et économique.

Ce compromis fordiste s'est maintenu jusqu'à ce que le développement social se trouve dissocié du développement économique. En réponse à des besoins non satisfaits par l'État ou l'entreprise, plusieurs mouvements sociaux se formèrent et contestèrent notamment le *taylorisme*, pour l'exclusion croissante des travailleurs de la gestion, la redistribution des gains ne donnant pas nécessairement un meilleur partage du pouvoir, le *modèle centralisé* et *bureaucratique,* notamment dans les hôpitaux, les *politiques de développement régional* qui ne favorisaient pas le développement local, la *délocalisation des entreprises* vers des pays à faibles salaires, *l'ouverture des frontières*, la crise de l'emploi, les nouvelles technologies, etc. (Lévesque, 2004). Bref, le modèle fordiste et les capacités de l'État à réguler le développement social et économique atteignirent leurs limites et bloquèrent toute innovation.

Modèle partenarial : gouvernance distribuée et partenariale (1981-2003)

Suite à la récession en 1981, les nouveaux mouvements sociaux (groupes de citoyens, d'organismes communautaires, de femmes, d'autochtones, de jeunes, d'écologistes, d'immigrants, etc.) sont passés d'une stratégie défensive à une relation partenariale avec l'État et les entreprises (Lévesque, 2004). L'État reconnut une plus grande pluralité d'acteurs sociaux et accepta de partager certaines responsabilités. Les interventions de l'État ne furent plus extérieures à la société civile mais vinrent plutôt s'arrimer avec celle-ci. L'État joua ainsi un rôle de partenaire, d'animateur ou de catalyseur plutôt que de planificateur et d'opérateur.

Avec la gouvernance partenariale, notamment dans les expériences de développement communautaire, le développement économique devient à nouveau intimement lié au développement social. De nombreuses instances (Sommet socio-économique, Centres locaux de développement, Corporations de développement économique communautaire, etc.) furent mises en place pour l'élaboration de stratégies de développement et les acteurs sociaux furent interpellés par le développement économique et le développement social. Du même coup, le développement régional s'arrima au développement local par la décentralisation des services et des outils, ainsi que par la participation de la société civile. Bref, certains parlèrent de développement local, régional et social et d'autres, de développement économique communautaire (DÉC). Dans cette visée, les politiques sociales représentent de plus en plus des investissements plutôt que des dépenses, qui ont des retombées aussi bien dans le domaine social qu'économique (Giddens, 1999). Le développement économique et social ne se limita plus au couple État-Marché mais mobilisa le trinôme État-Marché-Société civile. Le modèle de développement laissa ainsi davantage de place à la démocratie sociale, directe et délibérative, par la concertation des acteurs sociaux, la décentralisation, la promotion de l'organisation apprenante et l'entreprise-réseau ainsi que l'*empowerment* des collectivités (Lévesque, 2003).

Dans ce modèle, la gouvernance s'impose puisqu'elle doit assurer la coordination de plusieurs types d'acteurs aux logiques contrastées (État, entreprises et société civile). Le concept de gouvernance distribuée (Paquet, 2000) désigne ce nouveau type de gouvernance caractérisé par « la présence d'acteurs qui ont des logiques d'action autonomes et différentes, et qui en même temps recherchent des compatibilités institutionnelles pour leur coopération » (Bernier, Bouchard et Lévesque, 2002 : 56). Dans cette visée, l'approche partenariale implique de nouveaux arrangements institutionnels et de nouvelles formes de représentations qui permettent la construction du bien commun (Bourque, 2000). Ces arrangements ont pour but de permettre l'arrimage entre les politiques publiques et les attentes des citoyens.

Malgré les innovations qu'apporta le modèle partenarial dont le logement communautaire et les corporations de développement économique constituent des exemples pertinents, celui-ci est demeuré fragile puisqu'il évoluait dans un environnement à dominante néo-libérale et où les contraintes externes et institutionnelles étaient de plus en plus fortes. Par ailleurs, le défi de mobiliser les diverses composantes de la société civile, l'accumulation de la dette et la performance de l'État furent remis en doute par de nombreux intellectuels néo-libéraux.

Modèle néo-libéral : gouvernance marchande et concurrentielle (2003- ...)

Les propositions concrètes s'inscrivant dans le modèle néo-libéral coïncident avec l'arrivée au pouvoir d'un gouvernement du Parti Libéral du Québec (PLQ), élu en avril 2003. Avant cette date, le modèle québécois n'a pas été insensible à l'influence néo-libérale, mais c'est la première fois qu'un gouvernement met en place un programme explicitement néo-libéral. Selon cette vision, le modèle québécois doit être repensé sur au moins trois aspects : 1) l'intervention de l'État dans l'économie, notamment sur le plan de la planification et du financement du développement économique, doit être revue en faveur du secteur privé ; 2) la place des syndicats dans le développement économique doit être réduite au profit du milieu des affaires ; 3) la concertation avec les diverses composantes de la société civile doit être remplacée par la consultation des citoyens pris un à un. Ces orientations font l'impasse sur les transformations du modèle fordiste vers le modèle partenarial (Lévesque, 2004). Selon les tenants de ce courant de pensée, le modèle québécois n'a pas évolué depuis les années 1960, ce qui les mène à confondre le modèle partenarial émergent avec le *statu quo*, faussant ainsi leur évaluation de la performance des modèles en question (fordiste et partenarial) (Boyer, 2001).

Quoi qu'il en soit, la vision néo-libérale, telle que proposée par le nouveau gouvernement Libéral, réduit l'économie aux seules activités marchandes en supposant que le marché peut spontanément prendre en compte l'intérêt général. La démocratie est définie uniquement par la démocratie représentative parce que seuls les élus sont « imputables ». La société civile est ainsi exclue du développement économique, ce qui amène une séparation nette du social et de l'économique. Dans ce modèle, la gouvernance marchande ou concurrentielle occupe une place prépondérante. L'approche marchande représente la solution néolibérale ultime à la crise du modèle fordiste. Le marché « correspond à la migration de certaines fonctions de l'État vers le secteur privé, à la déréglementation, à la flexibilisation, et à l'approche-client » (Bernier, Bouchard et Lévesque, 2002 : 55). On souhaite ainsi arrimer l'efficience des services publics aux attentes des clients en mesure de payer (Enjolras, 2004).

Tableau 1 : Modèles de développement et gouvernance[1]

	Modèle fordiste	*Modèle partenarial*	*Modèle néo-libéral*
Gouvernance	Publique Hiérarchique	Partenariale Distribuée	Compétitive Marchande
Intérêt général	Biens publics	Pluralité des intérêts collectifs	Biens privés
État	Interventionniste	Catalyseur	Minimal
Marché	Régulé	Reconnu (espace public)	Autorégulation
Société civile	Résiduelle	Ressource	Charité traditionnelle
Forme institutionnelle de l'acteur	Public	Public Sans but lucratif À but lucratif	Public Sans but lucratif À but lucratif
Mise en œuvre des politiques	Gouvernement direct Propriété publique Régulation des comportements non marchands	Quasi-marché Autorégulation et concertation Régulation du non marchand	Contrat Régulation par incitatifs Réglementation Encouragement à la concurrence
Élaboration des politiques	Technocratie	Partenariat institutionnalisé	Réseau de politiques publiques
Relation politique d'imputabilité	Arrimage entre les services publics et les attentes des politiciens Bureaucratique	Arrimage entre les services publics et les attentes des citoyens Douce et flexible	Arrimage des services publics et des attentes des clients/ consommateurs Efficiente
Formes de démocratie	Représentative et délibérative	Représentative, sociale, directe et délibérative	Représentative Lobbying Consultatif individuel
Développement économique / développement social	Dépenses sociales comme débouché pour la redistribution	Dépenses sociales comme investissements Favoriser le développement	Instrumentalisation du social par l'économie

[1] Sources : d'après Enjolras, 2004 ; Lévesque, 2004 ; Bernier, Bouchard et Lévesque, 2002.

Développement régional / local	Approche misant sur le développe-ment régional *Top-down*	Décentralisation Reconnaissance de la société civile et de l'économie sociale *Bottom-up*	Approche misant sur le privé Partenariat public-privé Délégation vers les élus locaux

Enfin, l'avenir n'est pas définitivement joué. Pour définir la société et l'économie de demain, deux modèles peuvent s'imposer, voire coha-biter : le modèle néo-libéral et le modèle partenarial. De ce point de vue, l'expérience québécoise sera intéressante à suivre. Les sections suivan-tes présentent deux cas, les CDÉC et le logement communautaire, qui permettent de mettre en lumière les différentes influences des modèles de développement et des modes de gouvernance exposés précédemment.

Les corporations de développement économique communautaire (CDÉC)

La notion de développement économique communautaire (DÉC) est née d'expériences américaines de développement local du milieu des années 1960 (Fontan, 1991 ; Fontan *et al.*, 2003 ; Favreau et Lévesque, 1996). À cette époque, une partie du mouvement communautaire dans les grandes villes américaines prenait un virage économique en décidant de mobiliser les résidants et représentants du milieu sur la revitalisation des quartiers plutôt que de revendiquer auprès des pouvoirs publics. Au Canada et au Québec, les premières expériences de DÉC sont apparues au début des années 1970, à l'initiative de groupes de citoyens en réac-tion à l'incapacité de l'État et de la grande entreprise à enclencher le développement économique. Elles remettaient ainsi en question les politiques de développement régionales, notamment leurs approches centralisées qui ne prenaient pas en compte les besoins et aspirations des populations visées (Comeau et Favreau, 1998). Au Québec, le DÉC a connu une institutionnalisation progressive au cours des années 1980-1990 pour devenir incontournable dans les années 1990. La conception néolibérale du développement local qui colore la politique québécoise depuis 2003 remet en question l'approche du DÉC, ce qui entraîne des conséquences importantes pour les acteurs et pour les instruments politiques.

Les acteurs et leurs valeurs

Deux orientations de développement local peuvent être identifiées à partir des expériences québécoises des années 1980 (Tremblay et Fontan, 1994). La première, de nature libérale, se caractérise par une approche sectorielle qui vise la croissance économique et la création d'emplois en privilégiant l'entreprise privée, sans prise en considération d'objectifs sociaux. La seconde orientation, de type communautaire, adopte une approche globale du développement économique de telle sorte qu'elle appuie non seulement l'entrepreneuriat privé mais aussi collectif et qu'elle les invite tous les deux à inclure dans leur projet économique des objectifs de création d'emplois et des objectifs sociaux concernant le cadre de vie et l'environnement. Le DÉC accorde généralement une place prépondérante aux entreprises d'économie sociale parce que ces dernières parviennent mieux que d'autres à relever les défis économiques et sociaux des collectivités locales.

Avant de connaître une hybridation des approches à la fin des années 1990, les initiatives québécoises de développement local s'inscrivaient dans l'une ou l'autre de ces approches, selon les territoires et la mobilisation des diverses composantes de la société civile. Dans les villes et municipalités relativement prospères, où l'approche relativement standard du développement local domine, les pouvoirs publics locaux appuient la création et le développement de PME. À cette fin, ils mettent sur pied des corporations de développement économique (CDÉ à ne pas confondre avec les CDÉC), des parcs industriels et des fonds de financement, mettant de l'avant des partenariats publics-privés. Cette attention des pouvoirs politiques locaux dans les villes de taille moyenne favorise une reconversion industrielle, un renversement positif de tendance dans le taux de croissance des PME et de création d'emplois. Dans les milieux urbains et ruraux les plus défavorisés, qui deviennent de plus en plus des « territoires orphelins » (Fontan, Klein et Lévesque, 2003), la mobilisation des citoyens et citoyennes se fera plus largement non seulement sur le terrain économique mais aussi social, d'où le terme de DÉC. Les CDÉC seront les figures de proue de cette approche. Elles se consacreront au redressement socio-économique en visant l'emploi et le développement de la main-d'œuvre (formation, employabilité et insertion), le soutien à l'entrepreneuriat privé et collectif et les services aux organismes communautaires ainsi que les projets ayant un impact local en termes de développement économique et social (Regroupement des CDÉC du Québec, 2000).

Le DÉC suppose une gouvernance locale relativement autonome par rapport au pouvoir public local, telle qu'une agence locale de développement, et une approche globale de développement économique et sociale qui conjugue les dimensions suivantes : 1) dimension économique de déploiement d'activités de production de biens et de services ; 2) dimension locale de mise en valeur des ressources locales, dans le cadre d'une démarche partenariale (secteurs associatif et privé, syndicats, institutions publiques locales) ; 3) dimension sociale de revitalisation économique et sociale d'un territoire (emploi, logement, formation, santé et services sociaux, etc.) et de réappropriation par la population résidante de son devenir économique et social ; 4) dimension communautaire d'aménagement d'un espace de « vivre ensemble » reposant sur des dispositifs associatifs comme premier facteur de revitalisation et de requalification sociale (Lévesque et Favreau, 1996, p. xix). Ces quatre dimensions permettent de réaliser à la fois l'*empowerment* des collectivités locales et l'insertion sociale des personnes par une reconversion économique et par une transformation du cadre de vie.

Les CDÉC sont nées de l'initiative des acteurs locaux relevant pour la plupart de la société civile : dirigeants d'organismes communautaires, intervenants sociaux, organisateurs communautaires de centres locaux de services communautaires (CLSC), animateurs de groupes de jeunes, militants chrétiens, intervenantes de groupes de femmes, parfois directeurs de caisses populaires, et par la suite, se sont ajoutés des dirigeants de syndicats (Lévesque et Favreau, 1996 ; Camus et Malo, 2005). Au plan institutionnel, elles ont le statut juridique d'organisme à but non lucratif (OBNL). Bien que leur financement provienne des différents paliers de gouvernement (fédéral, provincial et municipal), leurs orientations sont prises par une assemblée générale constituée de représentants des diverses composantes de la société civile (Comeau et Favreau, 1998). Plus récemment, soit en devenant mandataires de la politique des Centres locaux de développement, les officiers siégeant au conseil d'administration seront désignés à partir de collèges électoraux dont aucun ne pourra détenir la majorité alors qu'une place sera également faite aux élus locaux.

Enfin, les CDÉC montréalaises se sont regroupées depuis plusieurs années au sein d'une table de concertation sans statut officiel, l'Inter-CDÉC. Plus récemment, l'ensemble des CDÉC québécoises se sont également regroupées au sein du Regroupement des CDÉC du Québec, un lieu qui favorise l'échange d'informations, une action commune autour de certains projets et une représentation concertée pour promouvoir l'importance du DÉC.

Les instruments de politique publique

Après les expérimentations de groupes communautaires au cours des années 1970-1980, les CDÉC seront reconnues et financées par l'État comme projets-pilotes, à partir du milieu des années 1980. Leur institutionnalisation se fera sur une période d'une vingtaine d'années, de sorte qu'on peut identifier au moins quatre étapes (Lévesque et Vaillancourt, 1998). Dans une première étape, trois CDÉC ont été reconnues comme projets-pilotes pour trois quartiers de Montréal qui avaient subi une forte désindustrialisation. Dans une deuxième étape, l'institutionnalisation a été élargie aux quartiers défavorisés, à partir de protocoles avec les divers partenaires (Bélanger et Lévesque, 1992). Dans une troisième étape, la nouvelle politique de développement régional du Québec en 1997 met en place à l'échelle du Québec, soit dans plus d'une centaine de collectivités locales (Municipalités régionales de comté), des centres locaux de développement (CLD) dont une des sources d'inspiration est la CDÉC. La quatrième phase d'institutionnalisation, qui s'est produite en 2003, se veut un amendement du modèle CLD mais revient à un modèle plus proche du partenariat public-privé – qui caractérisait les corporations de développement économique (CDÉ) – que du modèle CDÉC. Voyons d'un peu plus près ces diverses étapes d'institutionnalisation.

La première phase est celle du modèle initial tel qu'il surgit en 1984 dans les quartiers montréalais (Pointe Saint-Charles, puis Centre-Sud et Hochelaga-Maisonneuve) à l'initiative du mouvement communautaire et avec le soutien du gouvernement du Québec. Les CDÉC constituent alors le type-idéal de groupes communautaires qui choisissent de s'appuyer sur le partenariat et la concertation avec les syndicats et même le secteur privé pour répondre sans doute à des problèmes immédiats et urgents – chômage et exclusion du marché du travail – mais aussi pour contribuer à la mise en place d'un nouveau modèle de développement (Fontan, 1991). Chacune des autres phases d'institutionnalisation a amené des modifications dans la forme institutionnelle des CDÉC, soit la gouvernance, le financement, le territoire desservi et les instruments de développement mis à leur disposition. Ainsi, dans la seconde phase (1990-1996), les CDÉC ont été diffusées dans plusieurs quartiers de la ville de Montréal et se sont donné des fonds de développement plus importants qu'auparavant.

Toutefois, la troisième phase (1997-2003) est sans doute la plus significative puisque les CDÉC servent alors d'inspiration à la redéfinition d'une politique de développement local pour toutes les régions du Québec, notamment à la mise en place de 111 centres locaux de développement (CLD) et, en 1999, de 150 centres locaux d'emplois (CLE) pour l'offre de main-d'œuvre, soit la formation, l'employabilité et l'insertion professionnelle. Cette troisième phase d'institutionnalisation s'est faite à l'initiative de l'État québécois, en l'occurrence du ministère des Régions pour les CLD et du ministère de l'Emploi et de la Solidarité pour les CLE. Au plan local, l'intention était de subordonner les CLE, qui font partie de l'administration publique, aux CLD dont les conseils d'administration « agiront comme structure de partenariat au palier local et auront la responsabilité de déterminer un plan local d'action pour l'économie et l'emploi » (Comité ministériel du développement social, 1998 : 9). À la différence des territoires non couverts par les CDÉC qui seront desservis par des CLD, les divers arrondissements de ville de Montréal le seront par les CDÉC qui assumeront ainsi le mandat CLD tout en conservant leur identité.

Concrètement, le CLD est une forme hybride qui tire son inspiration de deux types d'initiative. D'une part, il s'inspire de la gouvernance des CDÉC en mobilisant plusieurs types d'acteurs sociaux, qui seront représentés à travers divers collèges électoraux, et en se donnant des outils déjà expérimentés par les CDÉC. D'autre part, en introduisant un collège des élus, il s'inspire également des corporations de développement économique (CDÉ), dont la gouvernance relevait exclusivement des élus municipaux et dont la mission était d'attirer et soutenir les entreprises privées sur le territoire local avec des outils d'infrastructure physique, tels les parcs industriels. Le CLD imite également les CDÉ pour le service et l'infrastructure aux PME, mais élargit la notion en y incluant le volet économie sociale qu'avaient développé les CDÉC. Il retient aussi des CDÉC la préoccupation pour la formation mais cette fois en exerçant la fonction de comité d'avis de programmes administrés par l'État, les CLE. Le mandat CLD correspond ainsi à une hybridation institutionnelle, mais aussi à une décentralisation des services aux entreprises, ces dernières ayant désormais l'obligation de transiger à l'échelle locale pour accéder aux services de l'État. De nouveaux outils pour l'économie sociale sont aussi apportés, notamment un fonds spécifique et des postes d'agents de développement spécialisés (Lévesque, Mendell, M'Zali, Martel et Desrochers, 2002).

Enfin, l'arrivée au pouvoir du Parti Libéral du Québec en avril 2003 représente un amendement significatif de la gouvernance des CLD, qui va les rapprocher davantage de l'ancienne formule des CDÉ. Ainsi, cet amendement fait disparaître les collèges électoraux et donne le pouvoir aux élus locaux, les autres acteurs pouvant être co-optés mais au bon vouloir des élus. Il amène aussi une modification des outils, notamment les fonds aux entreprises, y compris ceux dédiés à l'économie sociale. Avec la perte d'une gouvernance distribuée et l'imposition de règles de conformité de la part du ministère des Régions, on peut craindre le passage d'une relation partenariale avec les pouvoirs publics à une relation qui s'apparente à de la sous-traitance.

De plus, le nouveau gouvernement provincial a confié aux municipalités les pouvoirs et l'administration des budgets dédiés au développement local. Cette décentralisation n'est pas sans impact sur la gouvernance des CDÉC. Les municipalités (les arrondissements dans le cas de Montréal) deviennent des bailleurs de fonds et obtiennent un pouvoir qu'ils n'avaient pas auparavant lorsque c'était le ministère provincial (et la Ville, dans le cas de Montréal) qui administrait les budgets. Pour les

CDÉC, ce nouveau contexte remet en question certains des arrangements antérieurs. De plus, comme les politiques de services sociaux et de santé ne relèvent pas au Québec du municipal mais du palier provincial ou fédéral, l'arrimage entre développement économique et développement social risque fort de ne plus se faire à partir du moment où le développement local devient sous le contrôle exclusif des élus municipaux, mettant ainsi fin à la tradition du DÉC. Par ailleurs, bien que les élus locaux doivent pour le moment respecter le Contrat de ville et reconnaître les CDÉC comme mandataire CLD, il faut noter que ce contrat arrive à terme en 2007. Les municipalités (ou les arrondissements) pourront, s'ils le souhaitent, reprendre et administrer directement les mandats CLD. Et il n'est pas garanti que les enveloppes budgétaires, surtout celles ayant trait à l'économie sociale, seront conservées.

Les modalités institutionnelles de coordination et d'interaction

Dans le modèle CDÉC, les élus fédéraux, provinciaux, municipaux et d'arrondissement étaient inclus à titre de partenaires, aux côtés d'autres acteurs de la société civile, du monde des affaires et des syndicats. En remettant une grande partie des pouvoirs aux élus d'arrondissement en ce qui a trait au développement local, la diversité des intérêts collectifs n'est plus soutenue par les modalités de gouvernance qui prévalaient (gouvernance équilibrée par des collèges électoraux). De même, l'articulation entre développement économique et développement social que favorisait cette gouvernance distribuée, risque de disparaître. Le monopole des élus municipaux soulève la question de leur capacité à maintenir, à moyen et à long terme, l'arrimage de l'économique avec le social. Jusqu'ici, au Québec et au Canada, les élus municipaux ont surtout eu des fonctions reliées principalement aux infrastructures (voirie, égouts, etc.) et à l'aménagement du territoire. Les services sociaux et de santé sont décentralisés, à travers des directions administratives ou des agences régionales qui relèvent des ministères, mais sans participation des diverses composantes de la société civile.

La dernière phase d'institutionnalisation du développement local apparaît plutôt comme une désinstitutionnalisation de la gouvernance partenariale, mettant ainsi fin à une forme de démocratie sociale basée sur la délibération entre les différentes composantes de la société civile en liaison avec le milieu des affaires et les élus. Désormais, le mandat CLD n'oblige de faire une place significative à la participation de la société civile qui ne demeure représentée que si les élus municipaux le veulent bien ou encore que si les acteurs de la société civile sont suffisamment mobilisés pour l'imposer. À l'échelle du Québec, on peut penser que, dans des zones où le mouvement communautaire est faiblement développé, les nouvelles structures n'en favoriseront pas davantage l'éclosion. Dans un premier temps, il pourrait s'en suivre une inflexion de la dynamique communautaire. En effet, même si les acteurs porteurs d'une vision du développement social sont présents au sein de la structure de gouvernance, cette dernière contrôle de moins en moins les outils de développement. Cependant, si les élus redécouvrent progressivement l'importance de la participation citoyenne, notamment son expertise et sa légitimité, et si cette dernière réussit à maintenir son intérêt pour le développement local, on peut supposer qu'un changement de gouvernement pourrait favoriser un retour de la gouvernance partenariale sur ce terrain.

Il y a maintenant près de dix ans, Lévesque et Favreau (1996) posaient l'hypothèse que le DÉC pourrait s'institutionnaliser aussi bien dans un modèle d'inspiration néo-libérale, comme c'est le cas aux États-Unis, que dans un modèle plus ouvert sur la démocratie. Ces deux modèles d'institutionnalisation et d'articulation du développement économique et du développement social ne sauraient être confondus : dans le premier cas, le DÉC s'inscrit dans une forme duale alors que dans le second il participe à la mise en place d'une gouvernance distribuée et une économie plurielle qui s'efforcent d'internaliser la cohésion sociale. Dans un contexte de redéfinition du modèle québécois par le gouvernement libéral, le premier scénario pourrait se voir ainsi réaliser, à partir paradoxalement d'un renforcement du pouvoir des élus locaux en alliance avec les Chambres de commerce, combiné à des décisions autoritaires du gouvernement du Québec. Sur ce point, il devient pertinent d'examiner de plus près les expériences américaines afin d'identifier les nouveaux compromis institutionnalisés et les nouvelles formes de gouvernance qui pourraient s'imposer au Québec. Il faudrait aussi approfondir l'analyse de la dynamique des compromis sociaux qui ont permis la gouvernance partenariale et l'institutionnalisation progressive du DÉC. Pour notre part, nous faisons l'hypothèse que la dynamique, qui a permis l'institutionnalisation d'une gouvernance partenariale et du type de développement local qu'elle porte, représente une tendance lourde que des décisions autoritaires d'un gouvernement ne peuvent faire disparaître, surtout lorsque ces décisions soulèvent un niveau inégalé d'insatisfaction à son égard. Enfin, si les compromis sociaux sont indispensables à une institutionnalisation féconde, on peut penser que la participation de la société civile dans la gouvernance du développement local demeure incontournable et avec elle la sensibilité pour le développement social. Le cas du DÉC nous apprend toutefois que l'institutionnalisation n'est pas aussi rigide qu'on aurait pu le penser.

Le logement communautaire

Il nous paraît intéressant d'étudier un autre secteur d'activités né dans le giron de la gouvernance partenariale, le secteur du logement communautaire, qui se situe aussi en interface du développement économique et du développement social. Le logement communautaire (coopératif et associatif) apparaît au Québec au tournant des années 1970 dans un contexte de transformation du monde urbain, d'émergence de nouveaux besoins en matière de logement et de fléchissement des politiques gouvernementales en matière d'habitat. Il s'agit d'une histoire jouée par différents acteurs sociaux, qui s'entendront sur un programme de développement de l'habitat communautaire en réponse à des attentes en relative convergence. Les ambitions des citoyens se conjuguent avec celles des politiques d'habitation, dessinant un compromis entre les caractéristiques de la forme associative et les objectifs de la politique de logement social. La vision du logement qui s'y développe conçoit le logement comme un « milieu de vie ». Ce faisant, le logement communautaire établit un pont entre le développement économique et le développement social, contribuant ainsi à l'atteinte d'objectifs d'intérêt général dans le domaine de la santé et des services sociaux. Aujourd'hui, ce secteur vit de plein fouet les transformations en cours des politiques publiques. Paradoxalement, ce virage se prend au moment où une crise du logement sans précédent frappe le Québec, notamment les grandes villes.

Les acteurs et leurs valeurs

La croyance très forte dans les vertus de la propriété individuelle de l'habitat et dans les forces du marché pour réguler l'offre de logement domine largement la politique d'habitation canadienne et ce, depuis ses origines à la fin de la Première Guerre, jusqu'aux années 1970 (Dennis et Fish, 1972). Des expériences de logement public (habitations à loyer modique) et de logement coopératif (en copropriété ou en location) ont vu le jour entre les années 1950 et la fin des années 1960, soutenues par des programmes fédéraux ou provinciaux. Mais dans ces expériences, tout le processus – allant de la planification à la réalisation et la gestion – était de nature publique (gouvernementale) et centralisée (bureaucratique) (Bouchard et Hudon, 2004). L'échec relatif de ces formules et la pression des mouvements sociaux urbains mènera à revoir l'intervention.

La crise du logement au début des années 1970 suscite l'émergence de groupes de citoyens qui, animés de valeurs autogestionnaires, réclament l'appropriation collective non seulement des actifs mais également des processus de développement et de gestion. Une compétence experte se développe au sein des groupes de ressources techniques (GRT), des organismes à but non lucratif (OBNL) qui accompagnent les citoyens dans leur projet d'achat-rénovation de logements vétustes. Leur approche est de développer des projets à partir des besoins et des caractéristiques propres au milieu dont ils sont issus et dans lequel ils sont impliqués. Il s'agit d'une nouvelle classe de travailleurs qui émergeait à cette époque, les animateurs communautaires. Au départ composés d'étudiants en architecture ou en urbanisme et d'animateurs sociaux, ces groupes accompagnent des comités de citoyens et des associations de locataires dans leur effort pour créer des coopératives et des organismes à but non lucratif d'habitation. Leur action porte sur la mobilisation des populations résidantes. Plus tard, des regroupements associatifs et fédératifs se formeront à l'échelle locale, régionale et nationale, d'abord dans le milieu coopératif puis, plus récemment, dans celui des OBNL. Il existe aussi un groupe de pression regroupant de comités de citoyens, le Front d'action populaire en réaménagement urbain (FRAPRU).

Le logement communautaire propose un mode de prise en charge collectif de l'habitat. Les résidants des logements locatifs sont propriétaires collectifs d'organismes coopératifs ou associatifs (OBNL), gérés sans but de profit. Les promoteurs sont animés par des valeurs autogestionnaires et préconisent l'accessibilité à un habitat de qualité, la sécurité d'occupation, et la prise en charge du milieu de vie par les résidants eux-mêmes. Les acteurs de ce mouvement visent non seulement la satisfaction des besoins non comblés, mais tentent aussi de repenser l'habitat dans ses aspects humains et sociaux. L'insertion de personnes vivant des difficultés particulières se fait souvent au sein d'une communauté mixte au plan socioéconomique, favorisant leur intégration sociale (CHFC, 2002). Le logement communautaire raffermit les liens de voisinage, aide à produire et à maintenir des milieux de vie conviviaux (Dorvil *et al.*, 2002), et il s'inscrit dans une dynamique de revitalisation territoriale (Morin, Bouchard et Frohn, 2000).

Contrairement aux propriétaires privés, la finalité des organismes de logement communautaire est de maximiser le service à l'usager et non le profit. On met l'accent sur la mixité socioéconomique des résidants, afin d'éviter la ségrégation spatiale de la pauvreté et de créer des milieux de vie conviviaux. On peut atteindre cette mixité, notamment, en mixant les ressources : charges de loyer payées par les occupants, subventions, bénévolat. Cette hybridation des ressources assure une relative autonomie vis-à-vis des pouvoirs publics, développe le sens de responsabilité du propriétaire collectif, et crée de l'appartenance au milieu de vie. La gestion financière de ces organismes est en partie soumise au marché, les loyers étant déterminés par les coûts d'opération. Des subventions – à la pierre et à la personne – aident à réduire les charges pour les ménages les plus démunis. La propriété est durablement collective. Dans les coopératives, les résidants qui quittent n'ont droit qu'à leur souscription initiale non indexée (généralement autour de 300$). Une politique de sélection permet de cibler les nouveaux résidants en fonction de leurs besoins (faible revenu, besoins spéciaux). Dans le cas des coopératives, s'ajoute le critère de pouvoir participer à la prise en charge de l'organisation, et la politique est administrée par un comité de résidants.

À ce titre, les coopératives, les OBNL et les groupes de ressources techniques en habitation sont des entreprises d'économie sociale. Les acteurs engagés dans le mouvement du logement communautaire établissent un pont entre le développement économique et le développement social. Ils complètent l'offre de logements publics et privés, réduisant les tensions sur le marché et sur les finances publiques. Ils produisent aussi des milieux de vie qui favorisent l'*empowerment* et l'insertion sociale. Le modèle de prise en charge combine l'intérêt particulier (avoir un « chez soi ») et l'intérêt collectif (être « maître » chez soi), tout en participant à l'atteinte d'objectifs d'intérêt général, soit l'amélioration des conditions de vie, la réduction des effets de la pauvreté, etc.

Les instruments de politique publique

L'échec et le poids du déficit d'exploitation du logement public au tournant des années 1970 conduit l'État à opérer un virage vers des mesures caractéristiques des politiques de soutien de la demande. L'attrait de la flexibilité mène à s'en remettre au secteur privé coopératif et sans but lucratif ainsi qu'aux municipalités pour livrer et gérer le logement social. Outre la réduction des coûts de gestion des ensembles immobiliers en comparaison du logement public (SCHL, 1990), la mixité socio-économique recherchée par le mouvement d'habitation communautaire pour créer des milieux de vie équilibrés comportait, pour l'État, l'avantage de rejoindre un large éventail de la population, s'adressant tant aux ménages à faibles revenus qu'à ceux faisant partie du bas des couches moyennes. Qui plus est, la diversité des revenus doit permettre d'éviter les « tensions sociales » dues à la concentration des ménages à faible revenu et diminuer la résistance du quartier (SCHL, 1990 : 16-17).

En 1977, suite à un colloque réunissant les acteurs communautaires et la Société d'habitation du Québec (SHQ)[2], le gouvernement provincial décidait de favoriser la création de GRT dans l'ensemble du Québec plutôt que développer davantage sa société d'État. C'était le choix d'un

---

[2]   Créée en 1968, la Société d'habitation du Québec a réalisé l'actuel parc d'habitations à loyer modique (HLM) administré par les offices municipaux d'habitation. Une expérience de coopératives locatives initiée par la SHQ en 1968 mais entièrement développée par le haut, a connu un échec retentissant en 1970 (Hurtubise, 1984).

partenariat avec la communauté : soutenir les initiatives du milieu notamment en favorisant l'existence d'une compétence indépendante des gouvernements.

Depuis trente ans, les programmes d'aide au logement communautaire se sont développés selon les tendances observées dans plusieurs autres pays industrialisés (Pomeroy, 2001). Le logement communautaire, après avoir été expérimenté dans différentes régions du Canada, connaît une première phase d'expansion dès 1973, avec l'arrivée d'un programme fédéral qui combinera les objectifs de la politique d'habitation sociale aux caractéristiques des organisations coopératives et associatives (OBNL). La reconnaissance et le financement des GRT viendront accélérer cette expansion au cours des années 1980. Les caractéristiques spécifiques qui ont fait le succès de la formule seront toutefois progressivement négligées. Bien qu'une partie des aides publiques soit allée à la « pierre » (aide à la rénovation, subvention aux coûts de fonctionnement, etc.), la portion des aides dites « à la personne », i.e. axées sur des clientèles spécifiques à très faibles revenus, augmenta progressivement dans les programmes avec les années. Conséquemment, les organismes de logement coopératif regroupent de plus en plus de ménages à faible revenu (Poulin, 1997 ; Champagne, 1989). Les OBNL se développent surtout dans les niches des publics ciblés par le programme provincial : logements permanents pour personnes âgées en légère perte d'autonomie ; logements temporaires ou permanents pour les individus avec besoins particuliers, comprenant des installations spéciales avec services d'assistance personnelle sur place.

Face à l'appauvrissement des populations du logement communautaire, un certain nombre de projets développent des activités reliées à la santé et aux services sociaux, en particulier dans les OBNL d'habitation. Il s'agit des projets d'habitation avec services communautaires qui s'adressent à des clientèles ayant des besoins particuliers : personnes âgées, refuges pour sans abris ou pour femmes victimes de violence, etc. La viabilité de ces projets requiert, en plus des aides au logement, un financement distinct pour assurer la prestation de services : généralement une combinaison de tarification aux usagers, d'ententes avec des institutions ainsi que des collectes de dons. Le recours aux programmes d'aide au logement permet de créer une base matérielle pour la prestation de services. Cependant, l'arrimage des ressources institutionnelles et communautaires, l'articulation des services de logement et des services sociaux et de santé, la complexification des compétences requises pour administrer les organisations, représenteront pour les gestionnaires des enjeux permanents. Au plan des politiques publiques, l'enjeu sera d'assurer une base de financement stable à ces projets, exigeant un décloisonnement des politiques sectorielles (Gaudreault et Bouchard, 2002).

Dans la plupart des programmes, les accords de subvention aux organismes de logement communautaire ont une durée de vie qui correspond à la période d'amortissement de l'emprunt hypothécaire. La fin des conventions implique, en principe, l'arrêt des subventions, notamment l'aide financière aux ménages à faible revenu. Par ailleurs, les emprunts hypothécaires initiaux étant remboursés, il est possible que les organisations verront diminuer, au même moment, le coût du financement de leurs immeubles. Dépendant de divers autres facteurs, tels l'état des bâtiments ou l'importance des réserves, cette diminution des coûts seraient susceptibles de combler, en partie du moins, les pertes de revenus de subventions. Les représentants du mouvement de l'habitation communautaire tentent de négocier le prolongement des aides aux ménages à faible revenu, et mènent des recherches sur l'état du parc immobilier afin de prévoir des mesures de viabilisation des organisations. À défaut de trouver ces solutions, la composition socio-économique du public visé pourrait évoluer vers une recomposition homogène de ménages démunis.

Des efforts sont faits par les gouvernements pour attirer les propriétaires privés vers les programmes de soutien au logement abordable. Ceci ampute l'enveloppe réservée aux groupes communautaires. De plus, ceci fragilise, à moyen ou long terme, la situation des destinataires de ces aides, le propriétaire privé pouvant s'en défaire du moment que le marché redevient rentable.

Tout récemment, un projet de reconnaissance des développeurs d'habitat social (public) et communautaire, rédigé par le gouvernement en place depuis 2003, établit une liste de compétences techniques requises (construction, ingénierie, urbanisme, aménagement, etc.) et omet complètement les compétences et les acquis du milieu communautaire (expertise sociale, animation de groupes, formation à la gestion associative, etc.).

Au milieu des années 1980, le fédéral avait établi des ententes avec les provinces pour la livraison des programmes publics. En 1994, le fédéral se retira complètement du développement de l'habitation, et les programmes provinciaux actuels sont insuffisants pour assurer la demande. Or, celle-ci s'exacerbe pour les ménages les plus démunis. À l'heure actuelle, une grave crise du logement sévit dans plusieurs municipalités du Québec. La diminution des aides publiques mène à ce que de nouvelles initiatives communautaires voient le jour (Rondot et Bouchard, 2003). À titre d'exemple, le Fonds d'investissement de Montréal (institutions financières, syndicats et entreprises privées) est un fonds de capital « patient », permettant de développer du logement communautaire sans subvention (Gaudreault, DeSerres, Bouchard et Adam, 2004). Ce fonds a été créé, à l'origine, pour préserver la valeur des hypothèques détenues par les institutions financières dans les quartiers en voie de dévitalisation et soutenir l'industrie du bâtiment (fortement syndiquée). Les coopératives peuvent aussi s'engager, telle la Coopérative des Cantons de l'Est, dans le développement, créant de nouvelles unités de logement à partir de leurs fonds propres (Gaudreault, Adam, DeSerres et Bouchard, 2004). Des fonds d'épargne collective ont aussi été créés dans les fédérations de coopératives afin de soutenir le développement (Bouchard, 1994). Ces initiatives pourraient permettre au milieu communautaire d'agir en complémentarité avec l'État et le marché pour développer le secteur (Gaudreault et Bouchard, 2002). On peut cependant craindre que tout relève finalement des seules initiatives philanthropiques, que celles-ci émanent du secteur privé et syndical (philanthropie intéressée) ou du secteur communautaire lui-même (redistribution entre pauvres).

Dans le modèle partenarial, les instruments de la politique d'habitation s'appuient largement sur les motivations des acteurs locaux à créer des organisations coopératives et sans but lucratif, bénéficiant de l'appui financier de l'État pour le développement et le rabattement des charges d'une partie des résidants. Ce modèle, bien que remis en question par le gouvernement québécois depuis 2003, continue de générer des initiatives communautaires tant pour la prise en charge de nouveaux besoins sociaux que pour la création de nouveaux moyens de financement. Ces initiatives se polarisent autour de deux types d'instruments. D'une part, on assiste à une contractualisation implicite de services sociaux et de santé, et à une mise en concurrence explicite des promoteurs publics, privés et communautaires (de l'habitat mais aussi des services sociaux et de santé). D'autre part, les initiatives de financement communautaire semblent vouloir réinstaller des mécanismes non concurrentiels de développement, mais en dehors de l'État. L'urgence des besoins sociaux et celle des besoins en logements pourrait conduire à un clivage entre ces deux groupes d'acteurs, les uns se concentrant sur les besoins des personnes qui tombent dans les failles du système institutionnel des services sociaux et de santé, les autres se dédiant à la recherche de nouvelles modalités de financement du logement communautaire. Le cercle vertueux entre développement économique et développement social risque de se fissurer.

Les modalités institutionnelles
de coordination et d'interaction

Il faut noter que les administrations publiques, au Canada et au Québec, jouissent d'une large autonomie dans l'application des politiques d'habitation (Blary, 1988). L'un des facteurs déterminants de cette autonomie réside dans le savoir lié à la dimension financière des programmes ainsi que dans les capacités relationnelles des agences publiques avec les acteurs de la société civile. C'est aussi sur la base de ce savoir que ces agences entretiennent un réseau de relations diversifiées avec les intervenants du milieu, lesquels participent à la fourniture des informations concernant l'efficacité des programmes ainsi que concernant leur compatibilité avec la réalité particulière de leur champ d'intervention : « organisme émetteur et récepteur de données spécifiques, pôle de liaison entre différents intervenants, proche du financement public et privé, la gestion administrative constitue une force non pas de coordination mais d'arbitrage et de négociation » (Blary, 1988 : 316).

Ces jeux relationnels sont particulièrement intenses avec les intervenants de la production de l'habitation : financiers, professionnels, constructeurs. Les groupes de pression (comités de citoyens, FRAPRU), pour leur part, agissent autant sur la scène administrative qu'auprès des élus. La convergence relative entre la position des groupes de pression, celle des animateurs des GRT et celle des cadres des administrations publiques, permet de développer des alliances. Dans une visée de transmission des connaissances et de réduction des coûts des services complémentaires, une gamme de services de soutien à la gestion, de formation, d'achats groupés et d'épargne collective ont été développés par les regroupements fédératifs, à l'échelle locale, régionale et nationale, souvent en partenariat avec d'autres organisations communautaires, mutualistes et coopératives.

Malgré une évaluation très positive du programme de logement coopératif (SCHL, 1990) – montrant qu'il coûte moins cher à produire et à administrer que le logement public – le gouvernement fédéral s'en est retiré et a confié le mandat aux provinces. En 1993, les regroupements de GRT et de coopératives élaborent et déposent une proposition à la SHQ. D'abord testé par une programmation expérimentale (PARCO en 1995), le programme est devenu AccèsLogis en 1997. Ce programme innove en prévoyant une contribution financière des coopératives et OBNL à un fonds de développement, une fois leur équilibre budgétaire atteint. Le Fonds québécois d'habitation communautaire (FQHC), créé en 1997, constitue un espace unique regroupant des représentants des milieux communautaire, financier, municipal et gouvernemental. Son conseil d'administration est associé étroitement à la conception et à la livraison des programmes d'aide au logement communautaire, et il agit à titre de comité d'avis auprès des instances gouvernementales sur des dossiers liés à cette question (FQHC, 2003).

La relative convergence d'objectifs entre les administrations publiques et les acteurs sociaux peut être favorisée par le maintien et le renforcement des espaces publics de médiation institutionnelle – tel le Fonds québécois d'habitation communautaire, et de médiation sociale – tels les regroupements fédératifs et associatifs – qui favorisent la mise en relation des acteurs de la société civile entre eux, tout en leur permettant de maintenir une distance critique individuelle (Dacheux, 2003). La mise en concurrence des acteurs, tant dans les activités de financement, de promotion, que de prestation de services sociaux et de santé, met le modèle partenarial au défi. Dans le cas du logement communautaire, l'occasion est peut-être fournie de montrer que ce mode de production et de consommation du logement social est, d'une part, plus efficient au plan des ressources budgétaires (efficience productive), qu'il permet d'atteindre des populations exclues de l'offre de logements et de services sociaux et de santé (efficience allocative), mais, qu'en plus, il génère des externalités positives sur les collectivités et contribue à former une nouvelle citoyenneté.

Conclusion

Les cas québécois qui viennent d'être présentés illustrent trois modalités de gouvernance et montrent les forces et limites de chacun de ces modèles. Dans le modèle fordiste, la croissance économique soutient la croissance des dépenses sociales. Les instruments de politique publique sont directs et relèvent d'une planification centralisée et hiérarchique. Au Québec, le modèle fordiste se colore d'une concertation avec le patronat et les syndicats pour moderniser les entreprises et soutenir le développement régional. Mais le développement est inégal et les mouvements sociaux critiquent les stratégies de développement de type descendant (*top-down*). Le mouvement communautaire, ne misant plus uniquement sur la revendication, décide de s'engager dans le développement économique communautaire de quartiers pauvres et dans les zones rurales les plus défavorisées. La crise des finances publiques mène l'État à établir des compromis avec les acteurs de la société civile pour l'application, et éventuellement pour l'ingénierie des politiques publiques. Les pouvoirs publics escomptent une réduction des coûts alors que les acteurs de la société civile misent sur leur capacité à infléchir les tendances néolibérales dans le sens d'une démocratisation des services sociaux et même de l'économie. Le modèle partenarial se fonde sur un triptyque État-marché-société civile, qui articule des objectifs d'intérêt général à des objectifs d'intérêt collectif, dans un modèle ascendant (*bottom-up*) qui intègre la société civile.

Les deux exemples qui ont servi à illustrer le cas québécois sont à la marge du champ des services sociaux et de santé. Mais dans chacun, il s'opère un réaménagement de l'économique et du social à travers des initiatives émergeant de la société civile. Ces initiatives conjuguent le développement économique au développement social, établissant un compromis entre des politiques sectorielles et une approche globale des problématiques sociales qui accompagnent les phénomènes d'exclusion et de pauvreté. Dans les deux cas, on peut observer une démocratisation des domaines à travers entre autres une gouvernance partenariale.

Bien qu'il y ait quelques variantes entre les deux cas, les passages d'un mode de gouvernance à l'autre se font de manière analogue. Au départ, on assiste à des initiatives qui concernent principalement les collectivités en difficulté, et qui relèvent presque exclusivement de la société civile locale. Ces initiatives locales relèvent donc plus de l'économie sociale que de l'économie publique locale. Elles se déploient en deux temps : dans un premier temps, il s'agit principalement d'une remise en question des politiques en place ; dans un deuxième temps, les mouvements sociaux passent de la contestation à l'expérimentation. Ces expériences pilotes visent à transformer l'environnement immédiat dans lequel elles s'inscrivent. Dans les deux cas, il en résulte un *empowerment* des acteurs et collectivités concernés de même qu'une vision élargie de l'insertion sociale. Les promoteurs proposent ainsi de nouvelles formes organisationnelles et participent à l'avènement de nouveaux arrangements institutionnels. La reconnaissance des pouvoirs publics de ces expériences conduit à une redéfinition de la fonction de l'État et à l'apparition d'une nouvelle gouvernance, et même à de nouvelles politiques. Le mouvement passe de l'expérimentation à la négociation, éventuellement au partenariat. Une relative institutionnalisation des pratiques et une stabilisation du modèle s'ensuivent.

Les politiques de développement local et de logement communautaire, telles qu'elles ont évolué jusqu'en 2003, témoignent d'un nouvel arrangement institutionnel entre l'État, le marché et la société civile, arrangement qui peut être qualifié de partenarial. L'existence et la cohabitation des fonctions connaissance (expertise), représentation (associations) et revendication (défense des droits) sont les bases fondamentales qui expliquent en grande partie les succès du milieu communautaire québécois (Hudon et Bouchard, 2004). Parmi les facteurs qui favorisent l'émergence du modèle partenarial dans le Québec des années 1970-1980, on note la reconnaissance des groupes communautaires par les instances publiques, qui a contribué à faire évoluer les politiques publiques par voie de concertation et de partenariat avec des représentants de la société civile. Contrairement aux alliances stratégiques entre les firmes, la concertation et le partenariat dans le domaine du social ne représentent pas la rencontre conjoncturelle d'intérêts particuliers. Ils donnent davantage lieu à des apprentissages collectifs et à l'hybridation des logiques des différents acteurs en présence. Intégrés dans un espace public de gouvernance démocratique, la concertation et le partenariat font se résorber les intérêts particuliers au profit d'une représentation de l'intérêt général construite collectivement.

Le rôle des groupes communautaires, conjugué à l'ouverture des administrations publiques locales (plusieurs animateurs communautaires ont d'ailleurs connu une mobilité professionnelle au sein des administrations publiques), a contribué à générer un espace de médiation entre l'État, le marché et la société civile. Ceci a permis aux acteurs de recadrer l'intervention publique dans une perspective globale, réfutant la dichotomie entre le social et l'économique. En plus de trouver preneur au sein des institutions, des organisations et des communautés, le projet véhiculé par ces groupes communautaires et d'économie sociale a favorisé une coordination sociale et politique, construisant des ponts entre chacun de ces niveaux.

Au-delà d'une simple instrumentalisation de l'économie sociale par voie de sous-traitance, les expériences décrites ici montrent que les organisations communautaires sont en mesure de proposer une réforme institutionnelle. Or, pour que le système institutionnel soit ouvert à de nouvelles propositions, il faut d'abord qu'y soient identifiées des failles, notamment au plan de sa performance et de ses retombées. De plus, les nouvelles solutions pourront être pensées si les acteurs en place jouissent d'une relative autonomie, entre autres pour établir des interactions constructives entre eux. Dans les cas qui nous occupent, ces interactions ont permis de construire socialement un nouvel environnement normatif, en rapprochant producteurs, consommateurs, militants et professionnels. Ce nouveau système se stabilise par la création d'espaces publics de médiation institutionnelle et de médiation sociale.

Les récentes propositions du gouvernement d'orientation néolibérale rencontrent une vive opposition, mais celle-ci est variable suivant le dynamisme du milieu communautaire d'un territoire à l'autre et d'un type d'acteur à l'autre. Cependant, il y a fort à parier que les acquis du modèle partenarial ne pourront pas disparaître facilement. À compter du moment où l'on reconnaît la société civile, il est difficile de faire un pas en arrière. Les cas que nous avons présentés mettent en lumière la transversalité du social et de l'économique dans le développement. Ce qui permettait cet arrimage relevait surtout de la gouvernance. Une façon de faire appropriée, le partenariat à l'échelle locale, semble avoir une pertinence, contrairement à une gouvernance hiérarchique et centralisée. Au cours des dernières années, il est apparu, au Québec comme ailleurs dans le monde, que le développement local et l'économie sociale émergente étaient généralement parties prenantes d'une même démarche misant sur la démocratie, le partenariat et la prise en main des collectivités locales. Cependant, si l'on veut rendre compte de la signification de l'économie sociale sous tous ses aspects, il faut pouvoir dépasser le seul point de vue local pour prendre également en considération celui d'une société nationale et de son inscription dans le monde.

Bibliographie

Bernier, L., Bouchard, M.J., Lévesque, B., « La prise en compte de l'intérêt général au Québec. Nouvelle articulation entre l'intérêt individuel, collectif et général », in von Bergman, M.L., Enjolras, B., Saint-Martin, O. (dirs.), *Économie plurielle et régulation socio-économique*, Liège, CIRIEC-International, 2002, p. 47-72.

Blary, R., *Habitat : du discours aux pratiques*, Montréal, Éditions du Méridien, 1988.

Bouchard, M.J., « Évolution de la logique d'action coopérative dans le secteur du logement locatif au Québec », Paris/Marseille, thèse de sociologie (doctorat unique), École des Hautes Études en Sciences Sociales/Centre pluridisciplinaire de la Vieille Charité, 1994.

Bouchard, M.J., Hudon, M., *Le logement coopératif et associatif comme innovation émanant de la société civile*, Congrès international du CIRIEC, Lyon, septembre 2004.

Bourque, G., *Le modèle québécois de développement industriel : de l'émergence au renouvellement*, Sainte-Foy, Presses de l'Université du Québec, 2000, 235 p.

Boyer, M. (CIRANO), « La performance économique du Québec : constats et défis », www.cirano.qc.ca/publications ; La Presse, 13 juin 2001.

Camus, A., Malo, M.C., « Politique de développement local et initiatives en milieu urbain : les CDÉC montréalaises mandataires du CLD », in Jean, B., Lafontaine, D. (dir.), *Territoire et fonctions. Tome 2 : les systèmes régionaux et les dynamiques en débats*, Rimouski, Éditions du GRIDEQ et du CRDT, 2005, p. 145-160.

Champagne, C., *Enquête sur la clientèle dans les coopératives d'habitation au Québec*, Montréal, ÉNAP/INRS-Urbanisation/UQÀM, 1989.

CHFC, *Inclusiveness in Action: Case Studies in Supporting Diversity and Integrating Special Needs in Canadian Housing Co-Operatives*, Ottawa, Co-operative Housing Federation of Canada, 2002.

Comeau, Y., Favreau, L., *Développement économique communautaire : une synthèse de l'expérience québécoise*, cahiers de la Chaire de recherche en développement communautaire : série Conférences #2, 1998, 23 p.

Comité ministériel du développement social, *Le développement social. Les actions du gouvernement du Québec depuis trois ans*, Québec, Ministère du Conseil exécutif, 1998, 46 p.

Dacheux, É., « Un nouveau regard sur l'espace public et la crise démocratique », *Hermès*, 2003, No.36, p. 195-204.

Denis D., Fish, S., *Programs in Search of a Policy. Low Income Housing in Canada*, Toronto, Hakkert, 1972.

Dorvil, H., Morin, P., Beaulieu, A., Robert, D., « Le logement comme facteur d'intégration sociale pour les personnes classées malades mentales », *Déviance et société*, 2002, vol.26, No.4, p. 497-515.

Enjolras, B., *Regimes of Governance and General Interest*, communication au colloque du CIRIEC-Canada, Congrès de l'ACFAS, Montréal, UQÀM, 10-12 mai 2004.

Favreau, L., Lévesque, B., *Développement économique communautaire. Économie sociale et intervention*, Sainte-Foy, Presses de l'Université du Québec, 1996, 230 p.

FOHM, « Mémoire sur l'amélioration de la santé et du bien-être », Mémoire déposé par la Fédération des OSBL d'habitation de Montréal, dans le cadre de la consultation de la Régie régionale de la santé et des services sociaux du Montréal-Centre, avril 2003.

Fontan, J.M., *Les Corporations de développement économique communautaire montréalaises. Du développement économique communautaire au développement local de l'économie*, Montréal, Thèse de doctorat en sociologie (Université de Montréal), 1991, 585 p.

Fontan, J.M., Klein, J.L., Lévesque, B. (dir.), *Reconversion économique et développement territorial. Le rôle de la société civile*, Québec, Presses de l'Université du Québec, 2003, 340 p.

Fontan, J.M., Hamel, P., Morin, R., Shragge, E., « Initiatives de développement économique communautaire dans quatre métropoles nord-américaines », *Organisations et territoires*, printemps-été 2003, p. 71-77.

FQHC, *Fonds québécois de l'habitation communautaire*, site de l'organisme : http://www.fqhc.qc.ca/, 2003.

Gaudreault, A., Adam, P., Deserres, A., Bouchard, M.J., *Étude de montages financiers alternatifs du logement communautaire : le Fonds d'investissement de Montréal – Monographie*, Montréal, Alliance de recherche universités-communautés en économie sociale, Cahier de recherche, R-03-2004.

Gaudreault, A., Bouchard, M.J., *Le financement du logement communautaire, évolution et perspective*, Montréal, Alliance de recherche universités-communautés en économie sociale, Cahier de recherche, R-08-2002.

Gaudreault, A., Deserres, A., Adam, P., Bouchard, M.J., *Étude de montages financiers alternatifs du logement communautaire : la Coopérative d'habitation des Cantons de l'Est – Monographie*, Montréal, Alliance de recherche universités-communautés en économie sociale, Cahier de recherche, R-02-2004.

Giddens, A., *The Third Way: The Renewal of Social Democracy*, Cambridge, Polity Press, 1999, 166 p.

Hurtubise, Y., « Orientation du développement des coopératives d'habitation au Québec », *Service social*, 1984, vol.33, No.1, p. 8-36.

Kieth, M., *Co-op Housing Development: A Practitionner's Paper*, Charlotte-town, Communication au Colloque de la Canadian Association for Studies in Co-operation (CASC), dans le cadre du congrès des Sociétés savantes, juin 1992.

Lévesque, B., « Les enjeux du développement et de la démocratie dans les pays du Nord : l'expérience du Québec », in Fall, A.S., Favreau, L., Larose, G. (dir.), *Le Sud...et le Nord dans la mondialisation. Quelles alternatives ?*, Québec, Presses de l'Université du Québec, 2004, p. 97-132.

Lévesque, B., « Fonction de base et nouveau rôle des pouvoirs publics : vers un nouveau paradigme de l'État », *Annals of Public and Cooperative Economics*, Oxford (Blackwell), 2003, vol.74, No.4, p. 489-513.

Lévesque, B., Vaillancourt, Y., *Les services de proximité au Québec : de l'expérimentation à l'institutionnalisation*, Montréal, Copublication CRISES/LAREPPS\CRDC, 1998, 23 p.

Lévesque, B., Mendell, M., M'zali, B., Martel, D., Desrochers, J., *Analyse de la gestion des fonds et des portefeuilles des Centres locaux de développement du Québec*, Québec, Association des CLD du Québec, 2002, 57 p.

Morin, R., Bouchard, M.J., Chicoine, N., Frohn, W., *Problématique d'insertion et logement communautaire : enquête dans le quartier Hochelaga-Maisonneuve à Montréal*, Montréal, Université du Québec à Montréal, Chaire de coopération Guy-Bernier, 2000, No.107.

Paquet, G., « Gouvernance distribuée, socialité et engagement civique », *Gouvernance Revue Internationale*, 2000, vol.1, No.1, p. 52-66.

Poulin, A., *Les résidants des coopératives d'habitation au Québec en 1996. Rapport statistique*, Montréal, Confédération québécoise des coopératives d'habitation, 1997.

Pomeroy, S., *Customizing Mortgage Insurance to Facilitate Affordable Development*. Habitation canadienne, Association canadienne d'habitation et de rénovation urbaine, 2001, vol.18, No.2.

SCHL, *Évaluation du programme fédéral des coopératives d'habitation*, Ottawa, Société canadienne d'hypothèques et de logement, Division de l'évaluation de programmes, 1990.

Silvestro, M., *Le développement économique communautaire dans un contexte métropolitain : le cas de Montréal*, Fontan, J.M., Hamel, P., Morin, R., Shragge, E. (dir.), Montréal, Département d'études urbaines et touristiques, Études, matériaux et documents 14, 2001.

Thériault, L., Jetté, C., Vaillancourt, Y., Mathieu, R., *Qualité de vie et logement social avec support communautaire à Montréal*, Montréal, Université du Québec à Montréal, Laboratoire de recherche sur les pratiques et les politiques sociales, Cahier 96-01, 1996.

Tremblay, D.G., Fontan, J.M., *Le développement économique local ; la théorie, les pratiques, les expériences*, Ste-Foy, Presses de l'Université du Québec, 1994, 579 p.

Une innovation locale dans le domaine des services sociaux et de santé au Québec

Louis DEMERS et Jean TURGEON

École nationale d'administration publique, Québec (Canada)

Introduction

Dans l'ensemble des pays développés, les gouvernements cherchent à maîtriser l'augmentation incessante du coût des services de santé et à améliorer l'accessibilité, l'efficience et l'efficacité de ceux-ci (Docteur et Oxley, 2003). Pour y parvenir, la plupart de ces pays ont expérimenté des formes nouvelles de gouvernance qui font intervenir des mécanismes de type marchand (Palier, 2004). En Europe, cette tendance participe d'un déplacement plus général de régimes de gouvernance dans lesquels prédomine l'État, vers des régimes de gouvernance qui font appel à des acteurs privés, à but lucratif et non lucratif (Enjolras, chapitre 1 de cet ouvrage).

Dans le domaine de la santé, le recours au marché a souvent eu pour effet de réduire l'efficience des services, d'enrichir les producteurs et de déplacer le fardeau du coût de ces services des riches vers les pauvres (Evans, 1998). Ce changement risque en outre de réduire l'accessibilité des services et, par ricochet, d'entamer la solidarité des citoyens d'un pays.

En outre, ces réformes qui font appel à la concurrence se produisent au moment même où se généralise la prise de conscience de l'importance d'offrir des services coordonnés aux personnes dépendantes, comme les personnes âgées en perte d'autonomie et les personnes souffrant de problèmes de santé mentale graves ou d'une maladie chronique (Boelen, 2001). L'intérêt général ne se limite donc plus à rendre des services accessibles à l'ensemble de la population, mais aussi à prévoir, pour certains groupes de personnes, des dispositifs qui permettent d'assurer la continuité des services offerts.

D'un point de vue comparatif, l'examen des régimes de gouvernance en matière de santé au Québec, une des dix provinces canadiennes, est intéressant à plus d'un titre. Au Canada, le recours à des producteurs privés est limité par la Loi canadienne de la santé. Depuis son adoption en 1984, cette loi rend obligatoire la gestion publique des systèmes de santé provinciaux et préserve le « noyau dur » des interventions médicalement requises de toute intrusion du secteur privé. D'autre part, le système québécois de la santé et des services sociaux est lui-même régionalisé, ce qui rend possible l'établissement de régimes de gouvernance régionaux et locaux.

Que signifie au Québec l'intérêt général en matière de santé et de services sociaux ? Les régimes de gouvernance mis en place en favorisent-ils la réalisation ? Comment fait-on face aux tensions entre le maintien de normes nationales et l'adaptation aux caractéristiques propres à chaque sous-région ? Comment innover dans le cadre d'un régime public fondé sur le principe de l'équité ? C'est à ces questions que notre contribution apportera des éléments de réponse.

Nous esquisserons d'abord l'évolution des modes de gouvernance en matière de santé et de services sociaux au Québec[1], après quoi nous aborderons la conception de l'intérêt général dans ce domaine. Nous illustrerons ensuite comment il est possible de mettre en œuvre un régime local de gouvernance qui favorise l'intérêt général en présentant l'exemple d'une sous-région du Québec, celle des Bois-Francs. Ce régime local de gouvernance a rendu possible la mise au point d'une importante innovation, celle d'un réseau intégré de services aux aînés en perte d'autonomie[2]. Nous dégagerons par la suite les enseignements de ce cas à la lumière de la typologie des régimes de gouvernance proposée par Enjolras (chapitre 1 de cet ouvrage).

---

[1] Au Québec, les services sociaux relèvent du même ministère que les services de santé alors qu'ailleurs au Canada, les services sociaux sont le plus souvent délégués aux municipalités.

[2] Le cas des Bois-Francs a fait l'objet d'une étude empirique comportant une importante collecte de matériaux écrits (procès-verbaux, documents administratifs) et une vingtaine d'entrevues semi-dirigées avec des dirigeants, des gestionnaires et des intervenants d'établissements et d'organismes communautaires des Bois-Francs ainsi que de la régie régionale de la santé et des services sociaux de la Mauricie et du Centre-du-Québec. Cette recherche a été menée dans le cadre d'un projet plus vaste sur « Le rôle des acteurs locaux, régionaux et ministériels dans l'intégration des services aux aînés en perte d'autonomie » financé par la Fondation canadienne de recherche sur les services de santé. Le rapport final de ce projet est disponible à l'adresse Internet suivante : http://207.253.82.104/documents/document/FCRSS_DemersPDF.pdf.

Régimes de gouvernance et intérêt général au Québec dans le domaine de la santé et des services sociaux

Jusqu'à la fin des années 1950, le système de santé québécois s'apparente à celui des États-Unis et du reste du Canada. Il se compose pour l'essentiel d'hôpitaux privés, généralement à but non lucratif, et de médecins, rémunérés à l'acte. Les clients solvables payent pour les services qu'ils consomment, directement ou par l'intermédiaire d'une assurance privée. L'État ne joue qu'un rôle supplétif en défrayant en partie les hôpitaux pour les services qu'ils dispensent aux indigents. Ce rôle gagne toutefois en importance après la Seconde Guerre mondiale, l'augmentation des coûts de production des hôpitaux plongeant ces derniers dans une situation budgétaire précaire.

En 1961 et 1970 respectivement, les programmes fédéraux-provinciaux d'assurance-hospitalisation et d'assurance-maladie entrent en vigueur au Québec. L'adoption, en 1971, de la Loi sur les services de santé et les services sociaux voit l'État québécois prendre ce secteur en charge « selon un modèle de régulation globale et technocratique » (Bergeron et Gagnon, 2003, p. 17). Cette prise en charge s'inscrit dans une transformation radicale du rôle de l'État. À partir des années 1960, en effet, l'État minimal, qui avait dominé jusque là, cède rapidement la place à un État interventionniste qui sert de fer de lance à l'émancipation économique des Québécois francophones (Bernier, 2001).

Depuis sa fondation, le système québécois de la santé et des services sociaux est de type beveridgien (Bergeron et Gagnon, 2003). Il se caractérise en effet par une protection universelle, un financement provenant de sources fiscales et la maîtrise, par le gouvernement du Québec, des facteurs de production des services. Conformément à la constitution canadienne, les provinces profitent d'une forte « dévolution », mais les instances régionales qu'elles se sont données jouissent plutôt d'une déconcentration ou d'une délégation des pouvoirs, qui fluctue selon les époques (Turgeon, 2003). De leur côté, les médecins préservent une large part de leur indépendance. Continuant pour la plupart d'être rémunérés à l'acte, ils reçoivent leurs honoraires d'un agent payeur unique, la Régie de l'assurance-maladie du Québec, et non d'un établissement public ou d'une autorité régionale.

En 1991, la Loi sur les services de santé et les services sociaux subit une révision complète. Cette refonte est marquée par une délégation accrue des pouvoirs du ministère de la Santé et des Services sociaux (MSSS) au profit des nouvelles régies régionales de la santé et des services sociaux. Celles-ci disposent notamment d'une latitude importante en matière de planification des services et d'allocation des ressources aux établissements publics et aux organismes communautaires de leur territoire. La loi oblige en outre le regroupement, sous un seul conseil d'administration, de tous les centres d'hébergement et de soins de longue durée (CHSLD) publics d'une même municipalité régionale de comté (MRC) ou, en milieu urbain, d'un même territoire de centre local de services communautaires (CLSC).

À cette réforme juridique succède, au milieu des années 1990, une réorganisation des services qui s'accompagne d'une vague de compressions budgétaires sans précédent. Certains établissements doivent fermer leurs portes ou changer de mission tandis que certains autres doivent fusionner. Dans les hôpitaux, on assiste à l'accélération du recours à des interventions ambulatoires. Le caractère précipité de ce « virage ambulatoire » provoque d'importants problèmes de suivi des patients au sortir des établissements hospitaliers. Malgré les progrès réalisés au fil des ans à ce niveau, la Commission d'étude sur les services de santé et les services sociaux (Commission Clair) observait toujours une fragmentation des services et un fonctionnement cloisonné, « en silo », des différents composants du système (Commission d'étude, 2000).

Depuis lors, le gouvernement du Québec vise à accroître l'importance de la reddition de comptes et de la gestion par résultats, selon les principes du nouveau management public. En juin 2001, la Loi sur les services de santé et les services sociaux est modifiée en ce sens. Dorénavant, le ministre de la Santé et des Services sociaux détermine les objectifs qu'une régie régionale doit atteindre, dans le cadre d'une entente de gestion et d'imputabilité. Les régies régionales doivent faire de même avec les établissements publics de leur territoire. C'est en outre le ministre qui, désormais, nomme le directeur général d'une régie régionale ainsi que la majorité des membres de son conseil d'administration, dont le directeur général est d'office président.

En décembre 2003, l'Assemblée nationale du Québec adopte un projet de loi qui impose la création de centres de santé et de services sociaux (CSSS). Ceux-ci regroupent l'ensemble des CLSC, des CHSLD et, sauf exception, des centres hospitaliers d'une même sous-région. Le but ultime de cette nouvelle réforme est de permettre la mise sur pied de réseaux locaux de services qui brisent les « silos » dénoncés par la Commission Clair. Ces réseaux doivent se réaliser grâce à des ententes formelles entre chaque CSSS et les organismes communautaires, les cabinets de médecins et les pharmacies de son territoire ainsi qu'avec des établissements publics à vocation régionale ou suprarégionale.

Depuis le début des années 1970, le régime de gouvernance du secteur de la santé et des services sociaux québécois emprunte plusieurs traits du type public dépeint par Enjolras (chapitre 1 de cet ouvrage). Les acteurs en présence, les instruments de politique mis en œuvre et les formes de coordination institutionnelle utilisées renvoient tous à la prépondérance de la puissance publique. C'est le gouvernement du Québec, à l'intérieur des limites de la Loi canadienne de la santé et de la contribution financière du gouvernement fédéral, qui détermine les modes d'organisation et d'allocation des ressources. Ce sont des établissements publics qui produisent la majeure partie des services sanitaires et sociaux[3]. Si des acteurs du secteur privé et associatif (les organismes communautaires) contribuent à l'offre de services sociaux et de santé, ils demeurent en marge de la gouvernance du système, si on exclut le cas particulier des médecins qui disposent de puissantes organisations syndicales et professionnelles pour faire valoir leur point de vue (Demers, 2003). Au début des années 2000, on note même un renforcement de l'emprise formelle du ministre de la Santé et des Services sociaux sur les régies régionales et de celles-ci sur les établissements de leur région. La création récente des CSSS et le projet de réaliser des réseaux locaux de services ouvrent toutefois la porte à des modes de gouvernance sous-régionaux qui empruntent aux régimes de gouvernance concurrentiel et partenarial.

Qu'en est-il maintenant de la conception de l'intérêt général en matière de santé et de services sociaux au Québec ? Depuis sa mise sur pied au début des années 1970, le système de santé québécois, universel et de gestion publique, continue de jouir d'une popularité indéniable au sein de la population, malgré la détérioration de l'accès et de la qualité de certains services observée depuis les compressions budgétaires des années 1990. Au terme de ses travaux, Roy Romanow, commissaire de la Commission sur l'avenir des soins de santé au Canada, concluait que les Canadiens « appuient avec vigueur les valeurs fondamentales sur lesquelles repose notre système de santé, à savoir l'égalité, la justice et la solidarité [et qu'ils] considèrent l'accès équitable et en temps opportun à des services de soins de santé comme un droit inhérent à la citoyenneté et non comme l'apanage des personnes bien vues ou fortunées » (Commission Romanow, 2002, p. xvi). Ce constat vaut aussi pour le Québec.

Le soutien de la majorité de la population canadienne et québécoise à un système public de santé tient sans doute à ses externalités positives reconnues (Evans, 1984), mais aussi au fait que ce système contribue à définir l'identité nationale par rapport à celle des États-Unis. En dehors des centres urbains, la disponibilité de services médicaux et hospitaliers est en outre un facteur d'attraction et de rétention des jeunes familles. Elle s'avère donc aussi un atout sur les plans économique et social.

---

[3]   Au Québec, les établissements dits publics sont des personnes morales à but non lucratif dotées d'un conseil d'administration et non des composantes de l'État.

Au Québec, l'intérêt général en matière de santé et de services sociaux se présente donc comme la possibilité, pour l'ensemble des résidants d'un territoire donné, d'avoir accès, dans des délais raisonnables, à des services sociaux et de santé appropriés, sans égard à leur capacité de payer. Dans le cas des personnes vulnérables, l'accessibilité des services doit en plus se doubler d'une coordination des services dans le temps et dans l'espace (Reid, Haggerty et McKendry, 2002), de sorte que les usagers des services ne soient pas laissés à eux-mêmes pour repérer et obtenir le service précis que leur état requiert.

Le fait que la gamme complète de services destinés aux personnes vulnérables d'un territoire donné soit offerte par une pluralité d'organisations soulève directement la question des régimes de gouvernance appropriés pour assurer l'accessibilité et la coordination de ces services. Dans la section suivante, nous examinerons comment un tel régime de gouvernance a pris forme et s'est développé dans une sous-région du Québec, celle des Bois-Francs.

Les Bois-Francs : gouvernance sous-régionale, responsabilité partagée et innovation

Nous présenterons d'abord la sous-région des Bois-Francs après quoi nous examinerons comment s'est structurée la Table de concertation qui servira de mécanisme de gouvernance des services du territoire. Nous verrons ensuite comment la capacité collective d'action rendue possible par l'existence de cette Table sera mise à profit pour régler des problèmes d'organisation des services aux personnes âgées en perte d'autonomie.

La sous-région des Bois-Francs

Les Bois-Francs ont une superficie de 3 200 km^2. Cette sous-région relève de la régie régionale de la santé et des services sociaux de la Mauricie et du Centre-du-Québec[4]. Les Bois-Francs se composent de deux MRC, soit celles d'Arthabaska et de l'Érable. La MRC d'Arthabaska est un territoire plutôt urbain. Sa population est en croissance et s'élevait à plus de 65 000 personnes en l'an 2000. Près de 40 000 d'entre elles résident à Victoriaville, principal pôle économique et centre de services des Bois-Francs. La MRC de l'Érable est mi-urbaine mi-

---

[4] De 1971 à 1991, l'autorité régionale en matière de santé et de services sociaux était nommée conseil régional de la santé et des services sociaux (CRSSS). De 1992 à 2003, son titre était celui de régie régionale de la santé et des services sociaux. Elle porte désormais le nom d'agence de la santé et des services sociaux.

rurale. Depuis le milieu des années 1980, sa population se maintient à environ 25 000 habitants.

Les Bois-Francs constituent une région d'appartenance. D'une part, leur localisation dans la vallée du Saint-Laurent a facilité l'établissement de voies de communication terrestres entre les municipalités du territoire. D'autre part, la distance entre celles-ci et les agglomérations les plus proches a permis à Victoriaville de devenir une ville centre. Les facteurs précédents ont également influé sur l'offre et la demande de services sociaux et de santé, les résidants des Bois-Francs consommant la plus grande part de ces services dans les établissements du territoire.

La mise en place d'un régime de gouvernance sous-régional

Dans les années 1980, les Bois-Francs comptent en propre dix établissements publics de santé ou de services sociaux – l'Hôtel-Dieu d'Arthabaska (HDA), le CLSC Suzor-Côté, le CLSC de l'Érable, l'Hôpital Saint-Julien[5] et six centres d'hébergement pour personnes âgées. À ceux-ci s'ajoutent les points de service d'établissements publics régionaux offrant des services sociaux ou de réadaptation. Comme c'est le cas pour l'ensemble du Québec, ces établissements ont peu d'échanges entre eux, chacun d'eux se concentrant sur l'accomplissement de sa mission. Les contacts entre chefs d'établissement se limitent à des rencontres périodiques qui servent principalement à s'échanger de l'information.

La Table de concertation Suzor-Côté et de l'Érable naît en décembre 1983, à l'initiative du conseil régional de la santé et des services sociaux de la région de Trois-Rivières. De 1985 à 1992, la Table réunit la totalité des directeurs généraux des établissements publics du territoire, à l'exception de celui de l'Hôpital Saint-Julien, qui ne se joindra à la Table qu'en 1990. À ce groupe s'ajoute le directeur du point de service de Victoriaville du Centre de services sociaux. Deux membres observateurs se joindront aussi régulièrement à la Table de concertation, soit un représentant du CRSSS et un représentant du département de santé communautaire (DSC) de l'Hôpital Sainte-Croix de Drummondville[6]. En 1989, la Table intègre dans ses rangs les directeurs généraux des

---

[5] L'Hôpital Saint-Julien était un établissement public abritant des personnes atteintes de déficience intellectuelle ou de problèmes de santé mentale. Cet établissement a fermé ses portes en 2003, à la suite de l'intégration de ses derniers bénéficiaires dans la communauté.

[6] De 1974 à 1992, les services de santé publique sont regroupés dans 32 DSC logés dans autant de centres hospitaliers (Bergeron et Gagnon, 2003). Chaque DSC regroupe notamment des agents de recherche chargés d'étudier l'organisation des services et les problèmes de santé de la population de son territoire.

établissements à vocation régionale, à titre de membres associés. Tout au long de cette période, les problèmes d'organisation des services aux personnes âgées occupent le sommet des priorités de la Table de concertation, ce qui tient d'abord au fait que la clientèle de tous les établissements du territoire se compose, en tout ou en partie, de personnes âgées.

De 1984 à 1987, les membres de la Table de concertation utilisent principalement celle-ci comme un lieu de discussion. Les services aux personnes âgées constituent l'objet principal de ces échanges. En mai 1987, la Table de concertation retient les problèmes reliés au vieillissement comme l'une des quatre priorités de son plan d'action. Pour chacune de celles-ci, la Table met sur pied un comité consultatif auquel elle confie le mandat de mieux circonscrire le problème et d'y apporter des pistes de solution. Chaque comité est supervisé par un « parrain », qui est un directeur général membre de la Table de concertation, ce qui permet de relayer l'information sur l'évolution des travaux de chaque comité à la Table et *vice versa*. Comme le signale un membre de la Table de concertation, « Là on a commencé à vouloir se donner vraiment une vision comme Table, comme Bois-Francs, [et de réfléchir à] où on s'en va par rapport à notre clientèle ».

Dès cette époque, le DSC de l'hôpital Sainte-Croix joue un rôle majeur pour dresser une liste des problèmes de santé prioritaires et des interventions reconnues efficaces. Un directeur général souligne qu'une des forces de la Table de concertation a été de recourir à des agents extérieurs pour fournir des études qui favorisent la convergence des points de vue et l'abandon des croyances et des préjugés individuels.

Plus d'une vingtaine de personnes participent aux travaux du comité consultatif sur les services aux personnes âgées : employés, médecins, cadres et dirigeants de l'un ou l'autre des établissements publics de la Table, représentants des aînés, directeur général du Carrefour d'entraide bénévole de la MRC d'Arthabaska et du Centre d'entraide bénévole de la MRC de l'Érable et agents de recherche du DSC. En avril 1990, le comité produit un plan d'action visant à étoffer la gamme de services aux aînés du territoire.

Dans les Bois-Francs, la réforme législative du début des années 1990 fait passer de dix à six le nombre d'établissements. Cette situation incite les directeurs généraux qui demeurent membres de la Table de concertation à se pencher sur sa raison d'être et à réexaminer ses critères d'inclusion. En décembre 1992, les membres de la Table conviennent de lui conserver son rôle de regroupement volontaire d'établissements voué à améliorer l'efficience et la complémentarité de ceux-ci (Table de concertation, 17 décembre 1992). La possibilité d'admettre à la Table des représentants de la communauté (organismes communautaires, municipalités, commission scolaire, services policiers) est discutée et rejetée. Si les directeurs généraux reconnaissent l'importance de coordonner les opérations des établissements publics avec celles des groupes communautaires, ils jugent que la Table n'est pas le lieu pour ce faire. D'une part, ils estiment que leurs préoccupations respectives diffèrent, celles des organismes communautaires étant plus opérationnelles que les leurs[7]. D'autre part, ils appréhendent les problèmes de coopération posés par la politisation de certains groupes et la perception selon laquelle les établissements publics sont « gâtés financièrement par l'État » en comparaison des organismes communautaires. Les directeurs généraux envisagent plutôt d'inviter des représentants du secteur communautaire à participer aux travaux de la Table lorsque les sujets abordés les touchent directement.

À cette époque, l'urgence de l'HDA connaît de fréquents épisodes d'engorgement. À l'HDA comme dans plusieurs autres hôpitaux québécois, bon nombre de personnes âgées se retrouvent à l'urgence en attente d'un lit sur une unité de soins et, une fois sur cette unité, en attente d'une place en centre d'hébergement ou d'aide à domicile. En janvier 1993, la direction de l'HDA fait appel à un médecin-conseil en santé publique de la régie régionale de la Mauricie et du Centre-du-Québec pour proposer des façons concrètes d'améliorer la situation. Celle-ci recommande la mise sur pied d'un service communautaire de gériatrie à l'échelle des Bois-Francs, service qui permettrait d'assurer une meilleure prise en charge des aînés en perte d'autonomie avant, pendant et après leur passage à l'HDA (Bonin, 1993). Comme cette solution repose sur la contribution de l'ensemble des établissements de la Table de concertation, le directeur général de l'hôpital soumet à ses collègues « son » problème et les pistes de solution que propose le rapport.

La Table de concertation souscrit au projet de service gériatrique communautaire et met en place, en août 1994, un comité de coordination des services géronto-gériatriques dont le mandat est de concevoir un réseau intégré de services aux aînés en perte d'autonomie. Le comité est formé de cadres intermédiaires des établissements de la Table, de représentants des personnes âgées, du directeur général du Carrefour d'entraide bénévole et de celui du Centre d'entraide bénévole ainsi que du médecin-conseil. Le comité remet son rapport en mai 1995. En août, les membres de la Table adoptent unanimement le modèle proposé. Celui-ci comprend trois éléments réputés efficaces : la porte d'entrée unique, la gestion de cas et le plan de services individualisé.

---

[7] Comme on le verra plus loin, cette perception rejoint celle des futurs représentants des organismes communautaires à la Table de concertation.

Ce projet prend forme dans une période marquée par des compressions budgétaires sévères. Plutôt que de protéger la mission de leur établissement respectif, les directeurs généraux s'entendent plutôt sur un *Projet d'entente de partenariat sous-régional* qui subordonne la défense des intérêts des parties à ceux des usagers et des contribuables du territoire (Table de concertation, 10 avril 1995).

En dépit de cette entente et d'une pratique de concertation longue de plus de dix ans, les directeurs généraux devront débattre pendant plusieurs mois avant de convenir de la contribution et des responsabilités de chacun dans ce projet. Cette appropriation collective de modes de collaboration et de pratique inédits doit beaucoup au travail de conscientisation et de vulgarisation du médecin-conseil.

En octobre 1995, à la suite de la participation de certains organismes communautaires à la réflexion sur le modèle de coordination de services aux aînés, les membres de la Table de concertation leur en ouvrent la porte. Deux groupes acceptent. Leurs représentants imposent toutefois une série de conditions pour adhérer à la Table, dont le respect des valeurs communautaires (équité sociale, justice, partage), le respect des processus démocratiques des groupes et le droit à l'abstention et à la dissidence (Table de concertation, 14 décembre 1995). En mai 1996, ces deux organismes acquièrent le statut de membre permanent de la Table. Celle-ci porte désormais le nom de Table de concertation des services (et non plus des établissements) de santé et des services sociaux des Bois-Francs.

La mise sur pied d'un réseau intégré de services aux aînés en perte d'autonomie

C'est en février 1997 que se met en branle le réseau intégré de services aux aînés en perte d'autonomie. Les résidants des Bois-Francs ont été les premiers au Québec à bénéficier d'un tel mécanisme de coordination. On en trouve la description dans Tourigny *et al.* (2002). L'évaluation du mécanisme réalisée par Durand *et al.* (2001) a montré que celui-ci avait eu des effets positifs sur la clientèle visée et sur le fardeau de leurs proches.

Outre le temps consacré à sa préparation, une des clefs du succès du réseau intégré de services tient à l'imbrication, depuis sa création, de trois paliers distincts de concertation (Tourigny *et al.*, 2002). Le premier palier est celui de la Table de concertation. Les dirigeants des établissements publics et des organismes communautaires y conviennent d'orientations communes en matière d'organisation des services, ce qui favorise la collaboration des gestionnaires et des intervenants de l'ensemble des organisations partenaires. Un des directeurs généraux de la

Table, choisi par ses pairs, est nommé parrain du réseau intégré de services aux aînés en perte d'autonomie. Il sert de courroie de transmission bidirectionnelle entre la Table et le deuxième palier de concertation, celui du comité de coordination des services géronto-gériatriques. Le rôle de celui-ci est de suivre les développements du réseau intégré de services et de proposer à la Table des correctifs aux problèmes de fonctionnement rencontrés[8]. Un des membres du comité de coordination, le coordonnateur de l'équipe de gestionnaires de cas[9], assure le lien entre celle-ci, troisième palier de concertation, et le comité de coordination.

Depuis son lancement, le réseau intégré de services aux aînés en perte d'autonomie des Bois-Francs a connu plusieurs améliorations, dont la plus notable est sans doute la conception et l'utilisation d'un système d'information géronto-gériatrique. Ce système d'information permet à des intervenants appartenant à différents établissements et à différentes disciplines d'ajouter et de consulter des informations cliniques en temps réel (Tourigny *et al.*, 2003).

À la différence de ce qui s'observe en général au Québec, le réseau intégré des services des Bois-Francs relie l'ensemble des services géronto-gériatriques d'une sous-région, de la prévention aux soins palliatifs en passant par le traitement et la réadaptation. S'ils ne sont pas associés à la Table de concertation, les médecins du territoire collaborent néanmoins avec celle-ci en y déléguant de temps à autres des représentants de leur Comité médical territorial. Les omnipraticiens collaborent en outre avec les gestionnaires de cas lorsque ceux-ci s'occupent d'une personne âgée qui fait partie de leur clientèle.

Avec la création du CSSS d'Arthabaska-Érable, en 2004, la gouvernance des services publics sociaux et de santé des Bois-Francs passe à une organisation unique.

---

[8] Les représentants des organismes communautaires disent trouver davantage d'intérêt à participer au comité de coordination qu'à la Table de concertation, le comité traitant de sujets en lien direct avec l'organisation des services tandis que la Table se penche souvent sur des questions budgétaires ou administratives qui les concernent peu.

[9] Il est intéressant de noter que les premiers gestionnaires de cas étaient auparavant des travailleurs sociaux rattachés soit à un CLSC, à un CHSLD ou à l'HDA. Pour bien marquer le caractère territorial de la gestion de cas, la Table de concertation a choisi de faire du CLSC Suzor-Côté le fiduciaire du budget dédié à la rémunération des gestionnaires de cas.

Enseignements sur les régimes de gouvernance et la poursuite de l'intérêt général

Selon la typologie des régimes de gouvernance d'Enjolras (chapitre 1 de cet ouvrage), le cas que nous venons de décrire s'apparente à un régime de type partenarial. Pour fonder ce jugement, nous examinerons tour à tour les types d'acteurs impliqués dans ce régime, les types d'instruments de politique utilisés pour la mettre en œuvre et les types de coordination institutionnelle utilisés pour l'élaborer.

Les acteurs qui participent au régime de gouvernance des Bois-Francs proviennent majoritairement du secteur public, les autres appartenant au secteur associatif. La « structure de gouvernance » de la Table se rapproche toutefois davantage de celle d'une organisation sans but lucratif. La participation des membres potentiels de la Table est volontaire et ceux-ci se coordonnent sous le mode de la réciprocité et non du marché ou de la hiérarchie. L'idée d'obligation mutuelle rend bien la nature du lien qui unit les participants à la Table de concertation. De la même manière, la principale incitation à joindre la Table est axiologique : la raison d'être de celle-ci est de mieux servir la population du territoire avec les budgets disponibles, en dépassant le cloisonnement des interventions qui découle de la division institutionnelle du travail entre établissements et organismes. À cet égard, on doit signaler le rôle déterminant des détenteurs de connaissances scientifiques (agent de recherche, médecin-conseil) dans la définition des problèmes et la conception des solutions novatrices pour y faire face.

Il importe par ailleurs de noter que l'efficacité du régime de gouvernance des Bois-Francs tient en bonne partie au fait que les dirigeants des établissements et des organismes communautaires du territoire ne sont pas les seules parties prenantes de la politique que la Table souhaite réaliser, soit celle de créer un réseau intégré de services aux aînés en perte d'autonomie. Des gestionnaires, des intervenants, des représentants d'usagers et des chercheurs contribuent aussi à la formulation et à la mise en œuvre de la politique.

Pour les organismes communautaires, l'enjeu de leur contribution à la poursuite de l'intérêt général tient beaucoup au respect de leur autonomie (René et Gervais, 2001 ; Fortin, 2003). Au Québec, la majorité des organismes se refusent à être une composante d'un réseau intégré de services de crainte de devenir, à terme, de simples sous-traitants assujettis à des obligations contractuelles. L'exemple présenté ici illustre que la collaboration des organismes communautaires à une entreprise visant l'intérêt général repose impérativement sur le respect de leurs différences et de leur statut de partenaire, même si leur taille et leur fragilité budgétaire les rendent *a priori* moins égaux que leurs vis-à-vis du secteur public.

Les instruments de politique utilisés pour mettre en place un réseau intégré de services par la Table de concertation des Bois-Francs ne correspondent à aucun type pur de la typologie esquissée par Enjolras (chapitre 1 de cet ouvrage). Si ces outils sont manifestement non concurrentiels, ils sont à la fois directs et indirects – l'intégration des services se fait par les établissements publics, mais aussi par des organismes communautaires – et à la fois coercitifs et incitatifs, dans la mesure où il s'agit d'un projet réalisé sous l'autorité des dirigeants de chaque organisation participante, mais avec l'incitation normative pour les gestionnaires et les intervenants de contribuer à améliorer les services aux personnes âgées du territoire.

La coordination institutionnelle utilisée pour élaborer la politique d'intégration des services aux aînés en perte d'autonomie des Bois-Francs entre très nettement dans le type « partenariat institutionnalisé ». Plusieurs acteurs contribuent au processus d'élaboration de la politique et ce, dans des cadres formels et sous l'égide des autorités compétentes, soit celles de la Table de concertation. Comme on l'a vu, la Table de concertation et le comité de coordination des services géronto-gériatriques sont les lieux de coordination qui permettent de relier et de rallier les acteurs concernés par la gouvernance, la gestion et la production des services aux aînés en perte d'autonomie. Cette imbrication favorise la circulation de l'information et le partage des normes d'action.

En fait, si les acteurs locaux réussissent à mettre au point un réseau intégré de services, c'est parce qu'il leur apparaît impossible de fournir des services adéquats à la population, compte tenu des compressions budgétaires qu'ils subissent au milieu des années 1990. Un régime de gouvernance relativement souple et peu contraignant fait alors place à un engagement réciproque qui lie les parties de façon beaucoup plus serrée. C'est bien cette représentation commune de l'utilité de travailler de concert, cette norme partagée qui consiste à se sentir collectivement responsable des services à une population bien définie, qui rend possible la mise au point de mécanismes sous-régionaux de coordination des services.

Ce régime de gouvernance de type partenarial est à la fois congruent avec les problèmes que pose l'évolution des besoins de la population et improbable eu égard aux principes structurels du système public de santé et de services sociaux (Demers, 2004). Le déficit de collaboration interorganisationnelle perçue au MSSS est d'ailleurs à l'origine de l'incorporation des CLSC, des CHSLD et de certains centres hospitaliers dans des CSSS offrant la gamme complète de services de base à la population d'un territoire.

Conclusion

À l'échelle du Québec, la volonté et la capacité de directeurs généraux d'établissements publics de santé et de services sociaux de se donner, dès les années 1980, une représentation partagée des problèmes prioritaires à régler et un plan d'action commun pour y faire face est un phénomène rare. Le fait, de surcroît, que ces dirigeants se soient associés à des représentants d'organismes communautaires pour obtenir ces résultats est également inhabituel.

Le régime de gouvernance de type partenarial mis en œuvre dans les Bois-Francs permet, mieux que le régime de type public qui le précédait, de poursuivre des objectifs d'intérêt général. Premièrement, il incorpore, dans le respect de leurs différences, des représentants du mouvement associatif. Deuxièmement, il rend possible le développement d'un sentiment de responsabilité partagée envers l'ensemble de la population d'un territoire. Cette représentation commune rend à son tour possible l'offre coordonnée de services jusque là cloisonnés, ce qui permet d'améliorer l'efficacité des interventions des services publics. Enfin, elle permet de resserrer quelque peu les liens entre intervenants des établissements publics et médecins pratiquant en cabinet.

L'expérience des Bois-Francs montre la faisabilité et l'utilité de doter des organisations sous-régionales d'un régime de gouvernance commun. Quel effet sur cette forme de gouvernance partenariale la récente fusion forcée des établissements publics du territoire aura-t-elle ? Pourra-t-on préserver, voire renforcer, les conventions qui liaient les ex-partenaires ou assistera-t-on plutôt à un recentrement des dirigeants du CSSS sur des enjeux de coordination internes ? Préservera-t-on les incitations axiologiques qui ont justifié et rendu possible cette gouvernance partenariale ou assistera-t-on plutôt à l'établissement de liens contractuels avec les médecins et les organismes communautaires ?

On ne peut prévoir dès à présent si, à l'échelle du Québec, ces fusions auront pour effet de rendre la gouvernance sous-régionale plus efficace. Si on peut espérer que cette stratégie rendra possible le dépassement des rivalités interorganisationnelles qui inhibaient la collaboration, on doit toutefois s'interroger sur la réaction des organismes communautaires à la perspective de s'associer à « leur » CSSS, que sa taille ne désigne pas comme un partenaire avec lequel on peut négocier d'égal à égal. Dans tous les cas de figure, l'efficacité des modes de gouvernance sous-régionaux reposera sur la mise au point de mécanismes de concertation faisant appel à une représentation commune du travail à faire et du rôle de chacun dans ce projet d'offrir à la population des services sociaux et de santé d'intérêt général.

Bibliographie

Bergeron, P., Gagnon, F., « La prise en charge étatique de la santé au Québec : émergence et transformations » in Lemieux, V., Bergeron, P., Bégin, C., Bélanger, G. (dir.), *Le système de santé au Québec. Organisations, acteurs et enjeux* (2ᵉ éd.), Québec, Les Presses de l'Université Laval, 2003, p. 7-33.

Bernier, L., « The Beleaguered State: Québec at the End of the 1990s » in Brownsey, K., Howlet, M. (dir.), *The Provincial State in Canada*, Peterborough, Broadview Press, 2001, p. 139-161.

Boelen, C., *Vers l'unité pour la santé. Défis et opportunités des partenariats pour le développement de la santé*, Genève, Organisation mondiale de la santé, 2001.

Bonin, L., *Rapport d'expertise de l'organisation des soins et services aux personnes âgées à l'Hôtel-Dieu d'Arthabaska, sous-région des Bois-Francs : Un service de gériatrie communautaire*, Centre de Santé publique de Drummondville, septembre 1993.

Commission d'étude sur les services de santé et les services sociaux (Clair), *Rapport et recommandations. Les solutions émergentes*, 2000.

Commission sur l'avenir des soins de santé au Canada (Romanow), *Guidé par nos valeurs. L'avenir des soins de santé au Canada.*

Demers, L., « La profession médicale et l'État », in Lemieux, V., Bergeron, P., Bégin, C., Bélanger, G. (dir.), *Le système de santé au Québec. Organisations, acteurs et enjeux* (2ᵉ éd.), Québec, Les Presses de l'Université Laval, 2003, p. 261-295.

Demers, L., « Une approche sociopolitique de l'intégration des services aux aînés en perte d'autonomie », in Hébert, R., Tourigny, A., Gagnon, M. (dir.), *Intégrer les services pour le maintien de l'autonomie*, St-Hyacinthe, Edisem, 2004, p. 321-335.

Docteur, E., Oxley, H., *Health-Care Systems: Lessons from the Reform Experience*, Genève, Organisation de Coopération et de Développement Économiques, 2003.

Durand, P.J., Tourigny, A., Bonin, L., Paradis, M., Lemay, A., Bergeron, P., *Mécanisme de coordination des services géronto-gériatriques des Bois-Francs. Rapport final sur les résultats*, Projet QC403, Rapport présenté au Fonds d'adaptation des services de santé, Unité de recherche en gériatrie de l'Université Laval, Centre de recherche du CHA universitaire de Québec, 2001.

Evans, R.G., *Strained Mercy*, Toronto, Butterworths, 1984.

Evans, R., *Going for Gold. The Redistributive Agenda Behind Market-Based Health Care Reform*, Londres, The Nuffield Trust, 1998.

Fortin, A., « Les organismes et groupes communautaires », in Lemieux, V., Bergeron, P., Bégin, C., Bélanger, G. (dir.), *Le système de santé au Québec*, Québec, Presses de l'Université Laval, 2003, p. 201-226.

Palier, B., *La réforme des systèmes de santé*, Paris, PUF, 2004.

Reid, R., Haggerty, J., McKendry, R., *Dissiper la confusion : Concepts et mesures de la continuité des soins*, Ottawa, Fondation canadienne de la recherche sur les services de santé, 2002.

René, J.-F., Gervais, L. (dir.), « Dossier. La dynamique partenariale : un état de la question », *Nouvelles pratiques sociales*, 2001, vol.14, No.1, juin.

Table de concertation des établissements de santé et de services sociaux des Bois-Francs, *Procès-verbal* d'une assemblée tenue le 14 décembre, 1995.

Tourigny, A., Paradis, M., Bonin, L., Bussières, A., Durand, P.J., « Évaluation d'implantation d'une expérience novatrice : le réseau intégré de services aux aînés des Bois-Francs », *Santé mentale au Québec*, 2002, vol.XXVII, No.2, p. 109-135.

Tourigny, A., Bonin, L., Morin, D. *et al.*, *Système d'information géronto-gériatrique interdisciplinaire et interétablissements : utilité perçue et utilisation en temps réel*, Rapport de recherche, Unité de recherche en gériatrie de l'Université Laval, septembre 2003.

Turgeon, J., « Avancez en arrière s'il vous plaît ! La nouvelle réalité des régions sociosanitaires au Québec », in Crête, J. *et al.* (dir.), *La science politique au Québec : le dernier des maîtres fondateurs*, Québec, Les Presses de l'Université Laval, 2003, p. 199-215.

Cogouvernance collective

Partenariats stratégiques locaux au Royaume-Uni

Roger SPEAR

*Cooperative Research Unit, The Open University,
Milton Keynes (United Kingdom)*

Introduction

Au Royaume-Uni, presque toutes les municipalités ont aujourd'hui un « partenariat stratégique local » afin de résoudre des problèmes d'exclusion sociale dans des quartiers. Quelque 88 d'entre eux ont accès au Fonds de renouvellement des quartiers (Neighbourhood Renewal Funds ou NRF), qui a fourni 1 875 milliards de Livres Sterling sur la période 2001-2006. Ces partenariats stratégiques locaux (Local Strategic Partnerships ou LSP) sont des organismes multi-agences non statutaires qui visent à coordonner les activités en vue d'améliorer le niveau économique, écologique et social des services et de régénérer les collectivités défavorisées. Ils rassemblent, à l'échelon local, des acteurs des secteurs public, privé, communautaire et bénévole.

Ces partenaires locaux collaborent avec la municipalité par le biais d'un LSP et prennent l'essentiel des grandes décisions relatives aux priorités et au financement de leur territoire municipal. Un élément significatif de ce système réside dans le fait que les habitants des quartiers les plus défavorisés, qui sont désireux d'améliorer leur qualité de vie collective, peuvent prendre part aux processus locaux d'aménagement et de décision.

Cette approche s'inscrit dans le droit fil de la politique du gouvernement Blair : la citoyenneté active, la politique « New Labour » de la troisième voie s'efforçant de combiner les avantages d'un marché efficient avec le développement de la citoyenneté active et de la collectivité.

Le Royaume-Uni a poursuivi une approche de la gouvernance fondée sur le partenariat dans de nombreux domaines des services publics.

Cependant, celle-ci a été associée à une marchandisation énergique de ces services et à une déréglementation favorisant l'apparition d'entrants privés dans ce marché.

La présente étude examine un modèle de gouvernance fondé sur le partenariat, mais avec une forte dimension de gouvernance concurrentielle. L'article commence par explorer le contexte de la gouvernance : un contexte dans lequel les limites de l'État sont plus floues et sont liées à divers acteurs de la société civile locale – représentant ainsi un modèle pluraliste de l'État et une économie mixte de la fourniture de services. Dans la section suivante, l'article s'appuie sur la littérature relative au partenariat et aux modèles pluralistes de l'État pour analyser d'un œil critique la structure de gouvernance dans un système britannique spécifique de cogouvernance collective (les partenariats stratégiques locaux) en considérant plus précisément une étude de cas dans une municipalité londonienne. L'étude examine la façon dont les systèmes de gouvernance répondent à l'intérêt général et public et aborde les notions d'efficience, d'équité et de responsabilité financière – en s'intéressant en particulier à l'équilibre des pouvoirs dans ce système, entre les acteurs de la collectivité souffrant d'exclusion sociale, les fournisseurs de services (bénévoles, État, secteur privé) et la municipalité. Elle observe aussi le rôle de l'économie sociale dans la lutte contre l'exclusion sociale, y compris la mesure dans laquelle « l'intégration » des exclus sociaux est censée se dérouler. Enfin, l'article s'achève sur une évocation des problèmes relatifs à cette forme de gouvernance. L'étude exploite des sources d'information secondaires, mais les complète par des entretiens avec des participants à des LSP dans quelques régions.

Contexte : économie mixte de fourniture de services

Au Royaume-Uni, la privatisation a été nettement plus poussée que dans de nombreux autres pays européens. Cela implique qu'un nombre croissant de services est régi par une économie mixte de fournisseurs de services – secteur privé, secteur public, secteur tertiaire/économie sociale. L'État se partage entre l'achat de ces services via des contrats et la fourniture de certains d'entre eux. Ce processus a gagné en importance pendant l'ère Thatcher et nous observons aujourd'hui un certain degré de remise en question du processus de privatisation et de sa forme – notamment la nature des contrats entre les acheteurs publics et la fourniture privée ou sans but lucratif de ces services. La sous-traitance des services de l'administration locale a débuté avec des services manuels comme le ramassage des déchets et le nettoyage et s'est progressivement étendue aux services administratifs. Son impact en termes de réduction des coûts représente en moyenne des économies de l'ordre de

20 % mais, bien qu'une certaine partie de cette réduction des coûts ait incontestablement résulté d'une meilleure gestion et d'une « débureau-cratisation » de services mal gérés, une grande proportion des coûts économisés a découlé de diminutions des salaires et de dégradations des conditions d'emploi ; ainsi dans la privatisation des autobus londoniens, 80 % des économies ont été obtenus par une réduction de 14 % des salaires des chauffeurs (et les conditions de travail des chauffeurs ont également subi de multiples changements qui ont aussi généré des économies de coûts).

Les quasi-marchés où le secteur public est acheteur sont remis en question pour les raisons suivantes :

– Une reconnaissance que la sous-traitance peut aller trop loin et que les services publics doivent être conscients de leurs compétences clés et préserver une capacité interne suffisante au service de ces activités clés.

– Le fonctionnement du secteur privé a pour ainsi dire été idéalisé et le modèle de l'entreprise hautement concurrentielle qui déploie ses activités sur des marchés très agressifs est une image dominante ; dans la pratique, les entreprises entretiennent des relations de marché légèrement différentes dans de nombreux secteurs (bien souvent, des relations davantage fondées sur la confiance et la coopération).

– La reconnaissance de l'importance de la confiance et de la coopération pour garantir un fonctionnement efficace des marchés ne cesse de gagner du terrain.

– Le type hautement concurrentiel de relations de marché avec des contrats très rigoureux (« contractualisation dure ») peut impliquer des négociations fastidieuses et poussées. Les négociations et le contrôle des niveaux de services engendrent des frais administratifs et des coûts de transaction très élevés. Il peut aussi en résulter des niveaux accrus de conflit entre les différentes parties de la relation marchandisée.

– Les économistes s'accordent de plus en plus souvent à reconnaître le rôle très important des facteurs institutionnels dans le fonctionnement efficace des marchés. Certains types d'institutions peuvent améliorer leurs processus d'autoréglementation ; des associations professionnelles, des organismes de formation et des organes de normalisation technique peuvent contribuer à créer un cadre réglementaire qui améliore effectivement le fonctionnement du marché et le potentiel de relations de coopération à faibles coûts de transaction. Il en résulte un point de vue selon lequel des relations informelles (reproduisant des normes sociales) fondées sur la réputation, la confiance et la réciprocité peuvent être plus importantes que les aspects d'une contractualisation juridique formelle d'une relation de marché. Si la « contractualisation relationnelle » se révèle efficace dans le secteur privé, il se peut dès lors que le modèle contractuel fondé sur le conflit sans compromis, qui est imposé au secteur public, ne constitue pas la solution la plus adéquate et puisse déboucher sur des inefficiences notables. Ainsi, des modèles de contractualisation douce/relationnelle peuvent être plus appropriés dans la passation de marchés du secteur public.

Par conséquent, on s'accorde de plus en plus à penser que la « contractualisation dure » hautement concurrentielle ne constitue pas la bonne solution pour de nombreux types de relations acheteurs/fournisseurs. La balance penche plutôt en faveur de *contrats de niveau de services* qui offrent davantage de possibilités de coopération pour la fourniture des services. Il convient aussi de ne pas oublier le poids croissant d'un principe de « contestabilité » des contrats (principe selon lequel le contrat peut être contesté, renégocié ou résilié en cas de manquement des fournisseurs concernant le niveau de services proposé). Ce type de contractualisation « douce » (aussi connue comme la « contractualisation relationnelle ») est davantage adapté à des activités pour lesquelles le type de travail et le type de service sont plus difficiles à définir et dont la qualité est plus difficile à contrôler ; dans ces contextes, il est préférable d'opter pour une relation de confiance plus coopérative entre les différents partenaires. Des structures hautement concurrentielles sans compromis portent autant préjudice au niveau de services final qu'à la relation entre les partenaires – ce qui accroît les coûts de transaction, réduit le niveau général d'efficience et renforce le besoin d'une réglementation plus rigoureuse.

Nouvelles orientations de la contractualisation sociale

L'un des résultats de cette analyse est que le type de contractualisation, douce ou dure, dépend des biens et services échangés. Les biens et services définis explicitement peuvent faire l'objet de négociations hautement concurrentielles sans compromis, associées à une contractualisation dure. Dans ce cas, le contrat peut être établi clairement puisque la nature du bien ou du service est plus matérielle et que sa qualité est contrôlée plus facilement. Dans ces conditions, il y a peu de risques que la concurrence sur les prix conduise à une dégradation de la qualité et qu'une segmentation du marché sur la base de la qualité soit relativement facile à atteindre (vu le soutien de l'acheteur dominant).

Dans le cas de biens et services moins matériels en revanche, dont la qualité est moins facile à déterminer, la méthode de la contractualisation douce (relationnelle) est plus appropriée, étant donné qu'elle permet de définir la qualité et la spécificité des niveaux de services par une relation commerciale davantage fondée sur la confiance et la coopération.

Un argument similaire vaut pour les services fournis par des entreprises sociales pour lesquelles les valeurs forment un élément important du service (par exemple, des valeurs associées à une participation des usagers accentueront la spécificité des services en fonction des exigences des usagers, avec une palette plus vaste de services). Dans un tel contexte, la contractualisation dure réduit inévitablement l'éventail de services à des niveaux minimaux en conformité avec les termes du contrat, tandis qu'une contractualisation douce favorise une variation autour d'un niveau de service moyen.

La contractualisation dure a tendance à engendrer des niveaux élevés de concurrence essentiellement fondés sur les prix (c'est ce qui apparaît dans de nombreux appels d'offres ouverts) alors que la contractualisation douce autorise une approche multifactorielle des relations de marché. Une telle solution (contractualisation douce) favorise une variété de fournisseurs de services et permet une innovation ne générant pas seulement un avantage de coût (ou des gains d'efficience).

L'approche institutionnelle (Powell et DiMaggio, 1991) souligne une tendance à l'isomorphisme des pratiques de gestion dans un contexte de contractualisation dure. L'établissement (et la réglementation), par le principal acheteur (l'État), d'un quasi-marché marqué par des relations hautement concurrentielles sans compromis impose (ou institutionnalise) l'internalisation d'une réalité hautement concurrentielle qui convient mieux à des organisations capitalistes agressives.

Cela incite les sociétés à adopter des pratiques similaires et des entreprises plus diversifiées ont tendance à suivre les pratiques plus dominantes ; dans les faits, l'entreprise capitaliste classique tend dès lors à renforcer la réalité d'un marché hautement concurrentiel tandis que les entreprises sociales tendent à ressembler à leurs concurrents dominants. Inversément, la contractualisation douce rend plus acceptable une plus grande diversité, en termes tant de valeurs implicites que de variation de la qualité de service. Le tableau ci-après synthétise notre analyse.

Contractualisation dure	Biens/services matériels pouvant être spécifiés	Relations de marché concurrentielles sans compromis
Contractualisation douce	Biens/services immatériels	Qualité variée et services fondés sur la valeur

Le choix des formes adéquates de relations contractuelles a ici des implications politiques manifestes sur la diversité des services (y compris les services fondés sur la valeur).

Avènement de la Nouvelle gestion publique et de la Troisième voie

Dans les années 1990, l'avènement d'une philosophie de réforme baptisée « Nouvelle gestion publique » (New Public Management – NPM) a non seulement renforcé certaines de ces tendances à la contractualisation, mais a aussi favorisé la mise en place de pratiques de gestion commerciale dans les services publics. La doctrine de la NPM peut être considérée comme suit (Hood, 1991) :

– concentration sur la gestion stratégique et entrepreneuriale plutôt que sur des formes bureaucratiques ;
– normes explicites et mesures de performances ;
– importance des contrôles sur les résultats ;
– désagrégation et décentralisation des services publics ;
– concurrence dans la fourniture des services publics ;
– gestion de style secteur privé ;
– discipline et parcimonie dans l'affectation des ressources.

Avec l'avènement du gouvernement Blair (New Labour), nous avons néanmoins assisté à des tentatives visant à imposer l'idée d'une Troisième voie combinant les avantages d'un style de marché efficient avec une tentative de développement de la citoyenneté active et de la collectivité. Newman (2001) soutient la coexistence de modèles concurrents de gouvernance, certains plus dominants que d'autres dans quelques sous-secteurs de services publics. Elle identifie quatre modèles de gouvernance :

– l'autonomie gouvernementale (partenariat avec des citoyens actifs) ;
– la hiérarchie (bureaucratie, normalisation, responsabilité financière) ;
– les systèmes ouverts (système d'interaction en réseau) ;
– le but rationnel (gestionnariste, objectifs, mesures).

J'ajouterais le *système de marché* de gouvernance (ou, plus précisément, le *quasi-marché*). Ce type décrit en détail l'approche des marchés, réseaux et hiérarchies tout en affinant la conceptualisation du fonctionnement de la hiérarchie (hiérarchie et système du but rationnel) et le concept de réseau (autonomie gouvernementale et systèmes ouverts) –

les marchés, réseaux et hiérarchies fonctionnent dans un contexte de quasi-marché.

Elle affirme que le New Labour a tenté de modifier l'équilibre entre certains de ces modèles. Tout en héritant du modèle du but rationnel (englobant une grande partie de la NPM), il la considère comme une force de réforme et a tenté de se rapprocher des modèles du système ouvert et de l'autonomie gouvernementale – mettant l'accent sur la décentralisation, le partenariat, le renforcement des capacités, la participation de l'État/de la collectivité et le renouvellement démocratique. Mais le tableau est rendu complexe avec l'ajout d'un système de marché et de contractualisation et par les structures de gouvernance (collectivité / citoyen / partenariat) qui guident et réglementent le système.

Cette approche riche intègre la diversité et les ambiguïtés présentes dans des systèmes de gouvernance où, comme Martin (2002) l'affirme,

> le résultat est une combinaison de moteurs de changement multiples et de « codes d'exploitation » paradoxaux qui reflètent à la fois la politique du programme de modernisation et l'absence actuelle de compréhension des approches qui se révéleront les plus efficaces pour améliorer les performances du secteur public.

Approche adoptée

Comme Enjolras (Chapitre 1) l'affirme : un régime de gouvernance peut être caractérisé par trois dimensions :

- type d'acteurs impliqués,
- type d'instruments politiques employés pour la mise en œuvre de la politique,
- type de coordination institutionnelle appliquée pour l'élaboration des politiques.

Dans la présente étude, nous examinons la nature du système de gouvernance mis en œuvre dans les partenariats stratégiques locaux au Royaume-Uni. Ce système de cogouvernance collective implique la participation des acteurs à l'échelon local : l'État, le secteur privé et le tiers secteur. De plus, comme l'administration centrale joue un rôle de premier plan dans la promotion de ce nouveau système de gouvernance, elle est considérée comme un acteur pertinent. Les types d'instruments employés pour la mise en œuvre de cette politique incluent les ressources, les objectifs et les systèmes de mesure ainsi que des directives de politique centrale sur le cadre de gouvernance à adopter. Cependant, le cadre de Newman nous permet de peaufiner l'analyse en partant de ses quatre systèmes de gouvernance (autonomie gouvernementale, hiérarchie, systèmes ouverts et but rationnel) qui, selon elle, peuvent coexister à des degrés variables. Par conséquent, ce montage de gouvernance contient des éléments de chaque modèle, en particulier la hiérarchie, les buts rationnels et l'autonomie gouvernementale. Ce système de gouvernance s'inscrit dans un contexte de coordination en (quasi)-marché de services que la cogouvernance collective couvre et tente d'imbriquer de façon plus cohérente (ou de « relier » selon la terminologie du New Labour).

Partenariats stratégiques locaux au Royaume-Uni

Précurseurs des partenariats stratégiques locaux : « New Commitment to Regeneration »

Le nouvel engagement en faveur de la régénération (« New Commitment to Regeneration » ou NCR) s'est articulé autour d'une série de projets pilotes visant à améliorer la régénération des collectivités par un partenariat stratégique. L'expérience a montré que les NCR parvenaient à instaurer efficacement un profil supérieur de régénération et facilitaient la mise au point de stratégies conjointes et de collaborations. Néanmoins, ils ont aussi mis en lumière certaines difficultés inhérentes : dans les faits, les organisations partenaires ont dû adopter de nouveaux modes de pensée et de nouvelles méthodes de travail pour opérer au niveau stratégique. Ce nouveau système a aussi remis en question les structures gouvernementales classiques, imposant de modifier les programmes et les budgets et exigeant une certaine souplesse pour adapter les politiques nationales aux contextes locaux.

Le nouveau système de partenariats a nécessité du temps afin d'instaurer la confiance entre les partenaires et de développer une appropriation du concept de la part des partenaires. Ce système a eu besoin de l'appui d'équipes pour renforcer les partenariats et les réseaux intersectoriels. Il a nécessité la définition et la mise en œuvre de bonnes pratiques de gestion (rôles, responsabilités, systèmes) afin de garantir l'efficacité des résultats. L'expérience a également soulevé les questions, d'une part, de la mesure des impacts et de la valeur ajoutée et, d'autre part, de la responsabilité financière devant les collectivités locales.

Partenariats stratégiques locaux – Caractéristiques[1]

La plupart (175) des LSP couvrent le territoire d'une seule collectivité, treize couvrent un comté administratif, quatre, un comté géographi-

---

[1]   Cette section s'inspire considérablement de 2 enquêtes de LSP dans 367 territoires de collectivité locale. Les deux enquêtes présentaient des taux de réponse élevés : l'une a été réalisée en 2002 (LGC Warwick, 2003) et l'autre en 2004 (Office of Public Management *et al.*, 2005).

que complet et enfin cinq couvrent deux collectivités locales ou plus. Les LSP sont principalement des partenariats bénévoles qui n'ont pas de statut légal officiel ou dont le statut légal n'a pas encore été décidé. Seulement six sont des sociétés à responsabilité limitée par garantie. En termes de membres, la plupart des LSP établissent une distinction entre les membres « permanents » et « non permanents ». Les membres permanents sont en moyenne au nombre de vingt (cinq de l'administration locale, six d'autres collectivités publiques, deux du secteur privé et quatre du secteur bénévole et communautaire), alors que le nombre total moyen de membres est de soixante-six, avec une équipe moyenne de cinq personnes pour les LSP financés au titre du NRF et à peine moins de deux pour les autres. Les LSP disposent d'un budget de trésorerie pour l'administration ou les programmes. Les partenariats entrant en ligne de compte pour le NRF ont également accès, en plus de leurs fonds NRF, à des ressources d'autres origines – en moyenne plus de 100 000 Livres Sterling.

Parmi leurs membres, presque tous les LSP comptent des organismes publics comme des autorités policières et le secteur de la santé (habituellement le « Primary Care Trust »). Les établissements de formation complémentaire et d'enseignement supérieur et les « Learning and Skills Councils » sont également bien représentés. En outre, les membres sont très variés, avec le service de l'emploi (Employment Service), le service social (Benefits Agency) ou le Jobcentre Plus, présents dans environ 60 % des LSP, au même titre que l'antenne gouvernementale régionale. Dans un peu moins de la moitié des LSP, d'autres partenariats font partie des membres (secteur public ou principalement public).

La représentation du secteur privé est le plus souvent assurée par la Chambre de commerce ou un autre groupement professionnel fédérateur ; des entreprises individuelles, des opérateurs de transports et d'autres partenariats provenant essentiellement du secteur privé sont aussi représentés dans certains LSP.

La représentation du secteur communautaire et bénévole est très variée. Ces secteurs sont le plus souvent représentés par un ou plusieurs groupements fédérateurs, moins fréquemment par des organisations individuelles du secteur bénévole ou communautaire. Cela peut toutefois traduire le fait que ces organisations ont été comptées dans d'autres catégories plus spécifiques. Parmi les autres membres, citons aussi les communautés d'intérêts (par exemple : les groupements d'enfants et de jeunes, les groupes confessionnels, les groupes de défense de l'environnement et les organisations représentatives des minorités noires et ethniques). Les bailleurs sociaux agréés (Registered Social Landlords ou

RSL) comme les associations de logement en font aussi fréquemment partie.

Types de membres présents dans les LSP (% de LSP comptant le type de membres)	
Collectivité locale	
Conseiller de collectivité locale	99,0 %
Fonctionnaire de collectivité locale	93,4 %
Autres organismes publics	
PCT/Service de santé/NHS	100,0 %
Police	99,3 %
Centre de l'emploi	72,8 %
Enseignement supérieur/formation complémentaire	84,6 %
Antenne gouvernementale	70,8 %
Agence de développement régional	47,9 %
Connexions (aide aux jeunes)	65,2 %
Learning and Skill Council	80,3 %
Pompiers	62,6 %
Autorité de transport	37,7 %
Countryside Agency	33,1 %
Organismes culture/sports/loisirs	57,7 %
Membres du Parlement britannique/européen	22,0 %
Secteur public, divers	44,9 %
Secteur privé	
Chambre du commerce	77,4 %
Autre groupement professionnel parapluie	61,6 %
Opérateurs de transports	37,5 %
Entreprises individuelles	63,0 %
Secteur privé, divers	18,7 %
Secteur bénévole et communautaire	
Groupement parapluie du secteur bénévole	89,8 %
Organisation/Individus du secteur bénévole	79,0 %
Réseau collectif	55,1 %
Association de logement/RSL	65,6 %
Organisations confessionnelles/Individus	70,5 %
Groupes d'habitants/Individus	49,2 %
Minorités noires/ethniques	56,1 %
Forums/Partenariats de région/quartier	50,2 %
Secteur bénévole et communautaire, divers	27,2 %
Divers	20,5 %

Presque tous les LSP entretiennent des liens officiels avec d'autres partenariats du même domaine : au total, les 178 LSP qui ont répondu à cette question ont identifié des liens avec 980 sous-partenariats, soit une moyenne de 5,5 chacun.

En 2001-2002, la plupart des LSP étaient dans une phase de constitution, de consolidation des membres et de développement des structures de partenariat ; les activités des partenariats NRF se sont aussi essentiellement concentrées sur l'accréditation. Les partenariats sont également confrontés à des problèmes d'intégration dans les politiques régionales et nationales et de compatibilité de leurs actions avec d'autres activités pertinentes ; à de nombreux égards, leur approche de l'intégration devrait remplacer certains autres partenariats[2], mais cela ne semble pas être le cas en général.

Activités des LSP et résultats

En tenant compte du fait que ce système de cogouvernance collective est relativement récent et qu'il est toujours en phase de mise en place, ses activités se sont concentrées sur le développement du partenariat et la définition de ses activités principales (ODPM, 2005). Les points suivants ont été jugés très importants par plus de 80 % des LSP :

- consolidation et analyse des membres
- engagement avec des collectivités et des groupes exclus
- consolidation et développement de structures et processus de partenariat
- élaboration et approbation d'objectifs communs
- élaboration, communication et analyse de la stratégie de la collectivité.

Il est également intéressant d'examiner dans quelle mesure les LSP adoptent des systèmes de gestion des performances qui s'intègrent dans le système de gouvernance par lequel l'administration centrale exerce son influence. Jusqu'en 2004, les deux tiers des LSP avaient adopté des systèmes de gestion des performances. Cette tendance a été particulièrement marquée dans les LSP NRF mieux financés, où pratiquement tous en avaient, contre moins de 50 % pour les autres LSP. Et quasiment la moitié des LSP emploient des indicateurs de performances pour gérer leurs performances ou surveiller leurs progrès, avec 27 % de plus sur le point de les utiliser.

Le rôle de l'économie sociale

Les organisations d'économie sociale sont bien représentées au sein des LSP (voir le tableau précédent). Aucune information n'indique si

---

[2] L'importance accordée aux « partenariats » par le New Labour est le résultat de leur prolifération, avec plus de 5 500 à l'échelon local, dépensant approximativement 4,3 milliards de Livres Sterling par an (Sullivan et Skelcher, 2002).

elles jouent un rôle de fournisseur de services ou si elles sont le « porte-parole » de différents groupes du secteur bénévole et communautaire.

Mais vu les craintes considérables dans le secteur bénévole et communautaire sur le fait de savoir si leur rôle de fournisseur de services dans un régime de contractualisation ne l'emporte pas sur leur rôle de défense, leur présence au sein de cette structure de gouvernance – qui relève de la politique gouvernementale – préserve dans une certaine mesure leur rôle de défense. En outre, cette forme de gouvernance leur permet de dialoguer avec l'organisme chargé de l'affectation des fonds NRF et leur donne la possibilité de combiner les deux rôles du secteur bénévole et communautaire : fourniture de services et défense.

Diversité : Les évaluations (ODPM, 2005) de l'expérience LSP montrent une grande diversité tant en termes de nature du secteur bénévole et communautaire dans des quartiers spécifiques que dans la structure de représentation à l'intérieur des LSP. Et bien que nul n'espère trouver le modèle idéal et que la spécificité de quartiers différents conduise à l'idée « d'intégration locale » (Lowndes et Sullivan, 2004), il est néanmoins évident que certaines questions épineuses sont négociées au moment de l'établissement de chaque LSP dans ce qui est essentiellement une initiative descendante caractérisée par des différences notables entre le pouvoir et les capacités des différents partenaires. Les questions sont : représentation/responsabilité financière et engagement/participation.

Représentation et responsabilité financière : Concernant la représentation au sein du LSP, le secteur bénévole est jugé différent du secteur communautaire ; en outre, la minorité noire et ethnique et les groupes confessionnels sont considérés comme des entités distinctes, mais il existe, entre les catégories, des chevauchements qui peuvent entraîner une surreprésentation ou une sous-représentation. Ces organisations diffèrent aussi par les rôles qu'elles sont susceptibles de jouer dans une collectivité : en particulier comme fournisseurs de services ou défenseurs (ou les deux). En termes de responsabilité financière, il existe des différences dans les liens que les « représentants » entretiennent avec leur propre organisation et avec la collectivité dans son ensemble. Jusqu'à quel point peuvent-ils répercuter des décisions au sein de leur propre organisation ? Quels sont les processus d'une responsabilité financière plus large devant la collectivité, en particulier dans des collectivités très diversifiées et défavorisées, où les aspects pratiques de la gouvernance limitent le nombre de représentants du secteur bénévole et communautaire ? Alors que des efforts sont entrepris afin de résoudre la plupart de ces problèmes dans différents LSP, il n'est pas certain que les solutions les plus adéquates soient élaborées, dans un contexte où les risques de sectarisme et de clientélisme sont bien connus (Deakin, 2002).

Engagement et participation : Nous disposons d'une échelle de participation bien connue (Arnstein, 1969), qui s'échelonne de la communication d'informations à la délégation de responsabilités en passant par la consultation et l'engagement. Différentes considérations s'appliquent à l'engagement du secteur bénévole et communautaire et à l'implication de la collectivité dans son ensemble. Un certain nombre de facteurs semblent influencer l'efficacité de cette démarche (ODPM, 2005), notamment : la marge de manœuvre laissée au secteur bénévole et communautaire par les autres partenaires, un alignement étroit perçu entre la municipalité et le LSP, conduisant à une domination perçue des conseillers et des fonctionnaires, et des problèmes de capacité.

Ce dernier problème est reconnu et appréhendé spécifiquement par de nombreux LSP. Mais le tableau général reste le même : « Le temps et les ressources sont des facteurs contraignants qui pèsent sur la participation du secteur, mais il en va de même pour les facteurs associés à la culture de fonctionnement du partenariat et à l'incertitude dans le secteur et entre les partenaires quant au rôle du secteur bénévole et communautaire à l'intérieur de LSP » (ODPM, 2005). Ce problème de capacité est encore aggravé par les exigences concurrentes liées au temps du secteur bénévole et communautaire, notamment de la part d'autres initiatives de l'État.

Leur efficacité est pourtant impressionnante eu égard à ces contraintes : « Dans les LSP, 65 % des répondants jugeaient la contribution du secteur bénévole appréciable (grâce à l'apport de compétences pertinentes et de l'expérience) tandis que seulement 47 % pensaient la même chose du secteur communautaire » (ODPM, 2005). Les chiffres pour les autres catégories de partenaires étaient les suivants : entreprises (41 %), conseillers de collectivités locales (57 %), fonctionnaires de collectivités locales (87 %), partenaires du secteur public (78 %). Néanmoins, une enquête réalisée par Urban Forum (un organisme « parapluie » pour des groupements communautaires et bénévoles) a montré que plus de 80 % des groupements communautaires et bénévoles impliqués dans leur partenariat stratégique local (LSP) estiment que leur niveau d'influence sur sa « Neighbourhood Renewal Strategy » est « médiocre » à « satisfaisant »[3].

Les questions de domination de l'un ou l'autre partenaire ou les asymétries de pouvoir sont toujours présentes, mais – comme l'affirme Deakin (2002) – elles sont peut-être loin d'être aussi évidentes qu'on

---

[3]   Réf. : http://www.urbanforum.org.uk/lsp/lsp_articla_rupa_1.html.

pourrait le penser en raison d'autres pressions et sources de pouvoir. À titre d'exemple, le nouveau système de gouvernance engendre de nouvelles sources de pouvoir : le secteur bénévole et communautaire réclame une certaine légitimité (par rapport aux conseillers de la collectivité locale) afin de déterminer qui s'exprime au nom de la collectivité locale, puisqu'il y a eu une espèce de crise de légitimité avec la démocratie de l'administration locale classique. Il semble néanmoins invraisemblable de ne pas voir des changements de pouvoirs effectifs contestés (de même pour le principal pouvoir, l'administration centrale, dans la mesure où elle délègue ses pouvoirs). Cependant, dans un contexte de crise de légitimité des structures de gouvernance classiques et de dévaluation fréquente de la rhétorique de la participation, l'instauration d'une « culture de fonctionnement du partenariat » englobant le secteur bénévole et communautaire et allant au-delà de la participation du citoyen constitue une caractéristique préconisée de cette forme de gouvernance et un élément vital pour sa réussite.

Étude de cas d'un partenariat stratégique local : LSP de Hackney[4]

Hackney est un conseil municipal du centre-ville de East London. Il compte près de 200 000 habitants qui constituent l'ensemble le plus ethniquement cosmopolite et le plus socialement défavorisé du Royaume-Uni. Cette municipalité, une des plus pauvres du Royaume-Uni, présente des problèmes profondément ancrés d'exclusion sociale. Elle offre par conséquent une étude de cas intéressante de la manière dont les problèmes les plus graves d'exclusion sociale sont appréhendés. Le LSP a reçu, sur cinq ans, 50 millions de Livres Sterling au titre du « Neighbourhood Renewal Fund », soit le deuxième montant le plus élevé alloué à Londres. Hackney a mis sur pied une stratégie de régénération et de renouvellement de quartiers, en se fondant sur une vision de Hackney jusqu'en 2020. Celle-ci s'est appuyée sur un accord entre le LSP et la municipalité. Son cadre d'action est :

- *une intervention stratégique* concentrée sur les secteurs de l'éducation, de l'emploi, du logement et de l'environnement en vue d'obtenir un impact maximal sur la régénération et l'exclusion sociale ;
- *des améliorations du service public et objectifs nationaux* : fixation d'objectifs locaux annuels, en plus des objectifs nationaux[5]

---

[4] Cette section s'appuie essentiellement sur des documents officiels (Internet) du conseil municipal de Hackney : voir :
http://www.hackney.org/main/hsp2/about_the_hsp.htm.

définis dans les secteurs de l'éducation, de l'emploi, du logement, de l'environnement, de la lutte contre la criminalité et de la santé ;

- *des quartiers prioritaires* sur la base d'une carte des indices de « défavorisation » dans la municipalité.

Ce cadre prévoit une répartition des responsabilités entre la municipalité, les fournisseurs de services et le LSP :

La *municipalité* concentre ses ressources principales et ses activités de services sur les objectifs et priorités de la stratégie de régénération et de renouvellement de quartiers : analyser ses performances et planifier une utilisation adéquate des infrastructures et des recettes.

Partenariats avec les fournisseurs : la municipalité a besoin de l'engagement et de la collaboration de partenaires proposant des services ; ainsi, la sécurité de la collectivité est assurée en partenariat avec la police et le chômage est appréhendé en partenariat avec le service de l'emploi et d'autres organismes.

Le *LSP de Hackney* recommande au conseil municipal et aux autres partenaires les tâches à effectuer. Ses fonctions sont :

- définition des priorités et des objectifs pour la « Neighbourhood Renewal Strategy » (NRS) ;
- accord sur une NRS ;
- fixation des objectifs liés aux partenariats de quartier ;
- recommandation d'affectations de ressources au titre du Neighbourhood Renewal Fund (NRF) ;
- suivi des résultats obtenus avec les dépenses NRS et NRF ;
- communication des progrès réalisés avec la NRS.

Le bureau du partenariat stratégique de Hackney (le LSP) se compose de près de 50 membres ; il se réunit une fois par trimestre et constitue l'organe décisionnel du LSP ; il est aussi le « dépositaire » de la vision et de la stratégie de renouvellement de quartiers. Il y a également un *Groupe directeur* ou *Steering Group* (remplacé ultérieurement par un *Bureau du partenariat* ou *Partnership Board*) dont les 14 membres sont essentiellement issus des organismes publics qui doivent puiser dans leurs ressources principales pour garantir la mise en œuvre de la « Neighbourhood Renewal Strategy » et des « Community Plans »

---

5 Noter que, depuis 2000, les objectifs ont été complétés par des objectifs « minimaux », c'est-à-dire des niveaux minimaux — ceux-ci s'appliquent tout particulièrement aux collectivités les plus défavorisées. Par conséquent, les moyennes ne peuvent plus masquer les grands écarts de performances.

(plans de collectivité). Ce groupe est en fait le comité de gestion du LSP, qui assure la gestion des programmes et des questions d'acheminement, la rédaction des rapports d'avancement et la responsabilité des actions convenues devant le forum du partenariat stratégique local (« Local Strategic Partnership Forum »).

Certains acteurs de l'économie sociale sont à la fois membres du bureau, fournisseurs de services et membres d'autres partenariats associés.

La conception de la vision et de la stratégie du LSP implique plusieurs phases :

Phase 1. Définition de la vision

Phase 2. Consultation sur la vision et définition des objectifs

Phase 3. Définition du plan d'action

Phase 4. Consultation sur le plan d'action

Phase 5. Lancement et mise en œuvre du plan d'action

Il convient aussi de citer de vastes processus de consultation de la collectivité, y compris au stade précoce de la définition de la vision :

– Groupes de réflexion avec un groupe représentatif de membres d'organisations locales.

– Groupes de réflexion avec les écoliers locaux.

– Encart dans Hackney Today pour demander à chacun de transmettre ses idées.

– Manifestation de régénération à la Round Chapel. 1 000 personnes/organisations invitées. 300 étaient présentes et ont participé.

– Programmes radio – émission à ligne ouverte sur Sound Radio.

– Consultation avec des groupes cibles, notamment les locataires, les sans-abri, les Turcs et les Africains.

La stratégie LSP de Hackney convenue conjointement et approuvée par la municipalité

La vision pour Hackney est la suivante :

Notre vision pour Hackney en 2020 est celle d'une ville où chacun se sent concerné. Les taux de chômage, la mauvaise santé, la piètre qualité du logement et les sans-abri auront connu un net recul. Les jeunes, les minorités ethniques, les parents isolés et les personnes handicapées seront des acteurs de collectivités florissantes. L'exclusion sociale ne sera plus associée à Hackney.

Les objectifs de la stratégie sont :

– s'attaquer à l'exclusion sociale, et

– construire une collectivité plus stable, dans laquelle le fossé entre les plus riches et les plus pauvres de la ville se comble (au lieu de se creuser).

Comme nous l'avons signalé ci-dessus, il s'agit d'une approche à facettes multiples, avec des zones d'action prioritaires dans quatre grands domaines de services – éducation, logement, emploi et environnement (ce dernier inclut l'attrait de l'environnement, la lutte contre la criminalité, la santé, les lieux publics et les activités de loisirs) – ainsi que la mise en évidence de plusieurs quartiers prioritaires à partir d'une carte des divers indices des zones les plus défavorisées.

La stratégie est ventilée en objectifs et actions à court et moyen terme, avec des objectifs correspondant aux objectifs nationaux du gouvernement en matière d'exclusion sociale (régénération de la collectivité). Les partenaires responsables des actions sont également spécifiés.

Bien que la stratégie ne précise habituellement pas les fournisseurs de services (ceux-ci sont laissés à la discrétion du LSP), l'économie sociale est spécifiquement mentionnée dans les aspects suivants de la stratégie :

Emploi : mise en place d'une aide à la création d'entreprises collectives, soutien financier au lancement d'au moins 2 nouvelles entreprises collectives chaque année (objectif 2, priorité 4 du partenariat).

Logement : diverses activités en partenariat avec des associations de logement.

Rien n'est précisé pour les secteurs de l'*éducation* ou de l'*environnement*. Néanmoins, plusieurs actions visant à cibler les zones les plus exclues font spécifiquement état de l'économie sociale, comme la zone de Clapton : « 10 sites choquants améliorés par le marché du travail intermédiaire » et « 30 organisations communautaires et bénévoles proposent de nouveaux petits projets et services ».

En outre, les partenaires chargés de l'amélioration des services ont une forte coloration socioéconomique : LBH, Met. Police, PCT, Groundwork, Railtrack/WAGN, Housing Associations, Clapton Community Housing Trust, propriétaires fonciers, Renaisi, promoteurs, secteur communautaire et bénévole local.

Il y a lieu aussi de constater un élan généralisé de participation accrue du citoyen et de la collectivité, par exemple : par la constitution de groupes représentatifs d'usagers du parc, dans le cadre d'une stratégie visant à accroître l'implication des collectivités dans la conception et l'entretien des parcs et espaces verts. Malgré tout, ces actions peuvent très bien ne pas émaner de structures de l'économie sociale.

Un exemple des actions, mesures et objectifs pour le travail, le chômage et les compétences est présenté ci-dessous. Notons l'emploi d'objectifs liés aux échelons national et régional, d'objectifs minimaux et d'objectifs locaux spécifiques.

Emploi et entreprise à Hackney (mesures et objectifs)

Vision

En 2020, Hackney aura une population active hautement qualifiée et parfaitement armée pour profiter de nouvelles possibilités d'emploi. Hackney aura propulsé l'East London dans une nouvelle ère d'entreprenariat technologique et culturel. Nous serons un centre international d'innovation artistique et technologique, avec l'avantage de la proximité de la City, géant international des services financiers. La créativité et la vitalité de la région, combinées à la forte croissance de nos minorités ethniques et d'autres secteurs de l'économie locale, garantiront la compétitivité de nos entreprises. Hackney sera un endroit que les entreprises choisiront pour leur implantation et leur expansion. Nous aurons de solides liens d'affaires internationaux et nous aurons réduit substantiellement les niveaux de chômage.

Obstacles

Hackney présente les taux de chômage les plus élevés de Londres – avec des taux enregistrés qui correspondent actuellement à plus du double de la moyenne du Grand Londres. Dans certaines cités, le taux de chômage dépasse 35 % et il est encore plus élevé parmi les jeunes et les minorités ethniques, en particulier les jeunes hommes noirs de 18 à 24 ans. Faible niveau d'études.

Inégalité sur le marché du travail – notamment discrimination et stigmatisation de certaines cités/certains codes postaux.

Absence d'expérience professionnelle et de formation liées aux offres d'emploi.

Absence de garderies d'enfants à des tarifs abordables, empêchant certaines femmes de reprendre un travail ou une formation.

Système d'allocations qui dissuade certains de travailler.

Absence de compétences de base (analphabétisme, lacunes en calcul et mauvaise connaissance de la langue anglaise) et de compétences actuelles – empêchant la population locale de défendre ses chances sur le marché du travail.

Nombre relativement faible d'entreprises en croissance.

L'expansion des entreprises et les investissements étrangers sont entravés par l'absence de sites et d'infrastructures de qualité.

Menace de transformation continue de locaux commerciaux en logements.

Pression en vue de l'affectation de terres et bâtiments industriels à d'autres fins (plus rentables).

Un cadre de qualité médiocre dissuade l'investissement.

Absence d'accès aux services financiers.

Solutions Objectif	Actions à court terme (d'ici avril 2002)	Actions à moyen terme (d'ici avril 2006)
1. Augmenter le taux d'emploi afin de combler le fossé entre les taux de chômage à Hackney et le taux national et régional.	Travail en partenariat avec nos agences de placement et les entreprises afin de s'attaquer à toutes les priorités identifiées dans le Hackney Employment Action Plan (plan d'action pour l'emploi à Hackney), en particulier améliorer les compétences de base, relever les compétences, l'employabilité et les niveaux de qualification, multiplier les garderies d'enfants, améliorer l'expérience professionnelle et la formation en fonction des offres d'emploi. Les projets principaux incluront : Projets de conventions collectives de travail intermédiaire et de travail local. Une série de programmes de régénération (SRB & NRF, européens), emplois financés en liaison avec des programmes d'emploi. Programmes de formation au travail et de placement New Deal, Employment Service, LSC. Garderies d'enfants en liaison avec les programmes de travail et de formation au travail. Programmes d'éducation permanente et d'apprentissage tout au long de la vie. Programmes du service ConneXion.	Intensification de programmes de formation au travail, d'acquisition de compétences et d'apprentissage tout au long de la vie afin d'augmenter le taux d'emploi. Intensification des investissements étrangers et des mesures de création d'emplois sur la base des accords d'aménagement du conseil, de manière à permettre aux promoteurs de proposer/créer des emplois et des possibilités de formation de la population locale grâce aux aménagements de terrains, de sites essentiels et d'autres biens locaux.
2. Augmenter les taux d'emploi des personnes handicapées, des parents isolés, des minorités ethniques et des personnes de plus de 55 ans et	Objectifs pour 2003 – y compris la mise en place de systèmes de suivi pour identifier la proportion de personnes handicapées, de parents isolés, de ressortissants de minorités ethniques et de personnes de plus de 55 ans : 12 000 personnes au travail.	Objectifs pour 2005 Augmentation de 10 % de tous les objectifs 2003. Revenu moyen à moins de x % de la moyenne de Londres *intra-muros* (objectif à déterminer).

combler le fossé entre ces taux et le taux global.	20 000 dans des formations liées à l'emploi. 13 000 atteindront un niveau NVQ2 ou supérieur grâce à la formation et à la formation continue. 6 000 personnes auront accès à des infrastructures de garde d'enfants pour pouvoir travailler ou suivre une formation à un emploi. 300 employeurs recrutent des travailleurs dans une réserve d'habitants de Hackney au chômage. Taux de chômage à moins de 2 % de la moyenne de Londres intra-muros. Réduction de la proportion d'adultes sans compétences de base (objectif à déterminer).	
3. Générer des entreprises plus durables dans des collectivités défavorisées. Faire de Hackney un lieu où les entreprises (en particulier celles des secteurs liés à la créativité, aux technologies de l'information, aux minorités ethniques et à la finance) choisissent de s'implanter, de prospérer et d'employer la population locale.	Amélioration et meilleure coordination du service d'assistance aux entreprises, en particulier pour les microentreprises et les entreprises de minorités ethniques (Groupe directeur sur l'aide aux entreprises ou Steering Group on Business Support/SGBS). Une stratégie convenue d'assistance aux entreprises qui est motivée par les besoins des entreprises locales et y répond (SGBS). Programmes mis au point en vue de concentrer les services aux entreprises sur les populations de minorités ethniques (SGBS). Favoriser l'expansion des entreprises locales et la relocalisation de nouvelles entreprises à Hackney en préservant environ 15 000 mètres carrés de surface utile à usage commercial (LBH Regulatory Services/Invest in Hackney) et en prodiguant des conseils sur les possibilités de relocalisation et de développement (Invest in Hackney). Création d'un centre multiser-	La demande des services d'assistance aux entreprises par les ressortissants de minorités ethniques correspond dans l'ensemble à celle de la population de Hackney. Encourager l'expansion et la relocalisation des entreprises en préservant un peu plus de 90 000 mètres carrés de surface utile à usage commercial à Hackney. Hackney comptera 100 nouvelles entreprises (nettes) qui se développent et réalisent un chiffre d'affaires annuel d'au moins 1 million de Livres Sterling. L'agence d'achat locale facilite le commerce des fournisseurs locaux pour une valeur de 10 millions de Livres Sterling.

	vice pour les achats locaux, afin de faciliter l'approvisionnement local des grandes entreprises et d'étendre ainsi les marchés disponibles aux petites et moyennes entreprises de l'East London (East London Partnership). Mettre en place une aide à la création d'entreprises collectives, soutenir financièrement le lancement d'au moins 2 nouvelles entreprises collectives chaque année (objectif 2, priorité 4 du partenariat).	
4. Améliorer les résultats économiques de toutes les régions mesurées par la croissance à long terme du PIB par habitant dans chaque région.	Objectif à identifier.	Objectif à identifier.

Une analyse du LSP de Hackney en 2003 a révélé ce qui suit :

– Les résultats initiaux ont montré l'existence d'opinions bien nettes sur le HSP et le rôle des partenaires qui le composent. Ils ont aussi laissé entrevoir que le travail ne manquait pas dans certains domaines pour améliorer la situation et répondre à l'attente des partenaires HSP.

– Parmi les domaines requérant davantage d'efforts, citons les liens entre les thèmes, une meilleure focalisation et une meilleure définition des dépenses NRF ainsi qu'un besoin accru d'incorporation des priorités du Maire dans les rouages du HSP.

– Certaines inquiétudes ont aussi été exprimées au sujet de la chute du taux de participation et de la nécessité de renforcer la communication entre les partenaires et à l'intérieur des structures des organisations constitutives des partenaires.

– Des questions ont également été soulevées au sujet de la représentation de toutes les communautés de Hackney et de la nécessité de répondre aux questions d'égalité et de diversité au sens large.

Conclusions : évaluation du système de gouvernance

En guise de conclusion, analysons plus en détail le système de gouvernance du LSP en termes de problèmes de gouvernance classiques, c'est-à-dire du point de vue de la préservation de l'intérêt général et de celui des impacts en termes d'efficience, d'équité et de responsabilité financière.

Soulignons tout d'abord que si les grands domaines prioritaires de l'administration centrale sont l'éducation, l'emploi, la santé et la lutte contre la criminalité, ils sont en revanche plus larges dans le cas des LSP : éducation, logement, emploi et environnement (ce dernier inclut l'attrait de l'environnement, la lutte contre la criminalité, la santé, les lieux publics et les activités de loisirs).

Un des enjeux consiste à connaître l'efficacité de la stratégie mais malgré la multitude des objectifs et des mesures, il n'existe de nouveau aucun système d'information normalisé pour la collecte et le traitement des données aux fins des processus décisionnels.

Un autre problème est relatif (ODPM, 2004a) à l'inquiétude suscitée par la relation entre les LSP et les représentants élus des municipalités (qui pourraient se sentir exclus ou avoir l'impression que le LSP menace le processus démocratique). Les fonctionnaires élus estiment que les LSP renforcent le processus de consultation et offrent une voie pour soutenir des initiatives influençant l'ensemble de la région, mais ils craignaient de perdre leur pouvoir au profit des LSP et ne verraient pas d'un bon œil un glissement du pouvoir vers les LSP.

En termes de responsabilité financière, des problèmes de représentativité restent en suspens, certains suggérant même qu'un système d'élection pourrait être nécessaire, sans compter les problèmes d'inégalité de pouvoir au sein du LSP, qui doivent être identifiés et gérés par le biais de procédures de gouvernance (ODPM, 2004a). Néanmoins, les problèmes d'inégalité sont aussi résolus par le recours à des mesures de lutte contre les « déprivations » (comme l'Indicator of Multiple Deprivation 2000) afin de cibler les zones les plus touchées qui ont un besoin urgent d'assistance. Malgré tout, les causes profondes de ce qui se cache derrière les différentes mesures semblent faire l'objet d'analyses relativement sommaires (ODPM, 2004c).

L'un des objectifs des LSP est de reconcentrer les ressources des organisations partenaires, de mettre en commun des budgets, de mettre sur pied des programmes conjoints, etc., de manière à pouvoir offrir des services intégrés plus efficaces. Les entraves semblent être plus une question de cultures d'organisation et d'individus que de restrictions budgétaires de l'administration centrale. Les progrès ont été lents jusqu'ici, mais il est encore trop tôt pour se prononcer (ODPM, 2004b).

Dans les grandes lignes, comme Johnson et Osborne (2003) l'affirment, les LSP pourraient :

> tout mettre en œuvre pour pouvoir atteindre leurs doubles objectifs, à savoir la *coordination* plus efficace des services locaux et leur *cogouvernance* avec la collectivité locale. Un certain nombre de processus paradoxaux sont en jeu ici. Il semble probable que les LSP fournissent un système de gouvernance de la politique de régénération locale aux acteurs organisationnels locaux préexistants. Néanmoins, une telle possibilité risque d'être mise en cause par la capacité de l'administration centrale à définir des priorités nationales qui prendront le pas sur les initiatives locales. En outre, alors que la rhétorique politique de la gouvernance collective peut concerner le remplacement de la démocratie représentative par une démocratie participative, la réalité pourrait être plus prosaïque : l'exploitation au mieux des ressources collectives pour concrétiser les priorités de l'administration centrale et garantir un contrôle local du pouvoir de l'administration locale. Par ailleurs, l'approche de la prochaine période électorale en Grande-Bretagne pourrait accentuer les pressions politiques sur le New Labour pour le pousser à améliorer les services et à atteindre ses propres objectifs. Ceci risque aussi de déplacer encore plus l'intérêt vers les priorités de services, au détriment des aspirations de cogouvernance liées aux processus.

Le degré d'implication de l'économie sociale est relativement faible en termes de fournisseurs spécifiés dans la stratégie LSP, mais cela tient aussi au fait que les fournisseurs de services ne sont pas habituellement cités. Leur participation au processus de gouvernance du LSP est plus évidente. Toutefois, le cadre du LSP s'efforce surtout d'impliquer les populations locales dans le processus stratégique, bien qu'il ne soit pas toujours certain que des modèles clairs permettent de le faire (pour la consultation ou la participation ou l'implication dans la mise en œuvre) et qu'il en résulte une amélioration des services. Le choix des personnes qui devraient être impliquées et participer est aussi contesté : la plupart des municipalités comptent des personnalités « représentatives de la collectivité » mais, dans une collectivité pluraliste, le choix de ces personnalités risque d'être contesté et de ne pas être représentatif des groupes les plus exclus. Par conséquent, les axes de la responsabilité financière ne sont pas clairs en général et les mécanismes de liaison et de communication avec la collectivité ne sont pas bien spécifiés.

En tant que forme de gouvernance, ce système souligne le modèle partenariat / réseau dans sa rhétorique mais, dans la réalité, il est exploité davantage aux fins de processus consultatifs et participatifs. Le pouvoir de contractualisation reste essentiellement aux mains de la bureaucratie de la municipalité. Le système est également marqué par une prédilection très forte pour les objectifs et les mesures (surtout décrits dans la politique de l'administration centrale).

Si nous plaçons la gouvernance dans la perspective de Newman, nous observons la coexistence de plusieurs types : l'autonomie gouvernementale (partenariat avec des citoyens actifs) apparaît dans les activités du LSP, en particulier lors de la définition des priorités, de l'implication de membres de la collectivité et de fournisseurs de services. Elle opère aussi dans un mode de système ouvert (système d'interaction en réseau) entretenant des liens avec d'autres partenariats et acteurs. Néanmoins, la hiérarchie municipale (bureaucratie, normalisation, responsabilité financière) reste omniprésente, en conservant un pouvoir considérable qu'elle rechigne à abandonner, tandis que l'administration centrale détient sa part de pouvoir par un système de but rationnel (gestionnaire, objectifs, mesures) dominant le processus de fixation des buts à l'intérieur du LSP. Le marché continue de se déployer entre la hiérarchie municipale et les fournisseurs de services, mais le LSP contribue à définir des services de meilleure qualité.

Bibliographie

Arnstein, S., « A Ladder of Citizen Participation », in *Journal of the American Planning Association*, 1969, Vol.35, No.4, p. 216-224.

Bartlett, W., *Quasi-Markets and Contracts: A Market and Hierarchies Perspective*, University of Bristol, School for Advanced Urban Studies, 1991.

Batsleer, J., Cornforth, C., Paton, R. (eds.), *Voluntary Organisations, Contracting and the Welfare State*, Kramer, R., in Issues in Voluntary and Non-profit Management Addison-Wesley, Wokingham, 1991.

Common, R., Flynn, N., *Contracting for Care*, York, Joseph Rowntree Foundation, ISBN 1 872470 66 1, 1992.

CRU, *Strategic Management in the Social Economy* – Learning and Training Pack, ICOM, 20 Central Road, Leeds, LS1 6DE, 1990.

Deakin, N., « Public-Private Partnerships », in *Public Management Review*, 2002, Vol.4, No.2, p. 133-147.

Esping-Andersen, G., *The Three Worlds of Welfare Capitalism*, Cambridge, Polity Press, 1990.

Esping-Andersen, G., *Social Foundations of Postindustrial Economies*, Oxford, Oxford University Press, 1999.

Griffiths, S.R., *Community Care: Agenda for Action*. A report to the secretary of State for Social Services (un rapport au Secrétaire d'État aux Services sociaux), Londres, HMSO, 1988.

Hawley, K., *From Grants to Contracts: A Practical Guide for Voluntary Organisations*, London, Directory of Social Change, 1992.

Hood, C., « A New Public Management for all Seasons? », in *Public Administration*, 1991, Vol.69, No.1, p. 3-19.

Johnson, C., Osborne, S.P., « Local Strategic Partnerships, Neighbourhood Renewal, and the Limits to Co-governance », in *Public Money and Management*, July 2003. p. 147-154.

Martin, S., « The Modernization of UK Local Government: markets, managers, monitors and mixed fortunes », in *Public Management Review*, 2002, Vol.4, No.3, p. 291-307.

NCVO, *Costing for contracts: A Practical Guide for Voluntary Organisations*, London, Directory of Social Change, 1992.

Newman, J., *Modernising Governance*, Londres, Sage, 2001.

LGC Warwick, CRC West of England, Office for Public Management, EIUA Liverpool, John Moores, *Evaluation of local strategic partnerships. Report of 2002 Survey*, Londres, Cabinet du vice-premier ministre, 2003.

Lowndes et Sullivan, « Like a Horse and Carriage or a Fish on a Bicycle: How Well do Local Partnerships and Public Participation go Together », in *Local Government Studies*, 2004, Vol.30, No.1, p. 51-73.

Office of Public Management, University of the West of England, University of Warwick, Liverpool, John Moores University. *Report on the 2004 Survey of all English LSPs*, Pour le ministère des Transports, Londres, Cabinet du vice-premier minister, 2005.

ODPM (Cabinet du vice-premier ministre), *Evaluation of Local Strategic Partnerships: Governance: a briefing note for LSPs by LSPs*, Londres, Cabinet du vice-premier minister, 2004a.

ODPM, *Evaluation of Local Strategic Partnerships: Mainstreaming: a briefing note for LSPs by LSPs*, Londres, Cabinet du vice-premier ministre, 2004b.

ODPM, *Local Neighbourhood Renewal Strategies: Document Analysis and Review. Summary Report*, Mai 2004, Londres, Cabinet du vice-premier ministre, 2004c.

ODPM, *National Evaluation of Local Strategic Partnerships*, Issues Paper: Voluntary and Community Sector Engagement in LSPs, Londres ODPM, 2005.

Open University, *Managing Voluntary and Non-Profit Enterprises*, A course in the Management Diploma. (B789). Milton Keynes, MK7 6AA, 1992.

Powell, W., DiMaggio, P.J. (eds.), *The New Institutionalism in Organizational Analysis*, Chicago, University of Chicago Press, 1991.

Sullivan, H., Skelcher, C., *Working Across Boundaries. Collaboration in Public Services*, Basingstoke, Palgrave, 2002.

Organisations non lucratives et partenariat

Avantages et risques dans le cas des services de développement local en Belgique

Francesca PETRELLA

LEST, Université de la Méditerranée, Aix-en-Provence (France)

Introduction

Ces dernières décennies, un intérêt croissant a été porté à la décentralisation des compétences, aux pratiques de gouvernance – territoriale et des organisations – ainsi qu'aux dynamiques locales de développement. Dans ce contexte, l'action publique implique une plus grande diversité d'acteurs, aussi bien publics que privés, dans les processus de décision et de gestion. Ces évolutions participent à la reconfiguration des rapports et à l'émergence de nouveaux modes de coordination entre ces acteurs. Ces structures de coordination, bien que source d'avantages, s'avèrent complexes, notamment du fait que ces acteurs poursuivent des intérêts qui sont au moins partiellement divergents.

L'objet de cet article est d'analyser les formes organisationnelles que prennent ces coordinations et d'en identifier les avantages et les limites dans le cas de partenariats dans l'offre de services de développement local. Le partenariat est considéré dans les débats publics comme la clé de voûte de nombreuses politiques de développement territorial. Cette notion n'est toutefois pas clairement définie et recouvre des réalités fort diverses qu'il convient d'identifier et d'analyser. Quel est le rôle des acteurs de l'économie sociale et solidaire dans ces partenariats, en particulier aux côtés des pouvoirs publics locaux ?

Nous approfondissons cette problématique dans le cas d'organisations non lucratives dont la structure de propriété est composée d'une pluralité de parties prenantes. Nous référant à la théorie économique des droits de propriété, nous définissons la propriété en termes de possession conjointe des droits de contrôle résiduel et des droits aux bénéfices résiduels (Holmstrom et Tirole, 1989). Plus précisément, le droit aux bénéfices résiduels dans les organisations non lucratives est un droit sur leur allocation dans l'organisation. Comme nous travaillons sur des organisations non lucratives, nous considérons que les membres des structures de propriété ont le droit collectif de décider de l'allocation des bénéfices résiduels (Petrella, 2003). Par partie prenante – ou *stakeholder* – nous entendons tout individu ou groupe qui a un intérêt, au sens large, dans l'organisation, pour ce qu'elle produit ou parce qu'elle fournit des ressources à l'organisation. Nous analysons ainsi la présence d'organisations publiques, d'économie sociale et solidaire, des habitants, des entreprises privées, des travailleurs et des partenaires sociaux dans les structures de propriété.

À partir d'une analyse en termes de coûts de transaction à la Williamson, nous identifions, dans la première partie, les caractéristiques des services de développement local qui sont source de coûts de transaction sur le marché et examinons en quoi l'intégration d'une diversité de parties prenantes permettrait de les réduire. À la suite de Hansmann (1996), nous considérons ensuite les coûts de propriété qui découlent de l'implication de ces multiples parties prenantes dans les structures de propriété, et plus particulièrement les coûts liés au processus de décision collective. Dans la deuxième partie, nous présentons les résultats de notre analyse empirique des avantages et des limites de l'intégration d'une pluralité de parties prenantes dans la structure de propriété, à l'aide d'une analyse en composantes principales. Les données ont été recueillies auprès d'une trentaine d'organisations partenariales de développement local de l'arrondissement de Charleroi (Belgique). Nous voyons si les avantages et les limites identifiés se différencient significativement selon les formes de propriété. Nous posons un regard tout particulier sur les organisations constituées d'un partenariat entre organisations publiques et associatives.

De l'intérêt du partenariat : une approche en termes de coûts de transaction

Nous basant sur l'idée fondatrice de Coase, complétée par l'analyse des attributs de la transaction de Williamson (1975, 1985, 1996) et par Milgrom et Roberts (1992), nous présentons ci-dessous plusieurs caractéristiques des services de développement local qui engendrent des coûts de transaction sur le marché et que l'intégration de différents types de parties prenantes dans la structure de propriété pourrait réduire. Nous reprenons la distinction faite par Hansmann (1996) entre coûts de contractualisation sur le marché et coûts de propriété.

Des services à dimension collective

Les services de développement local ou de quartier sont des services (quasi) collectifs, c'est-à-dire des services qui, au-delà des bénéfices individuels pour les usagers, sont source de bénéfices pour la collectivité (locale), tels qu'un meilleur fonctionnement du marché du travail, une amélioration du cadre de vie ou une reconstruction du lien social. Ces bénéfices collectifs possèdent les caractéristiques d'un bien public, la non exclusivité et la non rivalité, qui rendent problématique leur fourniture[1]. La non prise en compte (partielle ou totale) de ces bénéfices collectifs par des prestataires privés mène à une allocation sous-optimale des ressources. Une intervention publique, par la production, le financement ou le partenariat, est donc justifiée afin de rétablir l'efficacité allocative, nonobstant les objectifs d'équité dans l'accès à ces services (voir notamment Stiglitz, 1986 et Greffe, 1997).

La présence d'organisations publiques au sein de la structure de propriété, de par la mobilisation de financements liés à la redistribution qu'elle permet, est une façon d'augmenter l'offre de services à dimension collective. De même, la présence d'organisations privées, d'usagers ou d'autres parties prenantes demandeuses, en ce compris la demande « altruiste », de ces biens et services permet l'augmentation de l'offre à travers la mobilisation de ressources marchandes (lorsque les usagers paient une contribution financière) et volontaires.

Prenons le cas d'un service d'accueil des jeunes enfants et de soutien aux familles dans un quartier défavorisé. Outre les bénéfices individuels pour les usagers, ce service est source de nombreux bénéfices collectifs notamment en termes de développement et de socialisation des enfants, réduisant les risques de retard ou de décrochage scolaire qui peuvent apparaître dès l'entrée en maternelle, de santé publique et en termes d'insertion sociale des parents. Différentes parties prenantes du territoire, comme une maison médicale, l'antenne locale du centre d'aide sociale ou du service d'emploi, peuvent être concernées par l'offre d'un tel service d'accueil. Une association de quartier ne pourra répondre aux besoins d'accueil en ne se basant que sur des ressources volontaires (dons ou bénévolat). La rencontre entre ces différentes parties autour du projet permettrait d'internaliser les bénéfices collectifs d'un tel service et de mobiliser les ressources nécessaires, marchandes, non marchandes ou volontaires, pour fournir ce service.

---

[1]   Voir Mas-Colell, Whinston & Green (1995) pour une définition des externalités multilatérales collectives, soit des externalités qui ont les caractéristiques d'un bien public.

Des demandes locales hétérogènes

Une deuxième caractéristique des services de développement local qui engendre des coûts de contractualisation sur le marché concerne l'hétérogénéité de la demande. Les demandes peuvent fortement varier d'un territoire à l'autre. Weisbrod (1975) souligne les difficultés de l'État à révéler et à satisfaire ces demandes hétérogènes en particulier lorsque le processus de décision politique se base sur les préférences de l'électeur médian. En outre, la gestion centralisée et bureaucratique du secteur public rend plus difficile l'identification des demandes locales et l'offre de services non standardisés pouvant s'adapter à ces demandes et à leur évolution. Les associations, plus proches du terrain, ont tendance à avoir une meilleure information quant à la demande. L'implication des usagers permet également de mieux connaître la demande. Notons que le mouvement de décentralisation des compétences compense, en partie, cette limite de l'intervention publique et permet une offre de services publics différenciée selon les territoires (Gérard-Varet, 1997).

Une coordination entre acteurs locaux

Les différentes parties prenantes concernées par ces services pour-suivent des intérêts communs à travers leur volonté de contribution au développement du territoire. Ces intérêts peuvent se décliner de façon différente selon les priorités de chaque acteur et dès lors, entrer en tension. Dans le cas de la structure d'accueil des enfants envisagé ci-dessus, une tension peut apparaître entre la finalité de développement des enfants et de création de lien social dans le quartier poursuivie par l'association porteuse du projet et l'objectif de réinsertion profession-nelle des parents poursuivi par le service public de l'emploi, désireux de réduire le nombre d'allocataires sociaux. Cette tension pourrait, par exemple, conduire à un désaccord sur les critères de sélection des en-fants à accueillir au sein du service.

L'intégration des différents acteurs dans une même organisation permet la rencontre de leurs intérêts, leur donne une légitimité, crée des relations de confiance voire réalise un compromis entre leurs intérêts (Pestoff, 1998). La rencontre de ces intérêts se fera d'autant plus facile-ment que les acteurs ont une volonté de s'associer et de coopérer en vue d'atteindre une finalité sociale commune, à savoir l'offre de services contribuant au développement local.

Pour Evers (2001), l'existence de cette volonté de coopération peut être un signe de la présence de capital social commun aux différents acteurs. Nous formulons dès lors l'hypothèse que la création d'une orga-nisation de propriété partenariale ou *multi-stakeholder* pour fournir des services (quasi) collectifs de développement local peut être une manière de construire un intérêt collectif si elle permet, notamment, la réalisation d'un compromis entre les intérêts hétérogènes à travers la mobilisation et la production de capital social.

Soulignons que l'intégration des parties prenantes au sein d'une même structure permet aussi de bénéficier des effets potentiels de synergie entre les différents projets locaux existants. Une action globale sur le territoire pourrait dès lors être menée, réduisant les coûts d'information sur ce qui existe déjà et répondant aux besoins non ou insuffisamment satisfaits localement.

Des investissements spécifiques dans la durée

Dans le cas des services de développement local, de nombreux investissements sont spécifiques à chaque territoire et sont difficilement récupérables dans des utilisations alternatives si la transaction venait à s'arrêter prématurément. Le risque est donc de voir l'une des parties s'enfermer dans la transaction de peur de ne pas récupérer ses investissements ou se retirer sans coûts importants. Ce risque ouvre la voie à des comportements opportunistes tels que des renégociations post-contractuelles qui pourraient forcer l'une des parties à accepter une détérioration des conditions acceptées précédemment. Ce risque, dit de *hold-up*, peut freiner les décisions d'investissement, diminuant la valeur qui aurait pu être créée par cet investissement (Williamson, 1985 ; Hart, 1990). Le risque de *hold-up* apparaît lorsque les termes du contrat sont difficilement exécutoires.

Outre la spécificité de certains investissements, la durée dans laquelle s'inscrit généralement l'offre de services (quasi) collectifs dans un quartier renforce les risques de *hold-up*. De nombreux résultats n'apparaissent qu'à moyen ou à long terme et supposent la construction d'une relation de confiance avec les habitants du quartier. Ce travail de longue haleine, durant lequel les différentes parties sont amenées à interagir fréquemment, mérite parfois qu'une structure organisationnelle propre à la transaction qui intègre les différentes parties concernées soit mise en place. Une telle structure pourrait réduire le coût des renégociations successives et les risques de *hold-up* de par la création d'un processus de décision plus égalitaire et de sanctions en cas de non-respect des accords. Les coûts de la création d'une telle structure seront amortis vu la perspective à long terme dans laquelle ces initiatives s'inscrivent.

Imaginons que notre service d'accueil des enfants dans un quartier défavorisé bénéficie de financements publics. Le prestataire fait des investissements spécifiques, tels que l'aménagement de locaux et d'une aire de jeux et entreprend un travail à moyen et à long terme avec les enfants et leurs familles. Il peut difficilement interrompre ses activités du jour au lendemain si les conditions de la convention avec les pouvoirs publics venaient à changer, comme par exemple une diminution des subventions ou l'ajout d'une condition d'engagement de chômeurs non qualifiés. Ces changements pourraient mettre en danger la finalité première du prestataire. L'intégration de l'association prestataire, des pouvoirs publics et d'autres acteurs au sein d'une même structure réduirait ce risque en facilitant l'accès à l'information et en encadrant les négociations dans un ensemble de règles et de procédures collectives.

Une évaluation des performances difficile

La plupart des performances des initiatives de développement local ou de quartier s'avèrent difficilement évaluables. Tout d'abord, ces services poursuivent en général des objectifs multidimensionnels. Ensuite, l'absence de standardisation des services et l'importance de leur dimension relationnelle renforcent cette difficulté. Le fait que les performances des initiatives dépendent de la participation conjointe des prestataires mais aussi des usagers ne facilite en effet pas l'évaluation des performances. Enfin, comme l'explique Gadrey (1996), le produit n'est pas une réalité objective aux caractéristiques admises par tous mais une construction sociale.

La difficulté d'évaluation de la qualité des services engendre également différents types d'asymétrie d'information ouvrant la porte à des comportements opportunistes que l'intégration de certaines parties prenantes pourrait réduire (Hansmann, 1980 ; Milgrom et Roberts, 1992). Par exemple, comme le souligne Hansmann (1980), la participation des usagers dans la structure de décision est une manière de réduire le risque de tels comportements car leur présence peut être une manière de garantir la qualité du service.

Les coûts de propriété associés à la décision collective

Nous venons d'identifier les caractéristiques des services de développement local qui sont source de coûts de contractualisation sur le marché et que l'intégration de différentes parties prenantes dans les structures de propriété pourrait réduire. Mais cette intégration ne comporte pas que des avantages. D'autres types de coûts, dits de propriété selon les termes de Hansmann (1996), vont s'accroître. Ces coûts sont associés à l'exercice du droit de contrôle formel et à la prise de risques sur les bénéfices résiduels. Ces derniers sont moins centraux dans le cas d'organisations non lucratives étant donné l'absence d'une redistribution individuelle des bénéfices résiduels sous la forme d'un surplus financier net. Par contre, les coûts liés à l'exercice du contrôle varient fortement en fonction de l'intégration de différents types de parties prenantes.

Parmi ces coûts, les coûts de la décision collective augmentent suite à la présence d'une pluralité de parties prenantes qui poursuivent des intérêts partiellement hétérogènes. Ces coûts seront d'autant plus importants que l'hétérogénéité des intérêts augmente. Il est donc préférable que les différentes parties prenantes aient suffisamment d'intérêts communs afin de ne pas augmenter de façon inconsidérée les coûts de la décision collective.

Selon Hansmann (1996, p. 98), la poursuite d'une finalité sociale partagée, autre que la maximisation du profit, la définition de normes communes et d'un processus de décision collective propre à toute organisation facilitent la construction d'une homogénéité des intérêts entre les parties concernées. Bacchiega et Borzaga (2001) insistent sur la plus grande adhésion de certaines parties prenantes, comme les travailleurs, aux objectifs de l'organisation et sur leur participation aux décisions comme structure d'incitants propre aux organisations privées non lucratives.

Mentionnons également que les différents partenaires ne sont pas toujours sur un pied d'égalité à l'entrée du partenariat. Certains peuvent mobiliser plus de ressources que d'autres pour exercer leur pouvoir, comme dans le cas des organisations publiques qui sont à la fois membres des structures de propriété et financeurs de l'organisation. En l'absence de procédures de décision collective, les négociations peuvent conduire à des décisions qui diminuent le bien-être des parties ayant moins de pouvoir dans la structure.

Synthèse : le choix d'une forme de propriété « multi-stakeholder »

Sur la base des arguments présentés, nous faisons l'hypothèse que l'intégration de différentes parties prenantes dans une même structure de propriété, soit l'adoption d'une forme *multi-stakeholder*, peut comporter des avantages qui réduisent les coûts de contractualisation sur le marché et qui font plus que compenser l'augmentation des coûts de propriété engendrés par la pluralité des parties prenantes.

Nous reprenons dès lors la proposition de Ben-Ner et Van Hoomissen (1991), selon laquelle les types de parties prenantes qui créeront et contrôleront l'organisation sont ceux pour qui les bénéfices nets espérés par le contrôle de l'organisation seront plus élevés que ce qu'ils espéreraient retirer d'arrangements alternatifs. Nous considérons que la forme organisationnelle est avantageuse, c'est-à-dire préférée à d'autres arrangements institutionnels, pour les parties prenantes intégrées dans la structure de propriété. Ce faisant, nous ne nous positionnons pas sur l'efficacité sociale – au sens de Pareto – de la forme organisationnelle qui prévaut.

Notre réflexion porte donc sur l'intérêt que les différentes parties de la transaction auraient à rentrer dans la structure partenariale, sur les coûts que cette intégration suscite et sur la forme concrète que celle-ci adoptera. Par exemple, l'entrée d'une association dans un partenariat avec une organisation publique peut améliorer le bien-être de l'association, en lui donnant accès à des financements publics mais entraîne des risques de perte d'autonomie de l'association. Pour l'organisation publique, l'entrée de l'association dans la structure partenariale facilite la révélation des demandes locales et améliore donc la qualité du service fourni. En revanche, l'organisation publique accepte de partager son pouvoir de décision avec l'association. Nous faisons l'hypothèse que l'association et l'organisation publique accepteront d'intégrer la structure partenariale dans la mesure où chacune d'entre elles considère que cette situation est plus avantageuse pour elle que les alternatives possibles.

L'identification des avantages et des limites dans le cas des organisations étudiées

À présent, nous allons confronter ces hypothèses aux données empiriques en identifiant les avantages et les limites de différentes formes d'organisations *multi-stakeholder*, à partir du cadre d'analyse présenté jusqu'ici. Avant cela, décrivons brièvement notre démarche empirique.

Méthodologie

La base de données que nous avons constituée concerne 27 initiatives qui s'inscrivent dans une démarche de développement local, correspondant à l'approche québécoise du développement économique communautaire (Favreau et Lévesque, 1996). Cette approche se caractérise par trois éléments :

– les actions sont définies sur un territoire bien délimité ;
– les actions intègrent plusieurs dimensions du développement ;
– les organisations poursuivent une démarche partenariale et une volonté de participation des habitants.

Les données utilisées dans cette recherche ont été recueillies entre octobre 2000 et mars 2001. Cette base de données ne se veut pas exhaustive mais illustrative. Elle comprend des associations locales fournissant de multiples services dont l'accueil des enfants, des maisons de quartier, des centres de ressources communautaires, des régies de quartier et des agences de développement local.

L'enquête a été réalisée sur la base d'un questionnaire, constitué de questions fermées à choix multiples et de questions ouvertes. Le questionnaire, passé lors d'un entretien, portait sur les objectifs et les finalités de l'organisation, sur les structures de décision et les membres de ces structures, sur les ressources de l'organisation et sur les avantages et les limites du partenariat mis en place au sein de l'organisation. Le questionnaire ainsi qu'une description des organisations étudiées sont présentés dans Petrella (2003).

Afin d'analyser les avantages et les limites de différentes organisations constituées d'un partenariat dans la structure de propriété, nous avons effectué une analyse en composantes principales, qui identifie 9 facteurs expliquant 81 % de la variance cumulée. Cette analyse porte sur 26 variables représentant des avantages ou des limites, proposées sous la forme d'une liste aux personnes interrogées au sein des organisations de développement local (tableau 1 en annexe). Ces personnes se sont positionnées par rapport à chacune des variables à partir d'une échelle ordinale en quatre points (tout à fait d'accord, plutôt d'accord, plutôt pas d'accord, pas du tout d'accord). L'analyse en composantes principales identifie neuf facteurs, constituant quatre avantages et cinq limites. Ces facteurs et les corrélations de chaque variable aux différents facteurs sont repris en annexe (tableau 1). Chaque facteur représente donc la manière dont sont associées les différentes variables initiales entre elles à partir des réponses des personnes interrogées. Notre analyse se base donc sur les représentations des responsables que nous avons rencontrés. Elle est essentiellement descriptive et exploratoire.

Nous avons ensuite analysé la manière dont les différents types de propriété partenariale identifiés dans une première étape de cette recherche (voir Petrella 2003), se positionnent par rapport à ces neuf facteurs. Notre objectif est de voir si les avantages et les limites de chaque type de propriété partenariale se différencient selon les caractéristiques des structures de propriété. Décrivons tout d'abord ces types de propriété.

Une typologie des structures de propriété partenariale

Nous avons identifié cinq types de propriété à partir de la diversité des parties prenantes qui composent cette structure et de leur poids relatif, ainsi qu'à partir de différentes caractéristiques qui influencent l'allocation des droits de propriété au sein de l'organisation (voir Petrella (2003) pour une présentation complète). Pour rappel, nous parlons de propriété dans le cas d'organisations non lucratives, publiques ou privées car nous considérons que les membres des structures étudiées ont les droits de contrôle résiduels et ont le droit de décider collectivement de l'allocation du surplus net de l'organisation, sans redistribution individuelle.

Cinq types de propriété ressortent de ces analyses. Un premier type de propriété, *associatif*, regroupe les organisations privées non lucratives, d'origine associative, dont la structure de propriété est essentiellement composée d'associations. Le deuxième, la propriété de type *associatif mixte*, désigne les organisations privées non lucratives, dont l'origine est mixte, c'est-à-dire que des organisations publiques et associatives sont présentes dès le départ. Ces organisations se caractérisent aussi par la présence dans la structure de propriété d'organisations publiques et associatives dans des proportions similaires, sans qu'aucun type de partie prenante n'ait la majorité absolue au sein de cette structure. Le troisième type de propriété, *public mixte*, est constitué d'organisations publiques dont l'origine est publique et dont la majorité absolue au sein de la structure revient à des organisations publiques, malgré l'ouverture à des habitants. Le quatrième groupe rassemble les organisations de type *partenariat de proposition*. Celles-ci ont un statut public mais contrairement aux autres organisations, les membres des structures étudiées n'ont pas les droits de contrôle, tels que présentés plus haut. Les structures partenariales n'ont qu'un rôle d'information et de proposition d'actions. Le cinquième groupe est constitué d'organisations de type *structure d'animation*. Ces structures partenariales n'ont pas non plus de pouvoir de contrôle mais sont chargées d'organiser des animations et des services dans le quartier. Toutes les décisions sont prises par une instance extérieure. Nous avons maintenu les deux derniers types dans nos analyses afin de montrer la diversité des partenariats existants et la nécessité de clarifier de quel type de partenariat il s'agit.

À partir de ces types de propriété, nous voyons si l'analyse statistique des perceptions des avantages et des limites au sein de chaque organisation révèle des différences importantes selon les types de propriété. Afin de contraster les différents groupes, nous observons les différences entre les moyennes de chaque type de propriété, en sachant que toutes ne sont pas statistiquement significatives et que les variances au sein des groupes sont en général fortes. Pour voir quelles étaient les différences significatives, nous nous sommes basés sur le test de comparaison des moyennes (Post-Hoc). Étant donné le nombre limité d'organisations sur lequel nous travaillons, nous sommes conscients des limites de la portée explicative de nos résultats statistiques. Notons que notre analyse est exploratoire et complétée par une connaissance qualitative du terrain.

Les coordonnées des organisations et les moyennes pour chaque type de propriété sur les différents facteurs sont présentées dans le tableau 2 en annexe. Les différences entre les types de propriété sont statistiquement significatives en ce qui concerne trois des neuf facteurs résultant de l'analyse en composantes principales : la capacité à mettre en place un équilibre interne entre les partenaires et à améliorer la coordination locale, la capacité à limiter les risques de mise sous tutelle de certains partenaires et enfin, la capacité des organisations à révéler les demandes locales.

Quel est dès lors le rôle des organisations d'économie sociale et solidaire au sein des dynamiques de développement territorial ? Nous répondons à cette question à partir d'une analyse des avantages et des risques des partenariats entre organisations publiques et associatives.

Le partenariat entre organisations publiques et associatives : quelles réalités ?

Parmi les initiatives étudiées, les structures au sein desquelles des organisations publiques et associatives sont présentes dans des proportions similaires, sans que personne n'ait la majorité absolue, se retrouvent dans le type de propriété *associatif mixte*. Ces organisations sont les seules dont l'origine est mixte, c'est-à-dire que des organisations publiques et associatives sont présentes à l'origine du projet. Des organisations associatives et publiques sont également présentes mais dans des proportions moindres dans des organisations dont la propriété est de type *associatif*. On trouve également des associations aux côtés d'organisations publiques dans les organisations de type *partenariat de proposition* mais dans ce dernier type, les parties prenantes présentes dans la structure étudiée n'ont qu'un rôle d'information et de proposition d'action.

Quels sont les avantages et les limites de la présence de partenaires publics et associatifs pour ces organisations ?

Des rapports plus équilibrés et une meilleure coordination locale

L'analyse statistique révèle que l'avantage principal des organisations de type *associatif mixte* est de permettre des rapports plus équilibrés entre les différents types de parties prenantes présents dans la structure de propriété et d'améliorer la coordination locale en bénéficiant des synergies entre acteurs. Ce facteur, nommé « équilibre interne et coordination locale », révèle tout d'abord que la possibilité d'instaurer un fonctionnement égalitaire entre les partenaires va de pair avec la capacité de gestion des intérêts hétérogènes. Sont fortement corrélées à ce facteur les variables suivantes : la possibilité de mener une action globale sur le territoire et une amélioration de la coordination locale entre les projets locaux. Ce facteur reflète les arguments précédemment cités dans la sous-section relative à la coordination entre les acteurs locaux. Une meilleure coordination entre acteurs locaux peut en effet contribuer à internaliser les externalités collectives produites par ces services, si elle permet la mobilisation de ressources, et intégrer les différents projets dans une stratégie commune afin de bénéficier de synergies.

À l'inverse, les variables portant sur l'inégalité des partenaires dans le fonctionnement de la structure, sur l'incapacité à gérer les divergences entre les intérêts de chaque partie prenante, sur la présence d'objectifs peu précis et sur l'absence ou la mauvaise procédure d'évaluation sont négativement corrélées à ce facteur. Si les deux premières sont la négative des variables portant sur la capacité de gestion des intérêts divergents et de fonctionnement égalitaire, les deux autres mettent en évidence la difficulté de faire fonctionner un partenariat en présence d'objectifs peu précis et en l'absence de critères d'évaluation adaptés. Cette difficulté peut s'expliquer par la nature des services considérés, notamment par le caractère multidimensionnel des objectifs poursuivis et par la difficulté d'évaluer les performances des services fournis, comme décrit plus haut dans la sous-section qui aborde l'évaluation des performances difficile.

Le processus de décision collective que l'on met en place à travers l'instauration d'un fonctionnement égalitaire est donc important pour permettre au partenariat de gérer les intérêts hétérogènes, de clarifier les objectifs, d'identifier les critères d'évaluation, de reconnaître une certaine légitimité aux intérêts qui coexistent et de mettre en place de règles de fonctionnement qui met les différents partenaires sur un pied d'égalité (règles de répartition du pouvoir entre partenaires, procédures de négociation transparentes, mécanisme de vote, etc.). Selon les organisations de type *associatif mixte*, la gestion des intérêts partiellement divergents et un fonctionnement égalitaire entre les parties sont atteints grâce à un équilibre entre le poids relatif des différentes parties prenantes dans la structure de propriété.

Ce type de propriété se distingue significativement des organisations ayant une *structure d'animation* sur ce facteur. Les partenaires n'ont pas de pouvoir de contrôle, toute décision revenant à une instance externe, comme un conseil municipal. La lourdeur administrative associée à ce type de fonctionnement est soulignée. En outre, il y a une réticence de la part de certains acteurs locaux à s'impliquer par peur de perdre leur autonomie.

Dans la même perspective, les organisations de type *associatif mixte* ne voient pas le risque de mise sous tutelle ou d'instrumentalisation de certains partenaires comme une limite de leur partenariat. Ce deuxième facteur, intitulé « mise sous tutelle de certains partenaires », associe plusieurs variables : le risque de perte d'autonomie de certains partenaires, la présence d'objectifs peu précis, un processus d'évaluation absent ou inadéquat, une gestion peu transparente, un fonctionnement inégalitaire entre les partenaires ainsi qu'une contribution inégale des partenaires dans le financement.

Ce facteur reprend ainsi les risques identifiés dans la sous-section qui se rapporte aux investissements spécifiques dans la durée notamment sous la notion de *hold-up*. Si ces risques sont présents dans le cadre d'une contractualisation sur le marché puisque, dans la plupart des initiatives étudiées, les parties ne pourraient arrêter la transaction sans coûts importants, ce facteur montre que l'intégration des différentes parties de la transaction dans la propriété ne réduit pas forcément ce risque.

Sur ce facteur, les organisations de type *associatif mixte* se distinguent significativement des organisations ayant un *partenariat de proposition*, pour lesquelles le risque de perte d'autonomie de certains partenaires est une limite importante. L'absence de pouvoir des membres des structures partenariales étudiées apparaît comme un frein à l'implication de certaines parties prenantes dans les organisations et les projets qu'elles développent. Les entreprises privées sont particulièrement réticentes du fait de la dépendance aux pouvoirs publics locaux.

Si l'on additionne l'information révélée par ces deux facteurs, « équilibre interne et coordination locale », d'une part, « mise sous tutelle de certains partenaires », d'autre part, le fait que les partenaires aient formellement un pouvoir de contrôle et de décision en entrant dans la structure partenariale ressort comme une variable déterminante en ce qui concerne les avantages et les limites.

Une diversification des financements

Un deuxième avantage mis en avant par les organisations de type *associatif mixte* est celui de la diversification des sources de financement[2]. Ce facteur, nommé « diversification des financements » reprend à la fois la capacité d'accès à d'autres sources de financement et la diversification des risques liés au financement. Ces variables sont associées à la capacité de mettre en place des rapports plus équilibrés entre partenaires et de gérer les intérêts hétérogènes.

---

[2] Pour une analyse des structures de financement des initiatives, voir Petrella (2003).

La diversité des partenaires, caractérisée par un certain équilibre dans les poids relatifs entre les différents types de parties prenantes, couplée à la diversité des financements, semblent donc deux dimensions des organisations de type *associatif mixte* qui permettent un fonctionnement interne équilibré et limitent les risques de mise sous tutelle. La diversité des partenaires et des financements permet en outre d'éviter les risques d'isomorphisme institutionnel (DiMaggio et Powell, 1991), c'est-à-dire l'uniformisation des pratiques, par rapport au secteur privé commercial ou au secteur public. L'articulation entre ressources marchandes, non marchandes et volontaires permet d'éviter que les organisations d'économie sociale et solidaire ne perdent leur finalité sociale et leur mode d'organisation spécifique, c'est-à-dire leur encastrement dans les réseaux sociaux et communautaires (Evers, 2001 ; Bacchiega et Borzaga, 2001).

Une plus grande capacité de révélation des demandes locales

Les organisations de type *associatif* ont un avantage au niveau de la révélation des demandes locales. Le facteur, nommé « difficulté de révéler les demandes locales », reprend les variables suivantes : difficulté de révéler les demandes locales, difficulté de mobiliser les habitants et difficulté de mobiliser les entreprises, lorsque cela s'avère pertinent de chercher à impliquer les entreprises par rapport aux objectifs du service.

Ce facteur reprend l'argument concernant la difficulté de révéler les demandes locales qui ont une dimension collective et sont hétérogènes. Les organisations publiques étant limitées dans leur capacité à révéler et à satisfaire ces demandes, la présence au sein de la propriété de parties prenantes proches des demandes locales, telles que les habitants du quartier, les usagers ou des associations locales, facilite dès lors la révélation de ces demandes (Weisbrod, 1975 ; Evers, 2001). En permettant ainsi une construction conjointe de l'offre et de la demande, la pluralité des parties prenantes au sein de la structure de propriété renforce la capacité d'innovation sociale des organisations.

Ces organisations de type *associatif* se distinguent significativement des propriétés de type *associatif mixte*, *public mixte* et *partenariat de proposition*, qui soulignent leur difficulté à révéler les demandes et à mobiliser les habitants et, dans certains cas, les entreprises privées lucratives. Elles identifient également un avantage en ce qui concerne leur capacité de participation des habitants et d'innovation sociale, c'est-à-dire la possibilité d'être un laboratoire d'expériences nouvelles et de développer de nouveaux projets. L'ancrage associatif plus fort que la plupart des autres organisations étudiées et la participation des habitants expliquent sans doute ce résultat. Celui-ci confirme l'argument de

Weisbrod (1975), qui considère que les organisations privées non lucratives ont une plus grande capacité de révélation des demandes sociales en émergence.

Conclusion

L'analyse des avantages et des limites des organisations de propriété partenariale révèle tout d'abord que l'intégration de l'une ou l'autre partie prenante permet de réduire différents coûts de contractualisation sur le marché engendrés par l'offre de services de développement local, liés notamment à leur dimension (quasi) collective et à la présence de demandes locales hétérogènes. Ainsi, la présence d'organisations publiques peut faciliter la mobilisation de financements publics alors que la participation des habitants permet de révéler les demandes locales. Mais une telle intégration engendre aussi différents coûts associés à la propriété, en particulier des coûts liés à la décision collective. Ces coûts augmentent du fait que des parties prenantes ayant des intérêts au moins partiellement hétérogènes se retrouvent dans une même structure et doivent arriver à prendre des décisions communes afin de faire avancer le projet. La présence d'une finalité sociale commune permet sans doute de ne pas augmenter de manière prohibitive les coûts de propriété engendrés par la présence d'intérêts conflictuels (Hansmann, 1996).

De cette analyse, nous formulons la proposition théorique selon laquelle l'adoption d'une forme *multi-stakeholder*, dans le cas de l'offre de services (quasi) collectifs, comporte des avantages qui réduisent les coûts de contractualisation sur le marché et font plus que compenser l'augmentation des coûts de propriété engendrés par la pluralité des parties prenantes lorsque certaines conditions sont rencontrées.

Parmi ces conditions, mentionnons la capacité des organisations à révéler les demandes locales, et plus particulièrement, à mobiliser les habitants. La participation des habitants demeure cependant une difficulté pour les organisations étudiées, alors qu'elles sont conçues pour être plus proches des demandes, à l'exception des organisations de type *associatif.* Celles-ci sont constituées d'un partenariat porté dès l'origine par des membres de la communauté locale insérés dans les réseaux, à l'inverse des types de propriété de statut public, dans lesquelles le partenariat est insufflé « d'en haut ».

Une autre condition concerne la capacité de l'organisation à atteindre un équilibre interne et à assurer une meilleure coordination locale. Instaurer un fonctionnement équilibré entre les partenaires et arriver à gérer les divergences d'intérêts, afin de construire un intérêt commun autour de la finalité sociale des organisations, s'avèrent importants. Le processus de décision collective joue donc un rôle central de même que la composition de la structure de propriété et la répartition du pouvoir au sein de cette structure. Les organisations de type *associatif mixte* semblent avoir pris en compte ces éléments dans la constitution de leur partenariat. Une analyse plus approfondie de la répartition du pouvoir effectif au sein des organisations mériterait toutefois d'être menée.

Enfin, l'absence d'un équilibre entre les partenaires, couplée à la dépendance à une seule source de financement, augmente les risques de mise sous tutelle de certains partenaires, notamment lorsque certaines parties prenantes ont la majorité absolue dans la structure de propriété tout en contribuant au financement de l'organisation. Notre analyse a clairement mis en évidence l'existence de dynamiques partenariales différentes selon les types de structures de propriété. L'analyse a également révélé l'importance de la participation des habitants, de la mise en place d'un processus interne de décision collective démocratique et de l'hybridation des financements pour que le partenariat dans la propriété soit source d'avantages tout en limitant les risques pour les parties concernées.

Bibliographie

Bacchiega, A., Borzaga, C., « Social Enterprises as Incentive Structures », in Borzaga, C. & Defourny, J. (eds.), *The Emergence of Social Enterprise*, London and New York, Routlgedge, 2001.

Ben-Ner, A., Van Hoomissen, T., « Non-Profit Organizations in the Mixed Economy », *Annals of Public and Cooperative Economy*, 1991, Vol.62, No.4, p. 520-550.

Coase, R., « The Nature of the Firm », *Economica*, 1937, No.4, p. 386-405.

DiMaggio P., Powell, W., « The Iron Cage Revisited: Institutional Isomorphism and Collective Rationality in Organizational Fields », in Powell, W., DiMaggio P. (eds.), Chicago and London, The University of Chicago Press, 1991.

Evers, A., « The Significance of Social Capital in the Multiple Goal and Resource Structure of Social Enterprises », in Borzaga, C., Defourny, J. (eds.), *The Emergence of Social Enterprise*, London and New York, Routlgedge, 2001.

Favreau, L., Lévesque, B., *Développement économique communautaire : Économie sociale et intervention*, Québec, Presses de l'Université du Québec, 1996.

Gadrey, J., *Services : la productivité en question*, Sociologie économique, Paris, Desclée de Brouwer, 1996.

Gérard-Varet, L.A., « Théorie des incitations et analyse des procédures de la décentralisation », in Affichard, J. (dir.), *Décentralisation des organisations et problèmes de coordination : les principaux cadres d'analyse*, Paris, L'Harmattan, 1997, p 19-38.

Greffe, X., *Économie des politiques publiques*, 2ᵉ édition, Paris, Dalloz, 1997.

Hansmann, H., « The Role of Nonprofit Enterprise », in *Yale Law Journal*, 1980, Vol.89, No.5, p. 835-901.

Hansmann, H., *The Ownership of Enterprise*, Cambridge, Harvard University Press, 1996.

Hart, O., « An Economist's Perspective on the Theory of the Firm », in Williamson, O. (eds.), *Organization Theory, from Chester Barnard to the present and beyond*, New York and Oxford, Oxford University Press, 1990.

Holmstrom, B., Tirole, J., « The Theory of the Firm », in Schmalensee, R., Willig, R. (eds.), *The Handbook of Industrial Organization*, Amsterdam, North-Holland, 1989.

Mas-Colell, A., Whinston, M., Green, J., *Microeconomic Theory*, New York – Oxford, Oxford University Press, 1995.

Milgrom, P., Roberts, J., *Economics, Organization and Management*, Englewood Cliffs (New Jersey), Prentice-Hall International, 1992.

Pestoff, V., *Beyond the Market and State: Social Enterprises and Civil Democracy in a Welfare Society*, Aldershot, Ashgate, 1998.

Petrella, F., « Une analyse néo-institutionnaliste des structures de propriété multi-stakeholder : Une application aux organisations de développement local », Thèse de doctorat, 434/2003, sous la supervision du Professeur Marthe Nyssens, Louvain-la-Neuve, Faculté des sciences économiques, sociales et politiques, Université Catholique de Louvain, 2003.

Stiglitz, J.E., *Economics of the Public Sector*, New York, WW Norton, 1986.

Weisbrod, B., « Toward a Theory of the Voluntary Nonprofit Sector in a Three-Sector Economy », in Phelps, E.S. (eds.), *Altruism, Morality and Economic Theory*, New York, Russel Sage Foundation, 1975.

Williamson, O., *Markets and Hierarchies: Analysis and Antitrust Implications*, New York, Free Press, 1975.

Williamson, O., *The Economic Institutions of Capitalism*, New York, Free Press, 1985.

Williamson, O., *The Mechanisms of Governance*, Oxford, Oxford University Press, 1996.

Annexe : Résultats de l'analyse en composantes principales sur les avantages et les limites du partenariat

Tableau 1 : Contribution des variables aux 9 facteurs de l'analyse en composantes principales (après rotation Equamax*)

Variables : avantages et limites (liste proposée dans le questionnaire)	Equilibre interne et coordination	Mise sous tutelle	Répartition déséquilibrée des tâches	Innovation sociale et participation	Démocratie locale externe	Difficulté de révéler les demandes	Diversification des financements	Inégalité et dépendance financières	Inadéquation des subsides
Fonctionnement égalitaire	0,625	-0,077	-0,199	0,409	-0,182	-0,235	0,401	0,216	-0,005
Gestion des intérêts divergents	0,392	0,267	-0,545	0,356	-0,185	-0,119	0,191	-0,273	-0,180
Action globale	0,573	-0,067	0,131	-0,139	0,563	-0,012	0,150	0,080	-0,164
Meilleure coordination locale	0,757	-0,115	-0,110	0,112	0,275	-0,082	-0,038	-0,064	-0,212
Gestion transparente	0,119	-0,737	0,183	0,259	-0,216	-0,002	0,200	-0,101	-0,190
Rencontre d'acteurs locaux	-0,007	-0,003	-0,045	0,111	0,758	-0,155	0,081	-0,190	0,056
Prise en compte des besoins de la population	0,329	0,166	-0,113	0,038	0,470	-0,416	-0,161	-0,180	-0,465
Participation des habitants	-0,018	0,062	-0,200	0,398	0,162	-0,659	0,098	-0,201	-0,012
Accès à d'autres financements	-0,109	-0,094	-0,004	0,117	0,019	-0,017	0,818	-0,338	0,217
Diversification des risques associés au financement	0,004	-0,037	0,100	0,310	0,356	0,025	0,766	0,079	-0,151
Laboratoire d'expériences nouvelles	0,161	0,137	0,020	0,830	-0,010	-0,292	0,115	0,216	0,014
Réalisation de nouveaux projets	-0,087	-0,157	0,080	0,834	0,086	0,064	0,157	-0,308	-0,122
Fonctionnement inégalitaire	-0,604	0,402	0,116	0,056	-0,135	-0,084	-0,104	0,397	-0,009
Incapacité à gérer les intérêts divergents	-0,776	0,236	0,165	-0,028	-0,127	0,136	0,052	0,365	0,048
Déséquilibre dans les tâches	0,028	0,067	0,935	0,101	-0,039	0,004	0,099	-0,004	-0,017
Perte d'autonomie de certains partenaires	-0,078	0,800	0,096	0,134	-0,107	-0,050	-0,073	0,168	-0,117
Lourdeur administrative	-0,218	0,159	-0,048	0,051	0,194	0,234	-0,703	0,386	0,256
Difficulté à mobiliser les habitants	-0,005	-0,178	0,083	-0,216	-0,012	0,679	-0,121	-0,120	0,336
Difficulté à mobiliser les entreprises	0,145	0,259	0,255	0,027	-0,089	0,681	-0,177	-0,300	0,309

Variables : avantages et limites (liste proposée dans le questionnaire)	Equilibre interne et coordination	Mise sous tutelle	Répartition déséquilibrée des tâches	Innovation sociale et participation	Démocratie locale externe	Difficulté de révéler les demandes	Diversification des financements	Inégalité et dépendance financières	Inadéquation des subsides
Absence ou mauvaise évaluation	-0,387	0,473	0,254	0,325	-0,512	0,183	0,001	0,039	0,070
Dépendance à une seule source financière	-0,080	0,123	0,048	-0,045	-0,100	0,141	-0,276	0,761	0,122
Financement inégalitaire	-0,032	0,430	0,103	-0,094	-0,295	-0,130	-0,247	0,607	0,012
Manque de subsides	-0,110	-0,022	0,196	0,121	-0,135	0,102	0,094	-0,002	0,888
Subsides de court terme	0,043	0,066	-0,230	-0,274	0,184	0,019	-0,191	0,124	0,790
Difficulté à révéler les demandes locales	-0,255	0,009	-0,109	0,035	-0,159	0,869	0,047	0,213	-0,046
Objectifs peu précis	-0,338	0,525	0,226	0,025	-0,410	0,007	0,024	0,423	-0,014

* La rotation des axes de type Equamax permet de contraster au mieux les corrélations entre les variables mesurées lors de la première extraction des facteurs.

Tableau 2 : Récapitulatif des avantages
et des limites du partenariat par type de propriété

Type de propriété	code	Equilibre interne et coordination locale	Mise sous tutelle de certains partenaires	Répartition déséqui-librée des tâches	Innovation sociale et participation	Démocratie locale externe	Difficulté de révéler les demandes locales	Diversification des financements	Inégalité et dépen-dance financières	Inadéquation des subsides
associatif	A2	-0,034	-0,100	1,270	0,499	-0,222	-1,109	-1,019	-0,348	0,212
	A3	0,253	0,294	1,024	0,726	-0,219	-1,567	0,574	0,328	-0,626
	A5	0,360	-1,062	-0,801	0,506	0,274	-0,942	1,043	0,249	-1,075
	ADL2	-0,371	-0,872	-1,265	-0,308	0,400	-1,267	0,164	-1,006	-0,296
	Moyenne	**0,052**	**-0,435**	**0,057**	**0,356**	**0,058**	**-1,221***	**0,191**	**-0,194**	**-0,446**
associatif mixte	A1	0,684	-1,335	1,502	-0,790	0,794	-0,076	-0,446	0,949	1,468
	C1	1,474	-0,605	0,956	0,610	-1,168	1,484	1,879	-0,464	0,127
	ADL1	0,467	-1,411	-1,180	1,134	0,209	0,106	0,054	0,517	1,043
	CS1	-0,223	0,102	0,985	-1,545	0,056	-0,435	0,936	0,775	0,619
	Moyenne	**0,600***	**-0,812***	**0,566**	**-0,147**	**-0,027**	**0,270***	**0,606**	**0,444**	**0,814**
public mixte	RQ1	0,682	1,140	-0,992	-2,375	-0,334	-1,137	-0,947	1,923	-0,740
	RQ9	-1,723	1,218	1,184	0,318	0,170	-1,472	1,616	0,763	-1,017
	RQ10	0,185	1,376	0,375	0,629	-0,621	-0,286	-0,735	-2,276	-1,345
	RQ2	0,434	-0,389	-1,431	0,345	0,494	-0,315	0,780	-0,341	-0,578
	RQ3	0,337	-0,357	-0,736	0,415	0,597	-0,223	0,628	-1,482	0,673
	RQ4	-1,257	1,059	-1,234	-2,326	0,766	1,066	1,263	-1,636	1,053
	RQ5	-1,049	1,061	-0,496	0,641	0,803	-0,519	-0,605	-0,932	1,528
	RQ6	-0,669	-1,471	-0,772	-1,415	-2,591	0,506	-0,473	0,002	-0,785
	RQ7	0,172	-0,925	2,212	-0,954	0,803	0,731	-1,225	-1,855	-1,528
	RQ8	1,125	0,062	-0,499	0,226	0,207	-0,480	0,709	0,519	-0,554
	RQ11	0,187	-0,670	-0,364	-0,193	1,509	2,034	-0,651	0,712	-0,778
	Moyenne	**-0,143**	**0,191**	**-0,250**	**-0,426**	**0,164**	**-0,009***	**0,033**	**-0,419**	**-0,370**
partenariat de propo-sition	A4	1,852	1,501	-0,279	0,543	-2,366	0,140	-0,085	-0,260	1,332
	ADL3	1,296	1,517	0,407	-0,580	0,464	0,334	-1,533	0,267	0,789
	ADL4	-1,165	1,263	0,425	1,191	0,179	1,752	0,447	1,019	0,778
	ADL5	-0,497	0,103	0,422	-0,120	-0,826	1,605	1,057	0,689	-1,020
	ADL6	0,065	-0,642	0,846	0,163	1,229	-0,421	0,547	0,532	1,038
	ADL7	0,488	0,905	-1,182	1,338	1,251	0,832	-1,247	0,876	-1,662
	Moyenne	**0,340**	**0,775***	**0,107**	**0,423**	**-0,012**	**0,707***	**-0,136**	**0,520**	**0,209**

structure d'animation	CS2	-2,731	-0,532	-0,084	0,974	-1,291	0,308	-1,356	0,663	0,219
	CS3	-0,344	-1,230	-0,294	0,348	-0,568	-0,648	-1,371	-0,181	1,123
	Moyenne	**-1,537***	**-0,881**	**-0,189**	**0,661**	**-0,929**	**-0,170**	**-1,364**	**0,241**	**0,671**
Total		0,000	0,000	0,000	0,000	0,000	0,000	0,000	0,000	0,000

*= Les différences entre les moyennes de ces groupes sont significatives.

Gouvernance hybride et services d'intérêt général en France

Nadine RICHEZ-BATTESTI

LEST, Université de la Méditerranée, Aix-en-Provence (France)

Introduction

Avec la crise des différents régimes d'État-Providence et plus globalement du modèle fordiste, avec la multiplication des niveaux d'initiatives, du local à l'Europe, avec la redéfinition de l'action publique et les impératifs de modernisation, les questions de gouvernance ont envahi les réflexions sur la gestion des organisations et la conduite des politiques publiques. Si certains y voient l'expression d'une « barbarie douce » (Le Goff, 1999), d'autres l'envisagent au contraire comme une opportunité de caractériser le pouvoir dans les organisations (Rubinstein, 2002 ; Charreaux, Pastré, 2003) ou de permettre à la société civile ou à tout autre acteur de prendre une part renouvelée dans la prise de décision en matière de gestion de biens communs ou de l'intérêt général (Eme, 2005). S'intéresser à la gouvernance exprime la volonté de renforcer l'efficacité des politiques mises en œuvre, mais surtout d'introduire un nouveau balancement dans la production de l'intérêt général (voir chapitre 1), qui fut particulièrement en France le fait d'une intervention publique de type monopolistique et hiérarchique. Le débat sur la gouvernance, tout au long des vingt dernières années, qu'il porte sur l'entreprise, les politiques publiques ou les échelons territoriaux de décision (gouvernance urbaine, mondiale, etc.), est marqué par trois questions centrales : celle de la convergence des modèles, celle de leur efficacité respective et enfin celle de la participation.

Le dispositif complexe qu'est la gouvernance implique à la fois des institutions, des relations, des règles et des comportements (Perez, 2003). De façon plus précise, nous adoptons dans ce papier le corpus analytique développé par Enjolras (chapitre 1) en termes de régime de gouvernance. Un régime de gouvernance se caractérise en fonction « des acteurs impliqués et de leurs caractéristiques, des instruments de politiques publiques pour satisfaire l'intérêt public, des modalités institutionnelles de la coordination et de l'interaction entre les acteurs dans le cadre d'un réseau de politique publique ».

En France, comme dans la plupart des pays européens, les années 1980 opèrent une rupture entre deux régimes de gouvernance de la production de services sociaux. Mais contrairement à d'autres pays, et en dépit d'injonctions partenariales sans cesse réaffirmées dans le champ des politiques publiques, la gouvernance actuelle reste majoritairement concurrentielle, et plus exactement quasi-concurrentielle. Nous nous interrogerons donc sur le caractère hybride du régime de gouvernance et ses conséquences quant aux transformations de l'État-Providence. Après une caractérisation des régimes de gouvernance en France, nous présenterons le dispositif concernant les services d'accompagnement à la création d'entreprise sur lesquels porte notre travail. Puis nous analyserons le régime de gouvernance sur ce secteur particulier. Nous nous efforçons de mettre en évidence qu'au sein de ce dispositif majoritairement situé dans un régime de gouvernance quasi-concurrentiel, on repère des modalités de gouvernance partenariale fortement territorialisées.

La France : une gouvernance partenariale réduite

Le développement de corpus analytiques centrés sur la gouvernance va de pair avec l'accent mis sur la modernisation de l'intervention publique et avec elle, celle de la décision publique et l'importance croissante accordée aux stratégies managériales dans le changement. En ce qui concerne les services sociaux, cette tendance est renforcée par l'engagement dans des politiques de rationalisation de l'intervention publique et d'assainissement des finances publiques qui accompagnent la déstabilisation du modèle de l'État-Providence. Les travaux portant sur le *Welfare mix* et le *Welfare pluralism* (Esping-Andersen, 1999 ; Ascoli, Ranci, 2002) font état des différentes modalités de combinaison des sources de protection contre le risque ou des formes de solidarité. De telles analyses renforcent donc les réflexions sur la coordination, d'une part, sur le pilotage et la prise de décision, d'autre part.

La succession de deux régimes de gouvernance

Historiquement en France, nous distinguons deux grands régimes de gouvernance des services sociaux qui se succèdent et se superposent dans le temps (Enjolras, 1995 ; Laville, Nyssens, 2001 ; Laville, 2003). Le premier sur la période 1950-1980, combine un régime de gouvernance public et un régime de gouvernance corporatiste, les principaux acteurs collectifs légitimes associés à la définition de l'intérêt général pouvant être les syndicats ou les grandes fédérations d'associations, notamment dans le secteur sanitaire et social. Les services sociaux s'y développent fortement au sein d'un modèle fordiste associant croissance économique et progrès social, dans le cadre d'un régime d'État-Providence, lui-même majoritairement corporatiste (Esping-Andersen, 1999). L'État, instituteur du social, produit les services sociaux ou délègue cette production aux associations dans le cadre d'une régulation tutélaire (Richez-Battesti, 1998). Cette délégation résulte parfois d'un processus d'institutionnalisation par l'État de stratégies originales et autonomes déployées par les associations dans la prise en charge d'un besoin social[1]. Mais le plus souvent la production de services sociaux prend corps dans le cadre d'un modèle administré par les pouvoirs publics, au sein duquel l'État est le principal garant de l'intérêt général.

Le second régime de gouvernance, qui s'étend de 1981 à nos jours, est à dominante « quasi-concurrentiel ». En effet, dans les 25 dernières années, en France, comme dans la plupart des pays développés, l'épuisement du fordisme et la crise de l'État-Providence ont contribué à l'émergence de nouvelles modalités de gouvernance, laissant supposer la forte imbrication entre mode de développement et régime de gouvernance. Si certains pays comme le Québec, ont développé jusqu'à récemment une gouvernance partenariale (ou conventionnée) (voir chapitre 2 de cet ouvrage), la France s'est orientée vers un régime à dominante « quasi-concurrentiel ». En employant le terme « à dominante », nous voulons mettre l'accent sur la complexité de ce régime de gouvernance.

Cette complexité se décline selon nous autour de trois entrées.

- Tout d'abord, si la mise en œuvre des politiques publiques passe de façon croissante par des instruments de type concurrentiel (procédure d'appel d'offre, par exemple), on repère cependant des incitations publiques au partenariat dans la production du bien ou du service.

- Ensuite, on observe des « configurations partenariales novatrices » (Malo, Lapoutte, 2002) susceptibles de participer à l'émergence d'un régime de gouvernance partenarial.

- Enfin, lorsque émergent les caractéristiques d'un régime de gouvernance partenarial, elles se confondent avec un idéal type de gouvernance territoriale (à différents échelons du local au régional) qui accompagne la territorialisation des référentiels d'action en matière de politiques publiques (Jobert, 1995).

---

[1] On pense ici notamment au champ du handicap.

Comment comprendre cet intérêt pour le partenariat, sans que les outils de sa mise en œuvre ne soient élaborés par les pouvoirs publics, d'un côté, et que les « acteurs partenaires » ne soient reconnus comme légitimes, d'autre part ? L'acte I de la décentralisation amorcé dans les années 1980 et le développement de politiques territoriales ciblées a incontestablement contribué à mettre en avant la centralité du partenariat, comme modalité pertinente d'intervention et condition du financement public dans les territoires locaux (Gaudin, 2002). Mais ce partenariat, souhaité, sans cesse réaffirmé, reste plus de l'ordre des pratiques discursives que de l'inscription dans les faits. Des partenariats décrétés et/ou imposés dans le cadre de l'action publique ont débouché le plus souvent sur des actions menées côte à côte par différentes parties prenantes, plus que sur des actions en commun, qui supposent l'établissement de relations de confiance et de coopération. C'est incontestablement du côté de l'histoire qu'il faut chercher des explications au fait que le partenariat, notamment lorsqu'il doit se faire entre acteurs publics et associations, reste entaché de suspicion. Historiquement, depuis la Révolution Française de 1789 et son principe selon lequel « l'État peut et doit suffire à tout » (Poujol, 1998, p. 68), les pouvoirs publics sont restés méfiants vis-à-vis des associations, corps intermédiaires susceptibles d'être le vecteur d'intérêts particuliers ou de contre-pouvoirs, et qu'il importe donc de contrôler. Comment dès lors construire des relations partenariales avec les associations, tout en cherchant à les contrôler ? On perçoit bien ici la tension entre partenariat et contrôle et l'impossible orientation vers une gouvernance partenariale qui en résulte. Les configurations partenariales locales, lorsqu'elles émergent, restent le plus souvent singulières et à l'état d'expérimentation, sans possibilité de généralisation. La défiance historique des acteurs publics envers les associations enferme donc le partenariat dans l'espace des expérimentations ou appauvrit son contenu dans le cadre d'une régulation tutélaire de contrôle.

Toutefois la défiance des acteurs publics ne se limite pas aux associations, elle affecte aussi les autres acteurs privés que sont les entreprises. C'est en ce sens que nous employons le terme de régime de gouvernance « quasi-concurrentiel ». C'est le plus souvent entre opérateurs associatifs qu'est principalement organisée la concurrence, dans le cadre de financements publics d'origine diverse, avec pour contrepartie une exigence croissante en termes d'imputabilité et de performance. Les entreprises capitalistes restent encore aujourd'hui marginales dans l'offre de services sociaux en France, même si l'on assiste à leur développement dans le secteur des services à la personne.

Une dépendance de sentier ?

De ce point de vue, se dégage « une dépendance de sentier » par analogie avec les dynamiques de l'innovation dans la théorie évolutionniste. Ainsi, l'évolution du régime de gouvernance est orientée par la trajectoire sociétale nationale de la France, constituée des expériences antérieures et « des modalités d'action dont les acteurs héritent » (Verdier 2000, p. 102). Toutefois des apprentissages peuvent se déployer favorisant des inflexions de tendance. Il en est ainsi de certains domaines d'action, tels que celui du développement local au sein desquels les coopérations financières entre acteurs privés (les banques coopératives notamment) et acteurs publics (la Région) jouent un rôle croissant. En ce sens, le modèle français de gouvernance d'abord tutélaire puis quasi-concurrentiel pourrait être déstabilisé par l'amplification des contraintes d'assainissement budgétaire à l'échelon national et les limites de la pression fiscale au niveau local, rendant nécessaires de nouveaux compromis à l'échelle locale dans la production de l'intérêt général. L'action publique pourrait ainsi déboucher sur de nouvelles configurations où les acteurs privés devenus partenaires pourraient contribuer à la production de l'intérêt général, ouvrant ainsi la voie au développement d'une gouvernance partenariale.

Dans ce contexte où la dépendance de sentier semble jouer, soit on s'accorde à reconnaître qu'un régime de gouvernance est « à dominante », et donc qu'il permet l'existence à la marge de formes originales mais minoritaires de régime de gouvernance ; soit on s'attache à mettre en évidence le caractère hybride du régime de gouvernance.

Les dispositifs d'appui à la création d'activités : une organisation en réseau

Nos analyses sont tirées d'un travail de terrain mené dans la région PACA en 2002 et 2003[2] qui avait pour objectif d'analyser la structuration de l'accompagnement à la création d'activité, son éventuelle territorialisation et sa contribution à la production d'utilité sociale (Richez-Battesti, Gianfaldoni, 2003). Le recueil d'informations a reposé sur des entretiens individuels et/ou collectifs menés auprès des parties prenantes de ces dispositifs sur différents territoires de la région et sur la mobilisation de données chiffrées produites par les associations, les collectivités territoriales et les banques.

---

[2] Ce travail a fait l'objet d'un financement de la Mire (Mission Recherche) et de la DIES (Délégation Interministérielle à l'Économie Sociale).

Des services à l'articulation du social et de l'économique

Nous nous intéressons à des services sociaux particuliers puisqu'ils sont à l'articulation du social et de l'économique. Ils visent en effet l'insertion économique et sociale de publics démunis à travers la création de très petites entreprises dans le cadre de dispositifs fortement territorialisés et ancrés dans l'espace local. Le développement de ce type de services n'est pas propre à la France. On le retrouve dans la plupart des pays européens, selon des configurations organisationnelles qui leur sont propres. L'Union Européenne et plus largement un certain nombre d'organisations internationales contribuent à cet engouement pour la création d'activités et le développement du micro-crédit[3], en octroyant des financements pour susciter des expérimentations originales et les échanges d'expériences, dans un grand nombre de pays, développés ou non. Ces services illustrent donc les coopérations multi-niveaux susceptibles de se déployer et dont on sait qu'elles sont caractéristiques des transformations de la conduite des politiques publiques (Gaudin, 2002).

En France, ces dispositifs d'appui à la création de très petites entreprises en direction d'un public composé de chômeurs et de RMIstes[4] ont connu un essor sans précédent durant les quinze dernières années, sous le double impact d'une persistance d'un chômage de longue durée et l'importance accordée à la création d'entreprises dans les politiques de l'emploi. Ces services sont non rivaux et partiellement exclusifs. Dédiés aux publics démunis, ils sont souvent la dernière opportunité d'accéder au travail. Par effet de débordement, ils contribuent à la production de richesse sur un territoire (activité productive, intensification des réseaux, lien social, etc.), à la production d'externalités positives et de l'intérêt général.

Bien que d'intérêt général, ces services n'ont jamais été produits directement par l'État. Ils font partie d'une deuxième vague de services qui se développent à l'issue des trente glorieuses pour répondre à la *nouvelle question sociale* (Castel, 1995), celle liée au chômage persistant de l'ordre de 10 % de la population active, aux nouvelles formes de pauvreté et aux dynamiques d'exclusion. Ils illustrent les transformations des modes d'intervention publique et des politiques publiques liées à la crise de l'État-Providence. Ces services se développent donc dans un contexte de désengagement de l'État dans la production de services et d'activation des politiques publiques de l'emploi, de redéfinition des articulations entre emploi et protection sociale et de renforcement de la

---

[3]   On rappelle que le PNUD a fait de l'année 2005 l'année du micro-crédit.
[4]   Personnes percevant le RMI, Revenu minimum d'insertion, l'un des *minima* sociaux de la France.

décentralisation et donc d'actions territorialisées. Ces services, dans leur volet financier, émanent aussi d'une volonté associative de revendiquer explicitement une autonomie par rapport à l'État : c'est tout particulièrement le cas de l'Association pour le droit à l'initiative économique (ADIE).

Historiquement, l'appui à la création d'entreprises a longtemps été le monopole d'organismes parapublics tels que les Chambres consulaires (Chambre de commerce et d'industrie, Chambre d'agriculture, Chambre des métiers) qui s'adressaient prioritairement à des publics insérés. C'est avec la « démocratisation » de la création d'entreprises largement imputable à son utilisation comme un des outils de la politique de l'emploi et de lutte contre l'exclusion que ce secteur d'activité a été pénétré par les associations, dans le cadre de dispositifs qu'elles ont souvent contribué à impulser en contrepartie de subventions publiques visant à solvabiliser l'activité. Dès les années 1980, les boutiques de gestion ont été les précurseurs sur ces dispositifs en permettant à des publics plus défavorisés d'accéder à des services de conseil et d'appui à la création à moindre coût et adaptés à ces nouveaux publics de la création. Il faut cependant attendre le tout début des années 2000 pour constater une croissance exponentielle des associations dédiées à l'accompagnement[5] et la multiplication d'innovations organisationnelles dans l'objectif d'améliorer l'accompagnement (couveuses associatives, coopératives d'activités, accompagnement collectif, etc.). C'est aussi à la fin des années 1980 que se développent les associations productrices de micro-crédit solidaire que nous préférons qualifier de « financement doublement intermédié » (Richez-Battesti, Gianfaldoni, 2003), par opposition au financement direct entre la banque et le porteur de projets. Ainsi, l'ADIE en 1988 et les Plates-formes d'Initiatives Locales (PFIL) dans la première moitié des années 1990 tentent d'offrir une réponse au « creux bancaire » (Ferraton, Vallat, 2003, p. 78), donc aux situations d'exclusion de l'offre de crédits bancaires touchant certaines catégories de population ou certains territoires. Ces associations assurent une fonction de médiation entre les banques et les créateurs, dans un objectif de production de solidarité.

Une organisation en réseau territorialisé

Nous différencions donc au sein de l'accompagnement, les associations de conseil et associations de financement. Les associations de conseil complètent une offre de service traditionnellement assumée par des

---

[5] En région PACA (Provence-Alpes-Côte d'Azur), et plus spécifiquement au sein du département des Bouches-du-Rhône, deuxième département en France en termes de RMIste, le nombre des associations d'accompagnement a triplé entre 2000 et 2003.

opérateurs parapublics (les chambres consulaires notamment) dans le cadre de mécanismes marchands (les prestations de conseil sont majoritairement payantes). Mais contrairement à ce que l'on observe dans d'autres segments de l'économie sociale, ces associations ne se substituent pas à des services publics non marchands jusqu'alors inexistants. Elles élargissent l'offre de services à de nouveaux publics dans le cadre de procédures d'accompagnement innovantes en développant des prestations de services à la fois marchandes et non marchandes. Le financement public contribuant au développement de l'activité des opérateurs associatifs permet d'introduire une dimension non marchande dans la production de services. Quant aux associations de financement, là encore, elles complètent l'offre bancaire marchande par des dispositifs, à la fois marchands et non marchands, rendus viables par l'appui des banques de l'économie sociale, sensibles à la dimension de solidarité, et par un financement public, contrepartie de leur engagement dans la politique de l'emploi.

Le plus souvent portés par des acteurs associatifs, ces dispositifs associent plusieurs parties prenantes, des organisations publiques et privées, lucratives ou non, pour produire des services non marchands d'accompagnement à la création de micro-entreprises. L'accompagnement couvre cinq types d'activités ou de services : l'accueil pour identifier les besoins des candidats et formaliser le projet ; le conseil pour l'opérationnaliser ; la prise de garantie ; le financement ; le suivi, une fois l'entreprise créée. L'accompagnement permet de réduire les incertitudes et les asymétries d'information, de maîtriser la complexité du processus de création et d'accéder à un financement du projet s'il est viable. Le porteur de projet doit ainsi acquérir les compétences nécessaires à la création d'entreprises et donc à la fois viabiliser son projet, s'insérer dans des réseaux (administrations, banques, etc.) et recourir à un organisme de financement pour obtenir un prêt. Ces dispositifs contribuent donc à la constitution du capital social et financier de l'entrepreneur. En termes d'organisation, ces dispositifs confèrent au secteur associatif une fonction d'interface entre les porteurs de projets et les acteurs susceptibles de l'aider à le réaliser (collectivités territoriales et organismes publics et parapublics, organismes bancaires, organismes privés de type cabinets juridique, d'expertise comptable, d'assurance). Ces différentes parties prenantes sont principalement des acteurs de l'économie sociale (associations et banques coopératives) et des acteurs publics ou para-publics qui coopèrent et interagissent dans le cadre d'une organisation en réseau territorialisé.

Le financement des dispositifs est majoritairement public (par les collectivités territoriales, principalement au niveau du Département et de la Région) et repose sur une solvabilisation de l'offre de services par conventionnements avec les associations, et de la demande par des chéquiers-conseils pour les porteurs de projet. Cependant, le micro-crédit dont pourra bénéficier le porteur de projet, sous réserve de l'évaluation de la viabilité de son projet, ne dépend que marginalement de ressources publiques, mais repose sur des contributions du secteur bancaire et particulièrement des banques coopératives, qui dès l'origine ont passé des conventions avec les associations de financement (ADIE et PFIL).

La production de services d'accompagnement à la création de très petites entreprises repose donc sur une coordination entre différents opérateurs dans le cadre d'une organisation en réseau territorialisé, dont il s'agit maintenant de caractériser le régime de gouvernance.

La prédominance d'un régime de gouvernance à dominante quasi-concurrentiel ou le développement d'un régime de gouvernance hybride ?

Pour caractériser le régime de gouvernance de ces dispositifs d'accompagnement à la création d'activité, nous faisons le choix de partir des associations en tant que pivot de la production de services. Plus précisément, nous distinguons les associations de conseil des associations de financement. Chacune d'entre elles illustre un modèle associatif, qui pour les premières, tend à les rapprocher d'association de type « gestionnaire de service public », fortement dépendante de l'action publique, tandis que les autres, et notamment l'ADIE, sont nées d'une volonté de répondre à un besoin non satisfait en maintenant une certaine indépendance vis-à-vis de l'État et des collectivités territoriales. Dans les deux cas, nous examinons en référence à la grille d'Enjolras (voir chapitre 1), les acteurs impliqués et de leurs caractéristiques, des instruments de politiques publiques pour construire et satisfaire l'intérêt général, des modalités institutionnelles de coordination et d'interaction entre les acteurs et les critères d'évaluation.

Les associations de conseil : un régime de gouvernance quasi-concurrentiel

Intéressons-nous tout d'abord aux associations de conseil. Elles se sont développées dans les dernières années dans le cadre d'un marché quasi-concurrentiel, la solvabilisation de l'offre (des associations) et de la demande (les publics avec des chéquiers services) par les pouvoirs publics dans un contexte de chômage élevé contribuant à la multiplication des structures de conseil. Au-delà de l'effet d'aubaine constitué par les financements publics, ce sont aussi des modalités originales d'accompagnement qui se sont déployées (accompagnement collectif, création d'un nouveau métier « d'entrepreneur salarié », etc.), élargissant la gamme des services offerts.

Les organismes publics, principalement les collectivités territoriales, conditionnent les modalités de production des services et en assurent la solvabilisation de l'activité. Ces associations tirent donc la quasi-totalité de leurs ressources de financements publics (y compris à l'échelon européen) et la mobilisation du bénévolat, qu'il soit productif ou gestionnaire, y est souvent réduite. En contrepartie d'un agrément ou d'une convention dans le cadre d'un appel d'offre public ou d'un appel à projet associée à une contractualisation monétaire qui garantit l'exercice de leur activité, les associations de conseil se voient prescrire de façon coercitive par les pouvoirs publics à la fois leurs partenaires, leur(s) public(s) et leur(s) territoires d'action. Parfois même l'ensemble du dispositif d'accompagnement est imposé par les pouvoirs publics selon un principe hiérarchique (*top-down*), allant jusqu'à formaliser les délais de passage d'une étape à une autre et les résultats à obtenir. De telles procédures réduisent fortement l'autonomie des associations. Dans ce type de relation, les modalités et les critères d'évaluation sont prescrits et imposés par les pouvoirs publics, dans le cadre d'une *régulation tutélaire* (Enjolras, 1995). Ils se limitent le plus souvent à des critères quantitatifs d'évaluation des résultats directs (nombre d'entreprises créées), fondés sur des critères industriels de jugement des performances. Dans un certain nombre de cas, l'évaluation se réduit au contrôle de l'activité prescrite, les pouvoirs publics imposant ainsi une forme de *contrat de performance* aux associations tout en contribuant à *normaliser* l'activité de service.

Par conséquent, tant du point de vue du processus de production que de l'évaluation, les pouvoirs publics développent des instruments d'intervention concurrentiels qui mixent des instruments coercitifs directs (l'entrée, la régulation par les procédures et les résultats, la régulation des comportements non marchands) et indirects (chéquiers services) et des instruments incitatifs (des contrats). Toutefois le cadre formel et la régulation sont assumés par une autorité centrale, ici les collectivités territoriales et plus particulièrement l'échelon départemental, selon un principe hiérarchique, sans concertation avec les acteurs collectifs, ni consultation des citoyens. Ce sont donc majoritairement les pouvoirs publics qui continuent à définir l'intérêt général en imposant des normes centrales, tandis que la recherche de l'efficience des services devient déterminante et repose sur l'élaboration de standards visant l'industrialisation du service.

Dans le même temps, alors que le partenariat – entre les acteurs associatifs et entre acteurs associatifs et acteurs publics – est présenté par les pouvoirs publics comme un principe de coordination essentiel de la production des services, on observe la prédominance d'une relation client-fournisseur, réduisant le plus souvent « le partenariat à une simple commande de prestations de services » (Nogues *et al.*, 2003, p. 18), ou de *partenariats contraints* (Richez-Battesti, Gianfaldoni, 2004). De ce fait, les savoirs et les expériences sont faiblement mutualisés et les apprentissages collectifs restreints. Les innovations dans les services restent le plus souvent à l'état d'expérimentation et peinent à se généraliser.

Par conséquent, pour les associations de conseil, la régulation tutélaire débouche sur un *régime de gouvernance quasi-concurrentiel*, caractérisée par une concurrence inter-associative administrée selon des modalités technocratiques. Ce sont les pouvoirs publics qui ont imposé une concurrence inter-associative dans l'objectif d'atomiser les associations et donc de limiter leur pouvoir de négociation face aux procédures de normalisation et de réduction des financements publics de l'activité de conseil. Ils ont ainsi tiré profit d'une absence de mobilisation collective des acteurs associatifs du conseil et contribué à tirer parti des rivalités existantes.

Les associations de financement : un régime de gouvernance partenarial

Les associations de financement (ADIE et PFIL) échappent partiellement à ce processus. Elles s'inscrivent dans un marché oligopolistique caractérisé par une segmentation de la demande, l'ADIE affirmant une spécialisation en direction des plus démunis, tandis que les PFIL s'adressent généralement à des porteurs de projets plus insérés. Les instruments politiques d'intervention sont principalement concurrentiels et directs (spécification des publics, encadrement du risque et amélioration de l'information). Les associations de financement se caractérisent par une diversification de leurs ressources financières (pouvoirs publics et banques) et une mobilisation importante des bénévoles en complément des salariés. L'organisation du travail est centrée sur le *faire ensemble*, avec l'ensemble des autres opérateurs de l'accompagnement[6], et notamment les banques, dans le cadre d'une coordination réciprocitaire. Les apprentissages collectifs sont au cœur de l'activité et débouchent sur la construction de règles d'exercice de l'activité dans l'activité elle-même. De ce point de vue, les interactions jouent un rôle central.

---

[6] Dans ce faire ensemble, les associations de conseil sont peu mobilisées….

Elles contribuent ainsi au développement de configurations partenariales novatrices entre acteurs privés, qu'ils soient lucratifs ou non, et publics. On les observe notamment dans le développement de nouveaux segments d'activité, en direction par exemple de l'installation des nouveaux créateurs, où les compétences des banques et des associations sont à nouveau mutualisées pour contribuer à l'émergence de nouveaux dispositifs. On les repère aussi dans la capacité renouvelée qu'ont les banques coopératives impliquées dans le financement de la micro entreprise, à actualiser leur projet fondateur, tandis que les salariés des associations de financement renforcent leurs compétences d'expertise techniques et financières.

Dans ce contexte, les associations de financement apparaissent en capacité de co-produire avec les pouvoirs publics et les banques leurs propres critères d'évaluation. Elles s'inscrivent ainsi dans *une régulation conjointe*, ou encore *régulation négociée*, dans laquelle elles contribuent à co-construire des normes formelles d'action collective et d'évaluation des activités qui sont plus diversifiées. On est alors dans le cadre d'une approche pluraliste, où les acteurs pertinents (ceux qui participent directement ou indirectement à la réalisation de l'activité) sont associés, non pas à l'initiative des pouvoirs publics, mais par l'association de financement dans le cadre des réseaux de coopération qu'elle mobilise et dont les règles se construisent dans l'activité. L'intérêt général est élaboré conjointement par l'ensemble des parties prenantes en référence à un système de valeurs sur lequel elles ont contribué à s'accorder par la répétition d'actions menées en commun. Il repose sur une rationalité procédurale débouchant sur des normes d'action collective locales et négociées et non pas sur des standards imposés. On constate ainsi le développement de négociations ponctuelles, ancrées territorialement et débouchant sur des contrats locaux. La recherche de l'efficacité passe par le développement de relations de confiance et les apprentissages communs lors de l'action, le travail en commun de l'ensemble des partenaires pour l'évaluation et le suivi des projets de micro entreprise favorisant à la fois l'émergence de routines organisationnelles et la capacité d'ajustement rapide à des chocs ou des imprévus. De ce point de vue, contrairement aux associations de conseil qui s'inscrivent dans une stricte division du travail, on est plus dans un continuum d'activités, que les opportunités de rencontres régulières tendent à viabiliser.

Certains de ces réseaux ainsi constitués, semblent déboucher sur des partenariats institutionnalisés à travers une architecture et une régulation partiellement redéfinies par les pouvoirs publics. C'est ce que l'on constate lors de la création d'organismes de financement[7] dédiées à des

---

[7] Dans le cadre du réseau France Active au plan national.

segments d'activités particuliers (l'insertion par l'activité économique et le développement d'initiatives solidaires pour ESIA – Économie solidaire et insertion active – par exemple en PACA) et dont la contribution au développement local est significative. Les processus qui caractérisent les associations de financement illustrent l'émergence de nouveaux partenariats public-privé susceptibles de s'étendre dans le champ du développement local (Gaudin, 2002), sur la base de coopérations financières déjà amorcées dans le cadre de l'acte II de la décentralisation observable depuis 2000. Ainsi des financements publics et privés sont susceptibles de se combiner pour favoriser l'amorçage, le développement (le capital-risque) et la pérennisation des organisations de l'économie sociale et solidaire.

Le régime de gouvernance qui caractérise les associations de financement tend donc vers un *régime partenarial*. Toutefois, les acteurs en présence, et notamment les collectivités territoriales ne semblent pas avoir pris la pleine mesure de ce que signifie un véritable partage des responsabilités dans la production de l'intérêt général entre État et Collectivités territoriales, associations et banques. De façon complémentaire, les écarts entre logiques d'action des différents acteurs nécessitent des arrangements institutionnels indispensables pour organiser et pérenniser les coopérations et limiter les conflits de légitimité. Ils restent aujourd'hui largement informels (le plus souvent des réunions) et embryonnaires. Il nous semble, de fait, que ce régime de gouvernance est encore largement expérimental et non stabilisé.

Vers un régime de gouvernance hybride ?

Par conséquent, les dispositifs d'accompagnement à la création d'activités qui articulent associations d'accompagnement et associations de financement se caractérisent par la coexistence de deux régimes de gouvernance, l'une quasi-concurrentielle est dominante et l'autre partenariale est minoritaire. La combinaison de la nature de l'activité et de la légitimité de l'acteur bancaire partenaire des associations de financement explique largement les différences de régimes de gouvernance. Faut-il alors considérer que nous sommes dans un régime à dominante quasi-concurrentielle, ou au contraire que nous nous orientons vers un régime hybride de gouvernance caractérisé par la coexistence de différents régimes de gouvernance ? Les approches en termes de dépendance de sentier plaideraient plutôt pour la première option. Le régime de gouvernance partenarial ne semble aujourd'hui identifiable que de façon ponctuelle. Deux contextes sont cependant propices à son développement :

- lorsque le dispositif associe des acteurs inscrits dans des répertoires d'action similaires, ou ayant noué à d'autres occasions des relations de confiance ;
- en présence d'effets d'aubaine ou de comportements opportunistes, le partenariat avec des opérateurs privés apparaît pour les collectivités territoriales comme l'unique opportunité de continuer à exercer une action publique dans un contexte de rationnement des ressources financières publiques.

Tableau synthétique : Pluralité des régimes de gouvernance ?

	Associations de conseil	Association de financement
Gouvernance	Quasi-concurrentielle	Partenariale
Instrument de politiques publiques	Des instruments d'intervention indirects concurrentiels sur les usagers (chèques services) et un mélange d'instruments concurrentiels et non concurrentiels de type coercitif en direction des associations : un mélange de tutélaire et de quasi-marché.	Des instruments concurrentiels directs de type incitatif et coercitif en direction des associations. Des instruments indirects concurrentiels en direction des publics (chèque service).
Mécanismes de financement et nature des ressources	Conventions ou agréments dans le cadre d'appels d'offre publics ou para publics pour accéder aux subventions + solvabilisation publique de la demande. Un quasi-monopole public sur le financement. Une faible mobilisation de ressources complémentaires : pas de bénévolat productif, faible bénévolat gestionnaire.	Partenariat avec les banques de l'Économie sociale et financement public complémentaire, + solvabilisation publique de la demande. Diversité des financements. Mobilisation d'un bénévolat productif et gestionnaire à fort pouvoir d'influence. Donc hybridation des ressources
Mécanismes institutionnels de coordination et mode de production du service	Moniste et technocratique. Une normalisation *ex ante* par les financeurs à travers la prescription des partenaires, des publics, du territoire d'action et des modes de production du service. Une coordination de type hiérarchique combinée avec des incitations monétaires. Renforcement de la contractualisation.	Pluraliste avec des réseaux d'acteurs. Spécificités des arrangements locaux. Une normalisation construite dans l'activité. Des modes de coordination de type réciprocitaire avec des incitations de type axiologiques. *Une division du travail* : Faire ensemble, apprentissages

		collectifs et construction de règles dans l'activité. Rôle essentiel des interactions.
	Une division du travail : « Faire Faire », faible mutualisation des savoirs et des expériences.	
Régulation	Une régulation tutélaire de contrôle avec contrat de performance et construction d'un quasi-marché de l'accompagnement.	Une régulation négociée/ conjointe. Des ajustements mutuels dans l'activité en commun.
Définition de l'intérêt général	Imposée par les pouvoirs publics, selon un principe technocratique.	Négocié et coproduit entre les parties prenantes dans le cadre de l'activité selon une rationalité procédurale.
Production des critères d'évaluation	Des critères de type industriel imposés par les financeurs : contrôle des prescriptions réalisées *ex post*. L'évaluation se confond avec le contrôle externe. Pas de rétroaction sur la redéfinition des politiques publiques.	Des critères de type industriel et civique, des critères négociés et coproduits. De l'évaluation externe et interne. Des rétroactions sur des arrangements locaux de dispositifs de politiques publiques.
Évaluation de l'efficacité	Efficience recherchée par l'imposition de standards. Faible innovation, pas de mutualisation des pratiques : une industrialisation imposée. Une instrumentalisation dominante des associations.	Des dynamiques d'innovations de procédures et de produits renforcées. Des apprentissages collectifs, des ajustements permanents des pratiques professionnelles, du maillage de réseaux sur un territoire. Du pouvoir de négociation. Une efficacité construite.
Les défis de l'action publique	L'État et les Collectivités territoriales comme constructeur d'un « *Welfare Mix* instrumenté », dans le cadre de relation de défiance médiatisée par des contrats.	Coproduction de l'intérêt général par l'ensemble des parties prenantes, dans le cadre de relations de confiance élaborées à travers le développement de projets « un « *Welfare pluralism* de projets », ou encore un « *welfare pluralism* partenarial » ?

Alors que les travaux portant sur la gouvernance des entreprises sont généralement articulés avec le management (Spear *et al.*, 2004), la gouvernance associative dans le champ des services d'intérêt général est en prise avec les régimes d'État-Providence. En ce sens, le régime de gouvernance quasi-concurrentiel s'accompagne d'un *Welfare Pluralism* instrumenté par les pouvoirs publics, au sein duquel l'intérêt général reste prioritairement défini par l'État et les collectivités territoriales. Le régime de gouvernance partenarial, s'il s'affirmait, viendrait étayer un *Welfare Pluralism* centré sur le projet, au sein duquel l'intérêt général serait co-produit par l'ensemble des parties prenantes.

Conclusion

Le champ des services à l'articulation du social et de l'économique, et particulièrement ceux qui concernent l'accompagnement à la création de micro entreprises, permet d'illustrer la prédominance d'un régime de gouvernance quasi-concurrentiel et sa coexistence avec un régime partenarial fortement territorialisé. Un tel résultat laisse supposer la possible émergence d'un régime de gouvernance hybride pour des activités de services étroitement liées et la complexification des modes de régulation qui le caractérisent. On pourrait alors s'interroger à la fois sur la stabilité d'un tel régime et sur son efficacité.

En l'état, dans le cadre d'un régime de gouvernance quasi-concurrentiel, les acteurs de l'économie sociale apparaissent fortement instrumentalisés par les pouvoirs publics, dans le cadre d'une relation de défiance médiatisée par des contrats et du contrôle. La production de l'intérêt général reste toujours le privilège de l'État et de façon renforcée des collectivités territoriales. Parmi les facteurs qui expliquent l'apparition d'un régime partenarial, on ne retrouve pas comme au Québec, la reconnaissance par les pouvoirs publics de la société civile (Bouchard, Lévesque, St-Pierre, chapitre 2 de cet ouvrage). Il semble plutôt que l'on soit en présence d'un intérêt partagé entre pouvoirs publics d'un côté et banques et réseaux associatifs de financement de l'autre, illustratif à la fois d'une certaine inertie des configurations institutionnelles (Tallard, Théret, Uri, 2000) et de l'émergence potentielle de nouveaux arrangements institutionnels. Mais dans ce passage potentiel d'un intérêt partagé à une co-production de l'intérêt général, le chemin reste long, d'autant que subsiste une défiance historiquement ancrée en France entre l'État et les collectivités territoriales d'un côté et les autres acteurs collectifs du développement de l'autre.

Bibliographie

Ascoli, U., Ranci, C., *Dilemna of Welfare Mix*, Springer, 2002.

Castel, R., *Les métamorphoses de la question sociale : une chronique du salariat*, Fayard, 1995.

Charreaux, G., Pastré, O., « Le gouvernement d'entreprise : quelle recherche pour quel concept ? », in *Revue d'Économie Financière*, 2003, No.68, p. 5-12.

Eme, B., « Gouvernance territoriale et mouvements d'économie sociale et solidaire », in *RECMA*, 2005, No.296, p. 40-54.

Enjolras, B., *Le Marché-Providence : aide à domicile, politiques sociales et création d'emplois*, Desclée de Brouwer, 1995.

Esping-Andersen, G., *Les trois mondes de l'État-providence : Essai sur le capitalisme moderne*, PUF, Coll. Le Lien social, 1999.

Ferraton, C., Vallat D., *Économie sociale et solidaire et création d'activités en Rhône-Alpes : financement et accompagnement de projet*, Rapport de recherche pour Mire et la DIES, janvier 2003.

Gaudin, J-P., *Pourquoi la gouvernance ?*, Paris, Presses de Sciences Po, 2002.

Jobert, B., « Rhétorique politique, controverses scientifiques et construction de normes institutionnelles : esquisse d'un parcours de recherche », in Faure, A., Polet, G., Warin, P. (dir.), *La construction du sens dans les politiques publiques. Débats autour de la notion de référentiel*, Paris, L'Harmattan, 1995.

Laville, J-L., Nyssens, M., *Les services sociaux entre associations, État et marché*, Paris, La Découverte, Coll. Recherche, 2001.

Laville, J-L., « Childcare and Welfare Mix in France », *Annales de l'économie publique, sociale et coopérative*, 2003, Vol.74, No.4.

Le Goff, J-P., La Barbarie douce, Paris, La Découverte, Coll. Sur le vif 1999.

Malo, M-C., Lapoutte, A., « Caisses d'Épargne et ADIE : une configuration partenariale novatrice », in *RECMA*, 2002, No.286, p. 23-35.

Perez, R., *La gouvernance de l'entreprise*, Paris, La Découverte, Coll. Repères, 2003.

Poujol, G., « L'approche historique des associations », in *MIRE, Produire les solidarités, La part des associations*, 1998.

Richez-Battesti, N., « La santé et l'action sociale : l'extension des systèmes de solidarité », in Parodi M. *et al.*, *L'économie et la société française au second XXe siècle, Tome 2 : Les mutations sectorielles*, Armand Colin, 1998.

Richez-Battesti, N., Gianfaldoni, P., « Gouvernance territoriale et réseaux : une illustration par l'accompagnement à la création d'entreprises », *Annales de l'économie publique, sociale et coopérative*, 2005, Vol. 76, No.4, p. 621-645.

Richez-Battesti, N., Gianfaldoni, P., *Réseaux économiques et Utilité sociale : évaluation de l'accompagnement et du financement de la création de très petites entreprises en Région PACA*, Rapport de recherche pour Mire et la DIES, mars 2003.

Rubinstein, M., « Le débat sur le gouvernement d'entreprise en France : un état des lieux », in *Revue d'Économie Industrielle*, 2002, No.98, 1er trimestre, p. 7-28.

Spear, R., Cornforth, C., Chaves, R., Schediwy, R., « Governance and management in the social economy », in *Annales de l'économie publique, sociale et coopérative*, 2004, Vol.75, No.1.

Tallard, M., Théret, B., Uri, D., *Innovations institutionnelles et territoires*, Paris, L'Harmattan, Coll. Logiques Politiques, 2000.

Verdier, E., « Analyse sociétale et changement institutionnel : le cas de l'éducation et de la formation professionnelle initiale », in Tallard, M., Théret, B., Uri, D., *Innovations institutionnelles et territoires*, L'Harmattan, Coll. Logiques Politiques, 2000.

Place et rôle de l'Économie sociale dans la construction de l'intérêt général à partir de l'initiative locale « pays » en France

Serge KOULYTCHIZKY

Université du Maine, Le Mans (France)

Introduction

Les développements qui suivent se fondent principalement sur les « Pays », tels qu'ils sont actuellement mis en œuvre en France, dans le cadre de la décentralisation, vus ici comme « *systèmes de gouvernance* ». Nous nous situerons dans l'analyse au plus près du terrain, c'est-à-dire des initiatives de la base. Cette démarche de bas en haut pour examiner la construction de l'intérêt général (IG) est voulue. Le « pays » apparaît alors – avec la commune – comme le plus petit dénominateur commun du territoire et à ce titre proche de l'Économie sociale dans le bouillonnement de ses formes en émergence.

i.   Le secteur associatif de la loi de 1901 est le terreau où se développent aspirations et initiatives de petits groupes de citoyens ;

ii.   Les pays, mais aussi les communes, contrôlent cette effervescence et la financent dans le cadre de contrats d'aménagement du territoire ;

iii.   Les deux formes s'ajustent et s'appuient mutuellement l'une sur l'autre, notamment dans l'intercommunalité et les formes modernes de l'économie mixte (SEM locales)[1] ;

iv.   C'est là un vecteur de gouvernance de plus en plus abondant en France et dans toute l'Europe plus proche de l'utilité sociale que

---

[1]   Les entreprises publiques locales sont en Europe au nombre de 16 000 pour 1,1 million d'employés (DEXIA, 2004).

du jeu des intérêts particuliers et à ce titre devant naturellement être considéré comme faisant partie d'une Économie sociale largement entendue ;

v. S'y mêlent et s'y ajustent forces sociales de l'ordre de la science politique ; cette « société civile » intègre aussi les entreprises basiques (avec ou sans but lucratif) du domaine de l'économique ; les cadres et instruments des politiques d'aménagement du territoire : programmes à long terme, contrats annuels, projets et subventions ponctuels assurent les régulations.

On voit ici que la démarche locale annoncée pour l'examen de la construction de l'IG ne peut être dissocié de la connaissance du centralisme (voire du césarisme) propre à notre pays imprégné de passé jacobin. Cette dualité traversera l'ensemble des développements, mais pour l'instant, avant même de parler des pays, nous devons évoquer l'entreprise.

En effet dans l'approche actuelle de type « *stakeholders* », le cœur du dispositif est bien l'entreprise, même en économie sociale et même dans la définition récemment réaménagée de la coopérative par l'OIT[2]. Avec la pratique du « *marketing management* », c'est bien l'entreprise qui s'adresse à « son » amont, à « son » aval, à « ses » concurrents et qui évoque « son » environnement et c'est bien de le comprendre ainsi, puisque hors de ce schéma on glisse dans la sociologie pure (théorie des organisations) et on perd les acquis des techniques de gestion. Le vocabulaire en est commun à tous les opérateurs qui interviennent sur les marchés qu'ils soient dirigeants salariés ou décideurs élus par un conseil d'administration, que ce dernier représente des capitaux associés ou des hommes liés par un contrat coopératif. Même langage également pour le banquier, l'énarque, l'aménageur et l'ingénieur.

Les sciences et techniques de gestion doivent être maniées avec précaution dans leur application au secteur non lucratif. C'est pourquoi – afin d'éviter tout biais initial – nous parlerons pour la catégorie d'entreprise qui nous intéresse ici, d'« associations coopératives » (Ascoop). L'expression recouvre aussi bien la famille des coopératives de terrain, que celle des mutuelles et celle des associations et peut ouvrir la porte à d'autres formes de la non lucrativité : économie mixte, économie paritaire, formes nouvelles de service au public, etc.[3]

---

[2] Recommandation 193, concernant la promotion des coopératives (3 juin 2002, OIT, Genève) avec en annexe un extrait de la déclaration sur l'identité coopérative adoptée par l'ACI (Manchester 1995).

[3] Le démantèlement des activités de secteur public profite principalement dans le champ non lucratif aux sociétés d'économie mixte (SEM) et aux formes anciennes et

Dans ces formes d'associations coopératives se rencontrent les mêmes dangers de ripage vers la recherche intéressée du profit au nom de la compétitivité, du démantèlement et de la perte de substance patrimoniale par le jeu des filiales, de perte de nature par démutualisation[4].

Les plus matures des ASCOOP peuvent alors servir de brouillon aux plus neuves, quelle que soit la famille considérée. Un front commun peut alors s'établir développant en interne la connaissance des bonnes pratiques et en externe la pression nécessaire à la reconnaissance de la spécificité de la mission.

Nous développerons successivement trois éléments du raisonnement :

i. Les acteurs de l'ASCOOP et de ses alentours se développent en réseaux de décision alliés dans un environnement plus ou moins vaste.

ii. Ces réseaux fonctionnent dans l'esprit d'une option périphérique de l'aménagement du territoire ; ils sont alors en osmose avec le pays plus petit dénominateur commun du développement local.

iii. Ils constituent des ensembles en mutation permanente dont le pouvoir de faire Société doit être apprécié.

Première problématique à développer, celle de la démocratie propre aux ASCOOP qui s'exprime principalement dans des processus spécifiques de décision. Les acteurs évoluent, se diversifient et ont des champs d'activité qui les entraînent de plus en plus loin du cœur d'activité de leur métier :

– extension du sociétariat à des volontaires, bénévoles et militants, qui doivent accompagner les mutations de corps d'usagers et de leurs besoins ; il leur faut alors tenter l'approche de parties prenantes (et prégnantes) de plus en plus lointaines du fait de tous les élargissements et de toutes les globalisations ;

– la décision paraît alors rejetée dans une « *upper room* » inaccessible – et elle l'est en tout cas pour les individus – moins cependant pour les mouvements organisés. La constitution de puissants réseaux est traditionnelle en Économie sociale, sur la base des pratiques anciennes corporatives, associatives et syndicales. Les « attelages fédératifs »[5] synthétisent les attentes de la périphérie et les projettent vers les bons interlocuteurs, accompa-

---

nouvelles du paritarisme sanitaire et social. Il y a là une vraie transversalité qui dépasse le cadre strict de l'Économie sociale française.

4   Voir Côté (2001), en particulier les chapitres 3 et 9.
5   Expression proposée par Leray (1996).

gnées de manifestations de lobbying, appréciées voire suscitées par les autorités européennes (bureaux bruxellois des principales familles de l'ES) ; les gouvernements nationaux sont également en recherche du contact pertinent.

Archéo et néo-fédérations sont l'outil qui va permettre de bâtir des contre-pouvoirs dans le champ du social, comme les syndicats le font dans le champ du travail. On voit bien ici que l'on se situe dans un domaine qui transcende la pure économie au profit de la science politique et de la sociologie.

Acteurs en réseaux

En revisitant le quadrilatère de Henri Desroche, nous avons montré la dimension nouvelle qu'ont prise dans le schéma les acteurs, pour deux raisons : l'extension des marchés du fait de la mondialisation, du progrès des outils de la communication et la délégation aux unités de base des différentes missions de reconstruction du tissu économique et social, que ne peuvent plus accomplir les États (Néo subsidiarité).

Il ne s'agit plus alors de se référer à un « environnement » indifférencié ; il faut nommer les acteurs internes nouveaux et les parties prenantes de la « zone d'implication pertinente » de l'ASCOOP, même si cette zone paraît à « géométrie variable » selon le moment et le type d'action[6]. La tâche est ardue, d'autant plus ardue si nous traitons, non pas l'association coopérative basique, mais du groupe à formes multiples et à têtes de décision – outre la mère, les filiales – nombreuses. Les acteurs internes à l'association coopérative dits du quadrilatère de Henri Desroche – à savoir adhérents (S), administrateurs (A), managers (M) et employés (E) – sont aujourd'hui plus nombreux. Dans les associations, il faut désormais compter avec les bénévoles, les volontaires, les militants, les donateurs (ensemble ou séparément) qui ne sont pas nécessairement des membres statutaires ; de même que ne le sont pas non plus les bénéficiaires, usagers, voire clients (ensemble ou séparément). Pour la mutualité de santé ou de biens, il s'agit de nouvelles catégories type couverture maladie universelle (CMU) plus proches de la nature d'assujettis que de celle de sociétaires volontaires, ou bien plus proches de la nature du client si on a élargi le champ des adhésions au-delà des populations professionnelles initiales plus ou moins captives (MAIF-CAMIF). Pour les entreprises coopératives, l'élargissement se fait en direction des forces financières dont la mère ou les filiales ont besoin pour poursuivre leur expansion (associés non coopérateurs).

---

[6]   Koulytchizky (1999).

Autre débat et non des moindres, à évoquer ici avant même de parler des acteurs externes, l'association coopérative est-elle, en elle-même, un acteur homogène ou la simple expression de la somme des vouloirs affrontés en interne ? Le débat est connu en sciences de gestion. Ainsi le groupe, l'entreprise-réseau ne retient que les entités entrepreneuriales qui les composent. Il faudra casser cette belle unanimité puisque les réseaux dont il sera question plus loin prennent leur source au niveau même des personnages qui se trouvent aux quatre coins du quadrilatère : le président élu, le directeur-manager, le délégué syndical, le leader d'assemblée générale.

Quant aux acteurs externes leur énumération paraît sans fin. En raisonnement de bon sens, il apparaît qu'existe pour l'ASCOOP des partenaires familiers et réguliers (« quotidiens ») et d'autres plus lointains, épisodiques et sectoriels. Toute coopérative, mutuelle de terrain ou association de base rencontre habituellement dans son activité, des concurrents, des fournisseurs, des clients (ou usagers), la banque, les pouvoirs publics locaux... pour ne citer que les principaux et les inscrire dans un environnement « pertinent », circonscrit et identifiables. Certains auteurs parlent aussi de « zone d'influence » ou de « périmètre de solidarité »[7].

Au-delà de cette zone d'implication pertinente, dans l'environnement existent d'autres acteurs multiples plus ou moins éloignés du quadrilatère initial, inscrits dans une série de cercles concentriques à l'expansion infinie. Ainsi s'esquisse une géographie coopérative en dynamique d'analyse des échanges entre le noyau ASCOOP et les acteurs identifiés de l'environnement. Au-delà du premier cercle, on part d'une situation connue pour aboutir, au fur et à mesure de l'expansion des cercles concentriques de l'environnement, à l'inconnu, à l'aveu de la non-identification possible d'acteurs externes aléatoires. Au plus près, on peut encore identifier des acteurs externes de deux natures :

i.   les uns relaient l'action de la base ; ce sont les acteurs de tous les systèmes de délégation politique, syndicale, fédérative, qui permettent la percée de l'expression locale aux échelons supérieurs (région, nation, Europe, monde) ;

ii. les autres ont un pouvoir d'agir sur les organisations de la base qui provient soit des lois écrites ou tacitement admises (main invisible du libre-échange), soit du pouvoir de « faire Société » officiellement reconnu (organisations internationales) ou socialement prégnant (poids des média, des leaders de l'opinion

---

[7]   Monnier et Thiry (1997).

publique, réseaux d'apprentissage, toiles de la communication, etc.).

Plus loin nous entrons petit à petit dans le domaine de l'imprévisible, autour d'acteurs incidentels ou accidentels, dont l'irruption ne peut être anticipée même par les meilleures méthodes de « réduction de l'incertain » pratiquées par les sciences de gestion.

La zone d'implication pertinente de l'ASCOOP est une zone à géométrie variable, comportant un périmètre constant à proximité du noyau de l'entreprise coopérative et des pseudopodes dont les directions et la superficie sont variables en fonction des moments, des thèmes traités, des actions impulsées par la base ou ressenties par cette dernière. L'analyse des rapports va nous placer déjà dans une démarche de réseaux.

Schéma 1

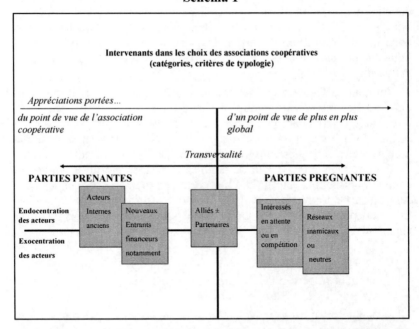

Avec la notion de « Parties prenantes », on voit poindre l'approche par « *Stakeholders* » anglo-saxonne, ici, très largement et très coopérativement interprétée, non seulement fournisseurs et distributeurs contractualisés mais aussi le « milieu » dans lequel l'entreprise évolue. La notion nouvelle de « Parties prégnantes » indique le caractère incontournable dans les choix de forces et de réseaux externes du fait de la nature, de la loi, de la domination.

L'intervention est tantôt *active*, tantôt *passive*, du fait de la seule existence de l'acteur (peur du gendarme régalien ou régulateur, peur du contrôle). Les réseaux sont les uns porteurs de *connivences amicales* (pour donner un exemple, fédérations, confédérations, nationales, européennes, mondiales, liées au champ coopératif ou professionnel considéré, à l'inter coopération, au devenir de la cohésion sociale, à l'agriculture raisonnée, au développement durable, etc.), les autres chargés de *forces inamicales* (« Davos est amical à Davos et inamical à Porto Alègre, Porto Alègre est amical à Porto Alègre inamical à Davos »... quoique, en 2005, on y voit des rencontres et des échanges porteurs de changements tels que la présence à Davos du nouveau président du Brésil).

Pour la catégorie des parties « prenantes », on peut encore classer les interlocuteurs comme agissant avec *lien de sujétion* ou sans lien de sujétion, avec *lien de contractualisation* ou sans lien contractuel.

La dichotomie acteurs *endocentrés* / acteurs *exocentrés* renforce la bijection d'objectifs dans le projet coopératif. D'un côté, une logique de résultats portée par l'équipe managériale appuyée par les nouveaux entrants plus ou moins proches du modèle d'affaires ; de l'autre, une logique de redistribution dont sont porteurs les élus avec désormais l'appui curieux mais logique des salariés au prorata de leurs salaires, « *stock-options* » et attribution de parts privilégiées.

Dans la pratique des réseaux de l'Économie sociale, il faut mettre en évidence ici la place des « attelages coopératifs ». Le schéma 2 permet de placer *l'association coopérative entre construction européenne et aménagement local* :

Schéma 2

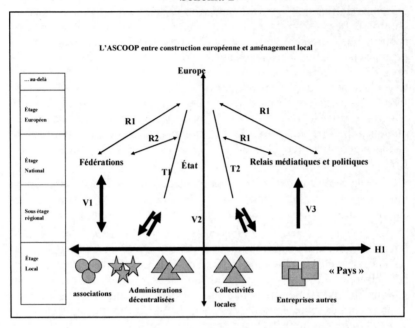

L'ASCOOP entre construction européenne et aménagement local

V1 correspond à un « attelage fédératif » : liens d'action fédérative

V2 correspond à des liaisons hiérarchisées plus ou moins décentralisées : liens verticaux d'aménagement du territoire

V3 correspond à une expression plus ou moins spontanée de besoins oubliés : liens verticaux de pression médiatique et politique (parfois exercée, *ex post*, par les fédérations)

H1 correspond à des partenariats d'initiatives locales : liens horizontaux de proximité

T1 correspond à une action européenne directe : liens transversaux directs ou relayés par un étage régional

T2 correspond à une expression directe des partenaires locaux en direction de l'Europe

R1 et R2 correspondent à une logique de lobbying (parfois bilatérale)

Le « local » co-opératif (principalement) associatif qui apparaît en ligne horizontale sur ce schéma est assez généralement crédité de la vertu d'être créateur, innovant, susceptible de restaurer un lien social détruit par les abus du libéralisme, sans doute en raison de l'appel d'une spontanéité qui s'applique surtout au petit nombre des associations non instituées, en cours d'émergence ; les autres sont déjà fédérées[8].

---

8   Pour les formes yougoslave, algérienne et autres de spontanéisme, voir Koulytchizky (1974).

En *intra*, il implique des alliances associatives locales ; en externe, il peut englober dans l'alliance – sans que l'on puisse dire quel est l'initiateur – des entreprises autres, de profit cette fois (grande distribution/banques alimentaires), les pouvoirs publics territoriaux (communes et agglomérations, conseils généraux et régionaux) et les représentants des grandes administrations d'État (DDASS, DDTE, DDA, Jeunesse et Sports, Culture, Environnement, etc.).

De la pratique habituelle de « tours de table », surgit l'initiative spontanée de la base (des bases associées). À cette idée convient assez bien la théorie de la subsidiarité dans sa dimension européenne et la « nouvelle subsidiarité », interne aux États-nations cette fois, telle que l'État n'intervient que pour suppléer, à titre accidentel, à l'insuffisance de l'initiative privée (B. Gachet)[9].

La construction paraît harmonieuse, mais elle résiste mal à l'examen des faits, d'une part parce que la « nouvelle » subsidiarité n'est de droit nulle part, d'autre part parce que les associations sont généralement soumises à la tutelle des pouvoirs publics et de leurs propres structures de représentation nationale (fédérations). Les associations de terrain ont des *tuteurs*, les grandes administrations nationales, qui se font elles-mêmes, avec plus ou moins de bonne volonté, chambres de résonance de directives européennes.

De même – dans un échange que l'on voudrait à double circulation – les associations s'expriment généralement par le *relais* de leurs représentations départementales, régionales, nationales (grandes fédérations et unions de fédérations). Seules ces dernières ont la crédibilité nécessaire et les moyens d'agir au niveau des États et de plus en plus directement au niveau même de l'Europe dans une forme de lobbying non seulement admise mais souhaitée (« *boards* » européens). Ceci permet de comprendre que rares apparaissent comme interlocuteurs retenus les associations non fédérées, qu'il s'agisse d'alliances anciennes ou nouvelles (archéo ou néo-fédérations) et que les initiatives de terrain qui ne s'inscrivent pas dans un projet global et dans une enveloppe financière nationale et européenne ont peu de chance d'aboutir. Même si le projet est nouveau (nouveaux besoins) et émane d'une association en émergence, la logique du système la contraindra à s'institutionnaliser rapidement, généralement après le recrutement du premier salarié et l'apparition de charges fixes, ne serait-ce que pour coordonner les dons ou l'activité des bénévoles.

En résumé, l'initiative localisée peut résulter :

---

[9]   Monnier et Thiry (1997).

i. de l'action d'une ou plusieurs associations qui n'auront de chances de conduire leur projet à bonne fin que si elles sont relayées dans le cadre « d'attelages fédératifs » et si le projet prend place au sein des grands axes définis aux échelons supérieurs (quartiers en difficulté, formation, insertion, services à domiciles, etc.). Ou bien encore, si disposant d'un nombre suffisant de donateurs ou de bénévoles, elles peuvent se passer d'autres concours (ONG) ;

ii. de l'incitation (mécénat) d'entreprises de capitaux qui souhaitent voir leurs actions de partenariat social relayées par l'associatif ; notamment dans le cadre de fondations aidées par l'État ;

iii. de l'incitation des collectivités publiques locales : municipalités, conseils départementaux et régionaux qui mettent de l'argent à disposition dans le cadre de programmes annuels, pluriannuels, fixés en concertation : appels d'offres, contrats de plan, montages financiers à multi partenaires ; notons ici le relais important de la Caisse des Dépôts et désormais des Caisses d'Épargne ;

iv. de l'incitation des grandes administrations nationales sur le même genre d'axes d'intervention. Cette fois les « tours de table » se feront à l'initiative des représentants locaux de ces administrations : DDTE, DDASS, DDA, etc. et même parfois préfets et sous-préfets mobilisés pour des actions d'urgence (banlieues) ;

v. d'une incitation directe de l'Europe non relayée par les États. L'exemple de la recherche est bien connu des universitaires. Mais cela fonctionne aussi pour un certain nombre de programmes de développement ;

vi. d'une incitation du plus haut que l'Europe : ONU, OIT, OMS, UNESCO, FAO, OMC manipulent des offres thématiques et financières particulièrement lourdes, notamment en direction des ONG humanitaires ;

vii. du désordre et de l'urgence, qui nécessitent pour les régions oubliées de l'aide internationale, le spontanéisme de solidarités villageoises, tribales ou familiales.

Pays et réseaux d'Économie sociale en osmose (exemple de la France)

En France, les ASCOOP ont deux supports privilégiés : la commune, qui du fait de son historicité a largement été étudiée, et le cadre nouveau des « pays » qui mérite qu'on le développe, ne serait-ce que parce que hors agglomérations, il couvre l'ensemble du terrain.

Le pays est très proche de l'Économie sociale ; il réserve en son sein une place privilégiée aux ASCOOP. Le pays a, comme la commune, une historicité de nom particulièrement noble mais le pays « nouveau » demande à être explicité ; en ce qui concerne les pays de l'histoire on pourra se référer à Olivier Chaline (2005).

Le pays permet de définir un projet de territoire. Il résulte parfois d'une dynamique territoriale fondée sur une organisation résiliaire, qui s'est mise en place spontanément ; c'est le cas dans l'ouest de la France, dès la fin des années 1970.

Le « pays » du droit français n'est pas seul dans sa catégorie, il appartient à une mouvance liée au « principe de participation » prescrit par la convention d'Aarhus, qui a accompagné la promotion du développement durable, de la loi Bouchardeau de 1983 à la charte constitutionnelle pour l'environnement adoptée en juin 2003. La loi Barnier de 1995 établit que les citoyens et les associations doivent participer à la prise de décision pour les politiques publiques qui les concernent. Il s'agit bien dans le cadre de la décentralisation, de tenter de concilier, par des débats publics locaux, intérêts privés et intérêts généraux contradictoires, et de nettoyer le terrain pour éviter le recours aux tribunaux (Le Duff *et al.*, 2001).

Le pays : une forme de démocratie locale constatée, fédérée, contractualisée

Depuis bien longtemps, des politiques d'aménagement du territoire ont été développées en France, tantôt centralisatrices, tantôt décentralisatrices. L'aboutissement en est marqué par la loi d'orientation pour l'aménagement du territoire du 4 février 1995 (LOADT Pasqua), modifiée le 25 juin 1999 par la loi d'orientation pour l'aménagement *durable* du territoire (LOADT Voynet). Fait partie de ce dispositif global, une loi du 12 juillet 1999 sur le renforcement et la simplification de l'intercommunalité (dite loi Chevènement sur les « agglomérations »).

Ces pays nouveaux nous intéressent particulièrement ici dans la mesure où ils impliquent directement le secteur associatif dans leur construction et dans leur fonctionnement :

> Le pays est un territoire caractérisé par une cohésion géographique, économique, culturelle ou sociale ; un lieu d'action collective qui fédère des communes, des groupements de communes, des organismes socioprofessionnels, des entreprises, des associations, autour d'un projet commun de développement ; un niveau privilégié de partenariat et de contractualisation qui facilite la coordination des initiatives des collectivités, de l'État et de l'Europe en faveur du développement local (DATAR).

On aura compris que le pays est plus grand que les communes et que leurs communautés ; qu'il se joue du découpage administratif en arrondissements, cantons, départements ou même des régions. Il peut être transversal à plusieurs de ces entités ; toutefois les dépassements des frontières départementales et à plus forte raison régionales apparaissent, dans la réalité, assez rares. Le pays n'est ni une circonscription, ni une nouvelle collectivité locale. Ni octroyé, ni électif, il se situe dans la continuité de la logique socio-économique des bassins d'emploi de 1982, en parallèle d'ailleurs avec les agglomérations (plus de 50 000 habitants) de la loi Chevènement, avec possibilité d'échange rural / urbain et même d'inclusion d'agglomérations dans les pays.

Le pays est une construction qui repose sur trois innovations. Il est *constaté* par les autorités administratives. Il se *fédère* autour d'une charte ; un conseil de développement composé de représentants des milieux économiques, sociaux, culturels et associatifs est créé librement par les communes impliquées. Enfin, il est *contractualisé*.

Le pays est constaté

Le pays est « constaté », c'est-à-dire que l'initiative de sa création relève du volontariat local. Le périmètre en est simplement arrêté par le préfet de région après avoir été reconnu par la Conférence régionale d'aménagement et de développement du territoire (CRADT) qui associe élus, organisations socioprofessionnelles et représentants du *monde associatif.* Ainsi les associations apparaissent-elles désormais non plus comme tributaires ou bénéficiaires d'un développement octroyé, mais comme acteurs égaux de la décision locale. Elles sont aussi acteurs nommément désignés dans un conseil national de développement (CNADT) ; elles seront parties prenantes des conseils de développement des pays. Chaque fois, elles sont citées côte à côte avec les organisations socioprofessionnelles.

Apparaît ainsi la volonté manifeste de la loi Voynet de confier au secteur associatif un rôle de premier plan. Notons que les autres partenaires non lucratifs de l'Économie sociale, coopératives et mutuelles, ne sont pas nommés, ramenés sans doute à la généralité d'un secteur socioprofessionnel plus ou moins marchand.

Citons une cause d'effervescence, le problème des frontières entre pays. Il est d'autant plus virulent qu'il y a des niveaux inégaux dans le territoire entre zones rurales et zones urbaines, parfois très urbanisées avec une ville et une communauté urbaine, centre du pays. C'est le cas pour le « pays manceau » qui rayonne autour du Mans. S'ajoutent à cela les querelles de clochers et de notables. Dans l'exemple précédent, nous trouvons deux projets de pays, l'un piloté à partir de Sablé, par le Président du Conseil Régional des pays de Loire, l'autre à partir du Mans par le Président de la Communauté Urbaine.

Deuxième source de l'effervescence et non des moindres : le dialogue difficile entre les *volontaires* du pays et les *institutionnels*. Bien souvent le pays émerge de l'initiative d'une « association de développement » spécialement constituée à cet effet. Pour le pays d'Alençon, il s'agit de l'ADPA (association de développement du pays d'Alençon), ayant à sa tête un élu socioprofessionnel. D'autres – pays manceau – préfèrent la formule de « comités de pilotage technique » plus aisément gouvernables. Lorsque (et c'est le cas de l'ADPA) l'association est fondée sur des réseaux anciens tissés à l'occasion d'opérations préalables (programme européen pour l'emploi EQUAL), elle a souvent eu à faire preuve dans le passé de pugnacité face à l'inertie ou à la résistance d'élus et de fonctionnaires nationaux ou territoriaux. En effet, ces derniers comprennent mal la logique des pays et y voient une source de confusion et de concurrence à leur propre pouvoir, d'où des réticences et des blocages.

Le pays est fédéré

Ni érigé, ni électif, simplement constaté, le pays est aussi « fédéré ». Autour d'une charte, qui est l'un des éléments de la reconnaissance du pays, se fédèrent les vouloirs convergents des communes et de leurs groupements, des milieux socioprofessionnels et des associations. La charte est le document qui détermine la stratégie commune de ce territoire en matière de développement socio-économique, de gestion de l'espace et d'organisation des services. La charte traduit un projet global de développement *durable*, qui doit répondre, selon la DATAR, à des objectifs d'équité sociale, aux principes de subsidiarité et de transversalité, à une recherche de la participation des citoyens et à la conciliation du court terme et du long terme. Il s'agit bien d'une fédération de projets et il est dit que le pays permet à des communautés de se concerter et de mutualiser leurs moyens à l'échelle adaptée. Notamment, les communautés de communes sont appelées à être les maîtres d'ouvrage de nombreux projets décidés à leur échelle.

Un *Conseil de développement* de pays est *librement* organisé et composé. Il est associé à l'élaboration de la charte, à sa mise en œuvre et à l'évaluation des projets. Une revue des projets actuellement connus qui sont portés par les chartes de pays montre une grande hétérogénéité. Certains projets tiennent du catalogue d'activités à financer. D'autres pays, au contraire, se sont fédérés autour d'axes musclés, bien souvent portés depuis fort longtemps par des associations qui cherchaient à répondre aux désarrois locaux et à mettre en œuvre des projets innovants : sauvetage d'industries ou d'artisanats ou leur remplacement (textile, chaussure, etc.), recherche de créneaux agro-alimentaires nouveaux par le développement de la qualité (labellisation), etc.

Le pays est contractualisé

Constaté, fédéré, le pays est aussi « contractualisé ». Nous passerons plus rapidement sur ce point puisqu'il s'agit d'un processus et d'une logique connus. Pour son fonctionnement le pays peut mutualiser en interne les moyens dont il dispose. Il est alors organisé dans une phase préalable, sous la forme d'un ou plusieurs *établissements publics de coopération intercommunale* (EPCI). Il prendra ensuite la forme d'un *groupement d'intérêt public* (GIP) de développement local, personne morale de droit public dotée de l'autonomie financière, ou bien d'un *syndicat mixte*, fruit d'ententes entre institutions départementales et régionales, communautés urbaines, syndicats de communes, chambres consulaires et différents établissements publics.

Du projet associatif au projet de pays et à un projet global de Société

De la dispersion à l'organisation en réseau

Les associations sont pour la plupart d'entre elles associatives *par nature*, c'est-à-dire par libre adhésion au statut prévu par la loi de 1901. À ce titre, l'ensemble associatif peut apparaître comme simple *agrégat*, donc une catégorie qui pèse par son poids statistique principalement. D'autres associations sont associatives par *leur objet*. Elles peuvent se fixer comme mission la promotion ou la défense de cette forme d'organisation à travers soit la construction d'un projet global de Société, politique, confessionnel, libertaire, soit spécifiquement de la défense de tel ou tel aspect particulier : fiscal, social, charitable (Restos du Cœur, Aides, etc.).

Enfin, les associations sont fortement réseautées dans des constructions fédératives (archéo ou néo). Pour les unes, archéo-fédérations, le fédéralisme est antérieur à toute nouvelle extension. On adhère ou on est suscité. En tout état de cause, on se rallie à une charte préexistante. C'est le cas de ce qui articule *les deux* grands blocs associatifs français : laïcité d'un côté, « Église » de l'autre et plus particulièrement la catholique. De la formation à la culture, au tourisme, au sport, aux établissements sanitaires et sociaux, on peut tracer cette ligne de partage dans la plupart des situations. Les autres, néo-fédérations, sont de création plus récente, sur des projets nouveaux et atypiques. À partir des unités de base, elles mettent en place leurs propres réseaux fédératifs : lutte contre le cancer, le sida, causes sociales multiples, humanitaire, etc. Elles vont rencontrer les mêmes problématiques : pouvoir de faire « mouvement », c'est-à-dire de s'affirmer à l'égard des média et de l'opinion publique avec des difficultés d'arbitrage entre la « masse bénévole » (40 000 pour les Restos du Cœur en 2001) et les salariés.

Voies en alternance

Nous sommes ainsi insensiblement passés d'agrégats à des mouvements associatifs « organisés », en référence à la démarche connue : agrégats de consommateurs → consommateurs organisés (consumérisme). Il s'agit d'apprécier le lien qui existe entre le projet associatif globalisé et le projet global des pays.

Le projet associatif de la loi de 1901 n'est sans doute pas sociétalement neutre puisque pendant longtemps en France, le droit de libre adhésion a été nié par des régimes politiques de nature différente. Sans vouloir entrer dans l'histoire des idées et des faits, il faut rappeler que le « socialisme associationniste » possède une longue tradition : du « Manifeste des Égaux » (Sylvain Maréchal) à Owen, Fourier, Proudhon et plus tard Louis Blanc et Kropotkine, du phalanstère de Guise à la communauté Boimondeau. Est-ce alors la doctrine associationniste qui aurait porté le projet des pays de la loi Voynet et conféré légitimité au poids spécifique donné aux associations dans le dispositif ? La question reste ouverte. En tout état de cause, cette histoire et ces idées ne sont pas méconnues des actuels législateurs puisque les années proches de 1968 ont été celles d'une réactivation autogestionnaire.

Si nous interrogeons les textes officiels et les commentaires, on peut y trouver une série de discours parallèles :

– *Un premier discours*, aujourd'hui plutôt technocratique, est d'origine gaullienne : Plan / DATAR. Il plaide pour un « polycentrisme maillé » dans l'aménagement de notre pays, par recomposition des territoires et redéfinition des missions de la puissance publique. Les dynamiques territoriales sont clairement fondées sur la *démarche participative* au sein des territoires : agglomérations, pays, parcs naturels régionaux, et sur la coopération entre villes et régions, au sein de grands bassins de peuplement. Micro-territoires et macro-territoires sont maillés au sein de l'Europe qui aurait également fait le choix du polycentrisme. L'équilibre territorial est recherché dans les territoires « vécus » par des stratégies mesurées de différenciation. Avant d'arriver à ces conclusions, les auteurs de la prospective éliminent habilement différentes options : scénario de « l'archipel éclaté », scénario du « centralisme rénové », scénario du « local différencié ». Nous pouvons remarquer dans les différents travaux de la

DATAR, un vocabulaire qui n'est pas celui de la loi Voynet et des commentaires qui l'accompagnent. Question de style peut-être. Mais on y retrouve bien l'empreinte des grands corps de l'État, l'empreinte des ingénieurs et hauts fonctionnaires détenteurs des missions de la « puissance publique ».

– *Un second discours* est de nature politique. La loi Voynet n'est pas la loi Pasqua, pas même son prolongement. Une comparaison des deux textes fait vite apparaître des contradictions fondamentales. La LOADT de 1995 a bien « évoqué » les pays, mais s'est très vite arrêtée en chemin de peur d'aller trop loin. La loi de 1999 développe abondamment le sujet, en assure la mise en œuvre concrète et contribue ainsi à élargir la brèche faite dans la construction « préfectoraliste » des pouvoirs publics par ce nouveau maillon.

Simplement constaté par la puissance publique, fondé sur le contrat d'association que constitue la charte, librement piloté par un conseil de développement à composition également libre, le pays cumule les dérogations à tout ce qui est connu. Illustration de l'application de la « démarche participative » dont parle la DATAR, il vise sans doute plus loin et plus haut. Il est curieux de voir qu'un scénario a été oublié, celui d'un *centralisme fédératif à initiative locale*, non pas « décentralisation » octroyée, mais « recentralisation voulue »[10].

Pour parler clair, le modèle serait alors plus ou moins « autogestionnaire ». Mais il faudrait alors être plus précis, parce que ce type de construction à forme fédérative doit impliquer des garde-fous contre les dérives nationaliste et anarchiste. Il s'agit, d'une part, du principe de *rotation quadriennale* des responsables à tous niveaux, et d'autre part, du mode d'organisation balancée des pouvoirs entre le centre et la périphérie, de manière à ménager initiative à la base et souveraineté sans conteste au sommet ; c'est ce qu'une recherche fondée sur l'analyse des pratiques, notamment yougoslaves, a montré.

– *Un troisième discours* est celui de l'Europe. Il serait aussi de nature « polycentrique » tel qu'esquissé par le schéma de développement de l'espace communautaire (SDEC). Il vise, par l'instauration de partenariats de développement (PDD), à la mise en réseau des partenaires européens afin de partager informations et expériences abouties et à généraliser les « bonnes pratiques ». Par cercles concentriques, l'idée est d'impulser des dynamiques locales pour favoriser des coopérations transnationales et enfin de développer un intérêt commun pour l'appartenance à une même communauté. Est-ce que nous nous trou-

---

[10] Voir sur ce thème, les nombreux travaux de Pierre Rosenvallon, dont sa leçon inaugurale au Collège de France, 2000.

vons-là dans une démarche visant à construire l'Europe des régions et des pays ? Probablement oui, d'autant plus que bien des nations européennes sont engagées et plus ou moins avancées dans la même construction : district italien, burg allemand, comté ailleurs en Suède, Angleterre, Espagne pour certaines régions. Avec des probables différences, la même volonté d'échelon intermédiaire se fait jour avec constance partout.

En France, le pays constitue un échelon hybride et intéressant d'une démocratie participative. Il est lui-même vecteur de changement. La convergence associations / pays n'est pas le fruit du hasard. Elle entre dans une logique de contrats commune aux deux entités.

Ensembles en mutation

Ces trois voies de développement du territoire dans lesquelles s'inscrivent en France les « pays », montrent à l'évidence qu'elles se réfèrent à des conceptions vastes de la Société et larges de la construction de l'intérêt général :

i.   modèle central plus ou moins participatif ;

ii. modèle démocratique participatif plus ou moins autogéré ;

iii. modèle fédératif poly centré.

Pays / Économie sociale, même combat ! Peut-on tirer cette conclusion ?

Si l'on se réfère aux ASCOOP, on détermine dans le « secteur sans but lucratif » d'E. Archambault (1996) quatre modèles généraux :

i.   le modèle rhénan, qui repose sur l'État-providence, la décentralisation forte et un système de sécurité sociale bismarckien (assurantiel à base professionnelle) ;

ii. le système anglo-saxon fondé sur les organisations volontaires, avec financement public contractuel et la pratique ancienne du bénévolat ;

iii. le modèle scandinave à la fois associatif et d'État-providence pour l'essentiel ; la sécurité sociale uniforme et universelle est de type beveridgien ;

iv. le modèle méditerranéen marqué par l'influence de l'Église et la constitution progressive des modèles de protection sociale.

La France appartiendrait à une forme bismarckienne de sécurité sociale (modèle rhénan) et au modèle méditerranéen de constitution de son tiers secteur récent. Cette présentation universelle du secteur sans but lucratif fait – on le voit – largement place au domaine du sanitaire et du social. La typologie apparaît largement adossée aux *régimes* de protection sociale des citoyens entre charité et État-providence. En France, les institutions de la sécurité sociale trouvent désormais un écho dans les *pays*. Rares en effet sont les pays qui ne développent pas des services sociaux et de santé qui sont la raison d'être principale des politiques de proximité : maisons de retraites, soins à domicile, repas, ménage, crèches, etc. (la liste est longue) ; ce n'est pas un hasard si une grande partie de ces services sont gérés associativement, certains dès les lois de 1901 et de 1905 ; aujourd'hui ils sont gérés de plus en plus associativement au titre de la néo subsidiarité[11].

Au préalable, il nous faut marquer le caractère de système de gouvernance local du « pays ». Celui-ci est un maillon d'une chaîne verticale analogue à ce que l'on connaît dans la filière économique, mais cette fois de l'ordre de la sociologie politique (Koulytchizky, 1985 et 1992).

Le pays est *intermédiaire* et *intermédiateur* dans la chaîne verticale. Intermédiaire, il assure le passage des messages de l'amont vers l'aval et inversément ; horizontalement en tant qu'intermédiateur actif par ses organes conseil, il assure une fonction d'interprétation ; il prend dans l'environnement, et il rend dans l'environnement, de l'information, des opportunités, des choix et des actes qui modèlent ce dernier. Le pays à l'instant T0 est ce qu'il est ; à l'instant T1, il est déjà différent, puisque se sont exprimés à la fois le *vouloir* et les *actes* des opérateurs qui le composent, les attentes et les freins de l'environnement pertinent dans lequel le pays est immergé ; l'instant T2 sera fait, pour le maillon pays, de la réaction à ces intentions et à ces actes pour aller vers de nouveaux vouloirs et de nouvelles actions (Schéma 3). Une vision de progrès voudrait que l'empilement des spires manifeste un trend ascendant constant[12].

---

[11] Sur les services sanitaires et sociaux, on peut voir les travaux constants de l'ADDES (Association pour le Développement de la Documentation sur l'Économie Sociale), autour de Edith Archambault, Philippe Kaminski, Viviane Tchernonog. Particulièrement Colloque de 1996 sur le Secteur Sanitaire et Social associatif.

[12] Façon de voir exprimée par Teillard de Chardin, rapportée par Henri Desroche.

Schéma 3

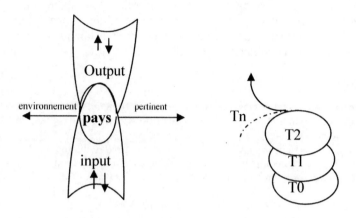

Le pays admet des inputs (vouloir / acquis préalables). Le pays travaille à coordonner une « rencontre harmonisée » qui constitue l'output du système. Il contribue à construire les maillons successifs de la chaîne de l'IG dans leur évolution liée[13].

Cette rencontre harmonisée entre les attentes de la base et le bon vouloir des étages supérieurs se fait soit en continu, soit en alternance à échéances particulières, principalement budgétaires. L'image est désormais celle d'un *système* de gouvernance.

À un tout autre échelon, le cas actuel de l'OMC illustre le même type de démarche : affrontements temporaires parfois violents entre gouvernants et gouvernés, États et altermondialistes dans l'attente d'un compromis destiné à ouvrir une nouvelle phase de coexistence jusqu'au prochain round. Pour le « pays », même ajustement des forces en présence, même jeu de pouvoirs et de contrepouvoirs, même glissements des pratiques dans la phase intermédiaire.

Pays / associations d'ES ont une dimension commune qui est celle de la proximité ; le fait d'être soumis aux mêmes procédures de projets et de budgets favorise le dialogue des structures et des hommes. Même combat également pour asseoir la pérennité du modèle de développement. Alors que la constitution des pays reste facultative, le territoire se remplit rapidement de ces nouveaux instruments de gouvernance. Dans les départements bretons, la couverture est totale. Tout retour en arrière apparaît désormais impossible.

---

[13] Modèle de Baranoff in A. Micallef.

Même combat enfin – on peut le supposer – pour promouvoir un modèle de Société et de construction de l'IG qui parte du local et valorise le territoire. C'est à ce titre que l'on pourrait parler sinon d'un véritable « régime de gouvernement » du moins d'une étape dans l'émergence de ce dernier, d'un chaînon prometteur pour la constitution de l'IG, celui des pays en alliance avec le secteur associatif.

Bibliographie

Archambault, E., *Le secteur sans but lucratif, associations et fondations en France*, Paris, Ed. Economica, 1996 (notamment présentation du programme comparatif Johns Hopkins).

Archambault, E., « Le secteur sans but lucratif : une perspective internationale : résultats du programme comparatif Johns Hopkins dans huit pays industrialisés », in *Revue internationale de l'Économie Sociale (RECMA)*, n° 261, 1996, p. 36-47.

Chaline, O., *Le règne de Louis XIV*, Paris, Flammarion, 2005.

Côté, D. (dir.), *Les holdings coopératifs, évolution ou transformation définitive ?*, Bruxelles, De Boeck Université, 2001.

Dexia, *Les entreprises publiques locales dans les 25 pays de l'Union Européenne*, Paris, Dexia éditions, 2004.

Gachet, B., « Choix privés, Choix publics : limites et alternatives dans le cadre communal », Thèse pour le Doctorat de l'Université de Rennes I, Mention Sciences Économiques, 1991.

Koulytchizky, S., « Le quadrilatère d'Henri Desroche revisité », in *Revue internationale de l'Économie Sociale (RECMA)*, n° 272, 1999, p. 77-84.

Koulytchizky, S., *Le vrai métier des coopératives au crible de l'analyse de filière*, Montréal, ACFAS, 1992.

Koulytchizky, S., *L'Autogestion, l'Homme et l'État : l'expérience algérienne*, La Haye, Mouton, 1974.

Koulytchizky, S. et Morvan, Y. (dir.), *L'analyse de filière*, Paris, Economica, 1985.

Le Duff, R., Régal, J.J. et Schmidt, G. (dir.), *Démocratie et management local : 4°rencontre ville-management*, Paris, éditions Dalloz, 2001.

Leray, Y., *Le Social, éclairage par la notion de réseau : annexe 1*, ADDES, 1996.

Micallef, A., *Gestion commerciale des entreprises*, Paris, Dalloz éditions, 1977.

Monnier, L. et Thiry, B., « Introduction: The general interest: its architecture and dynamics », in *Annales de l'économie publique, sociale et coopérative*, vol.68 n° 4, Liège, 1997, p. 313-333.

Gouvernance et intérêt général dans les services de santé au Venezuela

Les défis que pose la formation d'un nouveau régime de gouvernance

Madeleine RICHER

Universidad del Zulia, Maracaibo (Venezuela)

Introduction

Dans la plupart des pays d'Amérique latine, la Constitution reconnaît le droit des citoyens à la santé et la responsabilité de l'État en ce domaine. Au cours du XXe siècle, des systèmes publics de santé ont été mis sur pied, qui faisaient partie du processus de modernisation, composante centrale de la notion d'intérêt général. Cependant, ces services ne furent jamais suffisants pour atteindre la majorité de la population : insuffisance du personnel et des équipements, distribution géographique qui excluait de nombreux quartiers urbains et zones rurales. De plus, dans la plupart des pays, les services de santé sont fragmentés en différents réseaux : un réseau d'institutions dépendant du ministère de la Santé et accessible à l'ensemble de la population, et un ou plusieurs réseaux destinés aux travailleurs du secteur formel et dotés d'un financement tripartite : cotisations des travailleurs et des employeurs et apports complémentaires de l'État.

Ces systèmes sont entrés en crise au cours des années 1980. L'augmentation des inégalités sociales, du chômage et de l'exclusion, la diminution des revenus de l'État et de sa capacité de redistribution, l'accumulation d'une considérable dette externe et l'adoption de mesures d'ajustement macro-économique d'orientation néolibérale, ont entraîné des réformes des politiques sociales et des systèmes de santé et de services sociaux, au Venezuela comme dans les autres pays d'Amérique latine. Influencées par le néolibéralisme, ces réformes se basent sur des conceptions de l'intérêt général et du bien public différentes de celles de la période précédente : elles mettent l'accent sur la nécessité de diminuer les dépenses publiques, et de faire payer les services par les usagers, plutôt que sur l'équité et l'universalité de l'accès aux services ; elles valorisent le marché comme mécanisme de régulation, au détriment de l'État, considéré comme une source d'inefficacité et d'inefficience.

La crise des services publics de santé et l'introduction des mécanismes de marché dans la prestation de ces services ont eu comme effet la croissance d'un secteur privé lucratif dans le domaine de l'assurance et de l'offre de services de santé ; elles ont aussi représenté une opportunité pour le développement d'organisations d'économie sociale dans le domaine de la santé : coopératives d'usagers et de professionnels, associations à but non lucratif.

À partir des années 2000, le nouveau pouvoir politique de la « révolution bolivarienne » du président Chavez a initié des réformes importantes dans les services publics de santé : augmentation des dépenses publiques, en particulier dans les quartiers urbains les plus pauvres et les zones rurales auparavant exclus des services de santé. Cette marche arrière par rapport aux réformes des deux dernières décennies, vers une plus grande intervention de l'État dans le financement et l'offre de services de santé, s'est accompagnée d'un encouragement à la participation des usagers à travers la figure des comités de santé, qui se voient confier de multiples fonctions entre autres d'appui à la mise en place de nouveaux services de santé dans des quartiers marginalisés, d'éducation de la population, de contrôle sur les ressources investies par le secteur public.

Ce texte comprend trois parties : dans une première partie, nous présentons les principales caractéristiques du système de santé vénézuélien, la crise qu'il a connue à partir des années 1980 et les orientations des réformes des années 1990 ; une deuxième partie est consacrée aux différents types d'organisations d'économie sociale qui se sont créées dans le contexte des transformations des politiques publiques et des failles du système public de santé ; dans une troisième partie, nous présentons les nouvelles orientations des politiques sociales et de santé à partir de la nouvelle Constitution de 1999, et les défis qu'elles soulèvent du point de vue de la gouvernance et de l'intérêt général. Nous concluons en situant les transformations des politiques de santé au Venezuela par rapport à quelques grandes tendances des politiques de santé en Amérique latine.

Le système de santé vénézuélien :
principaux problèmes et propositions de réforme

Dans la plupart des pays d'Amérique latine, à cause des profondes inégalités sociales, il a été impossible de mettre en place un dispositif intégré de péréquation pour le financement de soins de santé et un réseau unique de services de santé pour toute la population. Ainsi, au Venezuela, il existe plusieurs systèmes de financement et réseaux de services de santé. Le plus important est celui du ministère de la Santé et de l'Assistance sociale (MSAS), créé en 1936. Le MSAS a mis en place un important réseau d'institutions publiques de soins de santé (hôpitaux, centres ambulatoires) accessibles à l'ensemble de la population.

Cependant, parallèlement à ce réseau du MSAS, insuffisant pour répondre à la demande, on créa un autre réseau de soins de santé pour les travailleurs du secteur privé avec la fondation en 1940 de l'Institut vénézuélien des assurances sociales (IVSS). L'IVSS est financé par des contributions des travailleurs, des employeurs et de l'État, et s'occupe du paiement des pensions ainsi que du financement et de la prestation de soins de santé. Le processus de fragmentation des soins de santé s'accentua ensuite avec la création de multiples systèmes de prévoyance et de soins de santé pour le personnel des différentes institutions publiques : ministères, instituts, universités. C'est ainsi qu'en 1990, il existait 130 organisations financées par l'État et qui offraient des services de santé à des secteurs de la population. Cette fragmentation du financement et des soins est une importante source d'inefficience et de manque d'équité (Rondon Morales, 1999 ; Díaz Polanco, 1999). De plus, les institutions publiques de soins étant insuffisantes pour répondre à la demande, des ententes avec le secteur privé pour l'offre de soins de santé aux bénéficiaires des systèmes de prévoyance ont signifié d'importants gonflements des coûts de la santé.

Les considérables revenus pétroliers de l'État vénézuélien ont permis la création d'un important réseau d'établissements publics de santé et l'application de mesures de santé publique qui ont amené une chute importante de l'incidence des maladies liées au sous-développement. Ainsi, l'espérance de vie moyenne est passée de 42,1 ans en 1941 à 73,9 ans en 2002, et la mortalité infantile a diminué de 79,3 pour mille en 1950 à 20,0 pour mille en 1985[1]. Jusqu'aux années 1980, les indicateurs vénézuéliens relatifs aux ressources disponibles dans les services

---

[1] Cependant, ce taux actuel représente presque le double de celui du Costa Rica, pays beaucoup moins riche, mais un des seuls pays d'Amérique latine où il existe un système de financement public des soins de santé pour l'ensemble de la population (Homedes et Garcia, 2002).

de santé atteignaient des niveaux voisins des normes fixées par les organismes internationaux.

C'est au cours des années 1980 que la tendance à l'amélioration des indicateurs de santé s'inverse et que l'on commence à parler d'une crise de la santé (Galli et García, 1986). Le gouvernement vénézuélien, comme les autres gouvernements de la région, avait accumulé une énorme dette publique, et faisait face à une grave récession économique qui rendait difficile son remboursement. La crise de la dette externe entraîna une baisse des dépenses publiques, en particulier dans la santé.

Le manque d'efficience dans l'utilisation des ressources, et la corruption généralisée s'ajoutent à la diminution des dépenses publiques pour expliquer la détérioration des services publics de santé à partir des années 1980. La mise en place d'un modèle clientéliste dans l'administration publique a constitué un important facteur d'inefficience, en particulier dans les services d'éducation et de santé. Le clientélisme, phénomène répandu dans les pays latino-américains, et lié à la corruption, consiste dans « la distribution personnalisée de faveurs et de biens, dans le but d'obtenir des appuis, des loyautés, et des votes, en passant par-dessus les règles et instances formelles et légitimes des institutions » (Auyero, 1998). Il se traduit dans le paiement de commissions, l'utilisation de critères autres que les compétences pour l'embauche et l'évaluation du personnel, le gonflement des coûts et des listes de personnel, les privilèges syndicaux, des formes perverses d'organisation du travail. Le clientélisme et la corruption généralisée qui s'installent, surtout à partir des années 1970, avec la considérable augmentation des revenus de l'État suite à la hausse des prix du pétrole, entraînent une profonde déshumanisation et mercantilisation des services de santé (Diaz Polanco, 2001 ; D'Elia, 2002 ; Gamboa, 1996). Le MSAS perdit progressivement sa capacité de régulation, et l'intérêt général, dans ses dimensions d'accessibilité et de qualité des soins, et d'efficience dans l'utilisation des fonds publics, fut ainsi sacrifié au profit d'intérêts particuliers de groupes corporatistes et d'individus.

Un autre facteur responsable de la crise des services de santé est la prédominance de la médecine curative, surtout à partir des années 1970, alors que les ressources destinées aux programmes préventifs baissent considérablement (Provea, 1999).

Pour faire face à la crise et à la perte de légitimité du système politique, la Commission présidentielle pour la réforme de l'État, créée en 1984, recommanda la mise en œuvre d'un processus de décentralisation, qui commencera à être appliquée en 1989, avec la Loi organique de décentralisation, délimitation et transfert de compétences du pouvoir public, et l'élection la même année des maires et des gouverneurs, auparavant nommés par le Président de la République. Dans les services de santé, la décentralisation, initiée en 1994, fut mise en œuvre dans un contexte de faible capacité de régulation du ministère de la Santé, et elle se caractérisa par de grandes différences entre les régions. Dans certaines régions, « elle a permis l'émergence de modèles innovateurs de gestion et une amélioration de l'efficience et de la qualité des services. Mais en général, les ententes conclues entre les états et le gouvernement central pour le transfert de ressources ne furent pas respectées » (Diaz Polanco *et al.*, 2001). L'insuffisance du financement amena l'imposition de tarifs aux usagers des services de santé publics, et entraîna une baisse importante dans la demande de services dans les institutions publiques de santé, et une augmentation de l'offre de services de santé privés. En 1997, on estime que seulement 23 % des dépenses de santé du pays proviennent de fonds publics, et ces dépenses ne représentent plus que 7 % du budget national, alors qu'en 1970 la santé recevait plus de 15 % du budget de l'État (Feo Istúriz et Díaz Polanco, 2001). La meilleure option pour un grand nombre de citoyens devint l'achat d'une assurance de santé privée, individuelle ou collective, et un marché florissant de services de médecine prépayée vit le jour. Cette évolution suivait par ailleurs les recommandations des organismes financiers internationaux. La Banque mondiale (BM) et le Fonds monétaire international (FMI) attribuaient les mauvaises performances économiques et sociales des pays latino-américains au modèle d'économie mixte qui prédominait dans la région, c'est-à-dire à l'importante participation du secteur public aux activités économiques, et à son incapacité à mettre en œuvre une gestion efficiente. D'où les recommandations de ces organismes relatives à la privatisation, et à l'introduction de mécanismes de marché dans les services publics y compris la santé.

Avec la décentralisation, la participation de la population constitue une autre composante de la stratégie de réforme du secteur de la santé, qui vise une meilleure gestion des établissements, une plus grande efficacité et efficience des dépenses publiques. La loi sur la décentralisation des services publics de 1989 avait créé la figure des Conseils socio-sanitaires (*Juntas sociosanitarias*), qui devaient se former dans chaque établissement public de santé. Ces conseils, constitués par des représentants de la direction et du personnel de l'établissement, ainsi que de la société civile (monde des affaires, Églises, associations communautaires), allaient permettre une participation des citoyens à la gouvernance des centres de santé. Mais en l'absence d'une culture de participation citoyenne à la gestion publique, ils n'ont pu être créés et fonctionner d'une façon adéquate que dans quelques rares établissements, où ils ont cependant joué un rôle important dans le contrôle des ressources financières, et dans l'amélioration de la qualité des services (Rincon, Ochoa, Rodriguez, 2002).

L'émergence d'organisations d'économie sociale

La fin progressive de la gratuité des soins de santé dans le système public au cours des années 1990, ainsi que les problèmes liés aux déficiences de l'offre de services, ont représenté un contexte favorable à l'émergence d'initiatives associatives dans le domaine de la santé : coopératives d'usagers, coopératives de travail mises sur pied par des médecins, organisations sans but lucratif créées par des professionnels de la santé ou par des groupes d'usagers. Divers groupes décident de prendre en mains la satisfaction de leurs besoins – accessibilité, qualité et disponibilité des services, conditions de travail – dans un cadre démocratique.

Cependant, ces organisations n'ont pas constitué de fédération ni même de réseau qui les regroupe. Aussi, on ignore leur nombre exact. Leur développement est aussi très inégal selon les régions. L'examen de quelques cas représentatifs peut illustrer le processus d'émergence et la dynamique de développement de ces initiatives.

Une association sans but lucratif fondée par un médecin cardiologue : ASCARDIO

La *Asociación Cardiovascular Centrooccidental* (ASCARDIO), se définit comme une organisation sans but lucratif, orientée vers la promotion de la santé dans la communauté. Elle a été créée en 1976[2] à Barquisimeto, capitale de l'État de Lara, une ville d'environ 600 000 habitants à l'époque. Son principal promoteur fut un jeune médecin cardiologue, employé par le MSAS pour la mise en œuvre du Programme cardiovasculaire, un programme de médecine préventive et curative. Malgré l'abondance de ressources financières et la présence de professionnels qualifiés, l'application de ce programme avait connu une longue série d'échecs, liés au mode de fonctionnement bureaucratique et centralisé du MSAS. La création d'une association sans but lucratif paraissait être une façon de contourner ces obstacles, par la mobilisation de personnes issues de différents secteurs de la société civile de la région autour d'objectifs de promotion de la santé communautaire. L'association, appelée ASCARDIO, permit de constituer un fonds destiné à la diffu-

---

[2]   C'est-à-dire en pleine période de richesse pétrolière, avant la crise des années 1980, mais dans un contexte caractérisé par la gestion populiste et clientéliste qui prédominait dans l'administration publique, et donc au ministère de la Santé, et qui constituait un obstacle au fonctionnement efficace des programmes publics.

sion de moyens de prévention des maladies cardio-vasculaires, au traitement des personnes atteintes et à leur réhabilitation, ainsi qu'à la recherche. Dès ses débuts, ASCARDIO a travaillé en partenariat avec le secteur public. Au cours de ses premières années d'existence, l'association fonctionna dans des locaux appartenant à l'unité cardio-vasculaire de l'Hôpital Gómez López de Barquisimeto, et son président-fondateur occupait en même temps le poste de directeur de cette unité, qui devint en 1979 le Centre cardio-vasculaire régional, dont la gestion fut confiée à ASCARDIO. Au cours des premières années, la totalité du financement de ce centre provenait du MSAS, et l'accès aux services était gratuit et universel. Mais ensuite, à partir du milieu des années 1980, la contribution financière de l'État diminua progressivement, ce qui obligea à rechercher des sources alternatives de financement : dons, vente de services complémentaires, imposition de tarifs aux usagers.

En 1986, en vue de répondre aux besoins du milieu, et dans un contexte de détérioration des services de santé publics, et aussi pour générer des revenus qui assureraient la pérennité du programme cardio-vasculaire, activité centrale de l'organisation, ASCARDIO décida de diversifier son offre de services, à partir de ses propres infrastructures, édifiées progressivement sur un terrain adjacent à l'Hôpital. ASCARDIO créa ainsi le Centre médical intégral (CMI), qui offre des consultations dans un grand nombre de spécialités. Un système d'affiliation ou d'assurance de groupe, le *Servicio Único de Atención Médica Integral para Grupos Organizados* (SU AMIGO) s'adresse aux membres de tout type d'organisations ayant un minimum de 100 membres (entreprises, associations de quartiers, syndicats, associations culturelles, sportives, coopératives, etc.). Le tarif mensuel est fixé en fonction des dimensions du groupe et du plan de services choisi. En 2004, environ 50 000 personnes sont affiliées au plan *SU AMIGO*. L'affiliation, tout en facilitant l'accès aux services, fournit à l'organisation un revenu stable et prévisible.

En 1989, ASCARDIO a mis sur pied un service d'ambulances, pour répondre à un besoin non satisfait ni par le secteur public ni par le secteur privé. La qualité du service ambulancier d'ASCARDIO amena le gouvernement de l'État de Lara à conclure une entente avec cette association pour la mise sur pied du Système intégré d'ambulances de l'État de Lara, le SIAEL, dont la gestion fut confiée à ASCARDIO. Ce partenariat durable avec le secteur public permet d'offrir un service de qualité et de faible coût pour l'usager. Plus récemment, dans un souci de répondre à un besoin de la population, des services médicaux à domicile ont été mis sur pied.

Par ses objectifs et son mode de fonctionnement, ASCARDIO appartient à l'économie sociale. Organisation sans but lucratif, son objectif central est la promotion de la santé parmi la population de la région ; elle est ainsi une organisation au service de ses membres et de la communauté, et non au service d'un groupe d'actionnaires. Les décisions y sont prises à travers des processus démocratiques, et les excédents sont investis dans l'amélioration des infrastructures et des équipements, la création de nouveaux services, la formation du personnel, l'amélioration des conditions de travail et des services aux usagers.

Sa gouvernance est démocratique, basée sur des processus communicationnels et délibératifs. Une assemblée générale formée par le personnel de l'institution, par des usagers et des membres de la société civile locale, se réunit tous les derniers vendredis du mois, et la composition plurielle de cette assemblée permet l'expression des différents points de vue et intérêts des médecins, personnel paramédical, personnel de soutien, usagers.

La participation des différentes parties prenantes permet une évaluation constante des services et la correction opportune des problèmes. Le contrôle informel, l'auto-évaluation par les groupes de travail et la responsabilité individuelle et collective font partie intégrante du style de gestion. Les dimensions éthiques du service aux usagers et des rapports de travail font l'objet d'une attention particulière, ce qui marque une différence importante face aux institutions de santé publiques et privées vénézuéliennes.

ASCARDIO fonctionne à partir d'une hybridation de ressources provenant de diverses sources : du secteur public (partenariats pour la production de certains services), de dons, et du paiement par les usagers. Un fonds de solidarité, alimenté par des fonds publics, des dons et un pourcentage des excédents d'ASCARDIO, permet l'exonération de certains patients à faibles revenus.

En 1994, le président-fondateur d'ASCARDIO, qui avait dirigé une coalition régionale pour la décentralisation des services de santé, s'est vu confier le poste de directeur du nouvel organisme régional de la santé (*Fundasalud*), organisme qu'il avait contribué à créer. Pendant sa gestion, *Fundasalud* mit sur pied un programme de Centres de santé communautaires dans des quartiers populaires de Barquisimeto. Un programme de formation destiné aux membres des organisations communautaires des différents quartiers allait leur permettre de s'impliquer dans la gestion de leur centre de santé, et de participer à l'implantation d'un modèle alternatif de soins de santé, basé sur la prévention et la promotion, et sur la participation de la population. C'est ainsi que dans l'État de Lara, pendant les quatre années de la gestion de ce médecin comme directeur de *Fundasalud*, furent mis sur pied plusieurs centres de santé administrés par des associations d'usagers. Un de ces centres est l'*Ambulatorio del Sur*.

Le Centre Communautaire « Ambulatorio del Sur » : de l'action revendicatrice à la gestion d'un centre de santé

En 1986, les habitants des quartiers sud de la ville de Barquisimeto mirent sur pied un front commun en vue de l'amélioration des conditions de vie dans ces quartiers pauvres. Une des principales revendications était la construction d'un centre de santé public. Après plus de 5 ans de luttes, l'infrastructure est finalement construite par l'État en 1991-93. Cependant, pour les membres de l'association, il était évident qu'un centre de santé qui fonctionnerait selon le modèle qui prédominait dans les institutions du ministère de la Santé (sans médicaments, avec une présence médicale de seulement quelques heures par jour, sans programmes préventifs et de promotion de la santé) ne répondrait pas aux besoins de la communauté. Alors l'association communautaire élabora son propre projet de centre de santé, le projet « Communauté, santé et bien-être » (CSB), au cours de nombreuses assemblées publiques qui permirent l'émergence d'une vision partagée de ce que devait être le centre de santé. Quelques médecins qui partageaient une approche intégrale de la santé participèrent au projet. L'association « Communauté, santé et bien-être » (CSB) fut créée pour assumer la gestion du centre de santé, qui prend le nom d'*Ambulatorio del Sur*. La mission de ce centre de santé est d'offrir des services de santé aux habitants des quartiers sud de la ville de Barquisimeto, à partir d'un modèle de gestion basé sur la participation communautaire, la promotion et la prévention. Le contrôle social de la gestion est un important facteur d'efficience et de qualité des services. Les membres de l'association participèrent à des activités de formation offertes par *Fundasalud*, l'organisme de direction régionale de la santé.

Les activités du centre sont financées à travers une hybridation de ressources : du secteur public, qui finançait plus de 80 % des coûts de fonctionnement en 1994, et dont la participation s'est réduite à 40 % en 2001 et à 20 % en 2004 ; des opérations de levée de fonds, et des tarifs payés par les usagers.

Le projet CSB ne se limite pas à la gestion du centre de santé ; il englobe toute une stratégie de promotion de la santé et de la qualité de vie dans les quartiers. La promotion de la santé est vue comme un processus d'éducation et d'habilitation de la population pour qu'elle augmente son contrôle sur sa santé ; cela signifie une démédicalisation de la santé, l'implication de la communauté dans des activités de recherche, de formation et d'organisation. Plusieurs organisations communautaires (comité de santé, groupe responsable de la publication d'un bulletin mensuel, groupe de jeunes, groupe d'enfants, organisation de volontaires) s'occupent de diverses activités : éducation, gestion d'un vestiaire populaire, centre de recyclage, réfectoire pour personnes âgées, etc.

Ces groupes, en plus de contribuer à la pertinence des interventions sanitaires et à leur efficacité, contribuent aussi à la formation de capital social dans les communautés, ce qui est une importante externalité.

Des coopératives de santé

Au cours des années 1990, quelques coopératives de médecins firent leur apparition, dans le contexte d'une demande croissante de services de santé, et de taux de chômage élevés chez les jeunes médecins, avec la diminution des dépenses publiques dans la santé. Mais le développement coopératif le plus important dans le domaine de la santé est celui des coopératives d'usagers. Dans la plupart des cas, ce sont des coopératives (d'épargne et de crédit, de consommation), et des fédérations coopératives régionales multisectorielles, qui ont pris l'initiative de mettre sur pied des services de santé pour leurs membres, répondant ainsi à un important besoin dans le contexte de la détérioration et de l'élimination de la gratuité des services publics de santé.

Au Venezuela, les coopératives n'existent que depuis les années 1960[3], fruit de la promotion de secteurs de l'Église catholique, en particulier du Centre Gumilla, créé par les Jésuites dans la ville de Barquisimeto. Ces coopératives furent surtout des coopératives d'épargne et de crédit, créées dans des quartiers populaires en milieu urbain. Plusieurs de ces coopératives ajoutèrent ensuite d'autres activités : vente de produits alimentaires, d'électro-ménagers, de matériel scolaire, etc. À la fin des années 1960, ces coopératives se regroupèrent sur des bases régionales, pour offrir des services funéraires à leurs membres.

Cette expérience des services funéraires servit d'inspiration pour la mise sur pied de services de santé au cours des années 1990, par quelques fédérations coopératives régionales. Comme les services funéraires, les services de santé coopératifs combinent des fonctions d'assurance et de prestation de services de santé. Des cotisations mensuelles donnent droit à certains services (généralement des consultations de médecine générale, pédiatrie et gynécologie), offerts dans des cliniques médicales qui sont la propriété collective des coopératives affiliées à la fédération. Pour les services non couverts par la prime (autres spécialités, examens de laboratoire, etc.), on cherche à offrir les tarifs les plus

---

[3] Même si certaines expériences, qui n'ont pas survécu, sont antérieures à cette période.

bas possible, et les membres ont accès à du crédit pour faire face à ces dépenses.

Ces coopératives d'usagers contribuent à modifier la relation traditionnelle entre les professionnels de la santé et les patients, en faisant de ceux-ci les patrons de l'établissement de santé, garantissant ainsi la qualité des services et la réponse à leurs besoins. Dans certaines de ces coopératives, les médecins et autres membres du personnel peuvent devenir membres de la coopérative au même titre que les usagers. Leur participation conjointe aux instances de délibération et de décision contribue ainsi à la formation d'un nouveau rapport entre les médecins et les usagers, plus horizontal.

Comme les autres formes d'organisation de l'économie sociale et solidaire, les coopératives de santé produisent des effets collectifs positifs, qu'on les appelle utilité sociale, benéfices collectifs, valeur ajoutée sociale ou sociétale, etc. (Gadrey, 2004). Elles contribuent à l'habilitation des usagers, à leur formation en matière de santé et de gestion, elles développent le capital social et la cohésion sociale. Dans de nombreux pays, les transformations récentes dans les systèmes de santé, et dans le rôle de l'État, ont signifié une reconnaissance croissante de l'apport des organisations de l'économie sociale à l'intérêt général. Elles offrent une alternative à la lourdeur bureaucratique et hiérarchique des systèmes publics, et à la discrimination socio-économique inscrite dans le fonctionnement des services privés. Aujourd'hui, dans plusieurs pays, on parle d'économie mixte de la santé, avec la présence dans le secteur privé d'un important sous-secteur sans but lucratif, partenaire de l'État dans l'offre de services de santé (Lorendahl, 1997 ; Vézina et Girard, 2003 ; Girard et Vézina, 2002). Cependant, au Venezuela, ce partenariat public-privé sans but lucratif, qui pourrait représenter une alternative pour l'accès à des services de santé gratuits et de qualité, droit reconnu par la Constitution de 1999, n'est pas encore inscrit dans les politiques publiques de santé, qui misent plutôt sur le renforcement du secteur public dans le financement et la prestation des services de santé.

Les nouvelles politiques de santé à partir de 1999

L'arrivée au pouvoir du président Chavez en décembre 1998 marque un important changement dans les orientations des politiques publiques. Elle avait été précédée par des événements tragiques qui ont marqué l'histoire récente du pays, en particulier le soulèvement populaire de février 1989, le « *Caracazo* », expression de niveaux croissants de frustration face à l'impossibilité pour un grand nombre de citoyens d'améliorer leurs conditions de vie, et en réponse aux politiques d'ajustement macro-économique qui signifièrent une augmentation de la pauvreté et de l'exclusion. Ces frustrations collectives se trouvent aussi à l'origine des soulèvements militaires de l'année 1992, dirigés par Hugo Chavez, et qui malgré leur échec, marquèrent le début de la popularité croissante de ce leader charismatique qui réussit à gagner les élections présidentielles de décembre 1998.

La dissolution du Congrès et l'élection d'une assemblée constituante furent les premières mesures du nouveau gouvernement, qui aboutirent à la Constitution de 1999, acceptée majoritairement par voie de référendum. La santé y est définie comme un droit fondamental garanti par l'État, qui s'engage à mettre sur pied un système public de santé basé sur les principes de gratuité, universalité, intégralité, équité, intégration sociale et solidarité (article 84)[4]. L'article 85 établit que le financement du système de santé public est une obligation de l'État, qui devra intégrer les montants obtenus des impôts et les cotisations des patrons et des travailleurs à la sécurité sociale, pour garantir le financement d'un système de santé unique accessible à tous. Le nouveau système de santé marquera la fin de la fragmentation des services de santé entre un réseau public d'accès universel et des réseaux de soins à accès restreint réservés à des groupes privilégiés. La participation d'entreprises privées dans l'administration des fonds de santé a été exclue, à partir de l'observation des cas latino-américains où cette privatisation a fait partie des réformes des systèmes de santé, et s'est révélée coûteuse, peu efficace et génératrice d'exclusion.

Malgré ces consensus, d'importantes divergences continuent à se manifester quant à l'organisation d'un système national de santé. C'est ainsi qu'en octobre 2005, aucun des trois projets de Loi sur la santé, présentés à l'Assemblée Nationale depuis 2001, n'a encore pu être voté. Ces divers projets de loi reflètent la pluralité des intérêts et des visions relatives à la réforme du système de santé. Les profondes divisions qui caractérisent la vie politique vénézuélienne actuelle, et en particulier la polarisation entre partisans et adversaires du président Chavez, rendent difficile la construction d'ententes sur un grand nombre de thèmes, dont la santé.

On peut considérer que les principaux enjeux pour la gouvernance d'un système de santé public au Venezuela concernent la question de l'exclusion de l'accès aux services de santé d'une grande partie de la population, à cause de facteurs géographiques et de revenus ; la coexistence de nombreux systèmes de soins destinés à diverses catégories d'employés de l'État, et dont les bénéficiaires ne veulent pas l'intégra-

---

[4]   Dans l'ancienne Constitution, de 1961, le rôle de l'État se limitait au maintien de la santé publique et à fournir des services de santé à ceux qui sont dépourvus de moyens pour se les procurer (art. 76).

tion à un système public unique de soins de santé ; la faible capacité de régulation de l'État, face aux groupes d'intérêts ; le manque d'efficience et d'efficacité de la gestion publique, qui se traduit dans le manque de qualité des services publics de santé.

La politique de santé du gouvernement du président Chavez s'est fixée comme priorité de faire face au premier de ces enjeux, celui de l'exclusion. Son instrument principal est le programme *Barrio Adentro*[5] qui consiste, dans une première étape initiée en 2002, dans la création de milliers de cliniques populaires dans les bidonvilles et les zones rurales les plus marginalisés. Ce plan a été mis sur pied grâce à une entente de coopération avec le gouvernement cubain, de pétrole contre soins de santé, qui comprend la participation de milliers (14 000 en 2005) de médecins et dentistes cubains[6].

Le programme *Barrio Adentro*, en plus d'offrir des soins de santé primaires aux populations les plus exclues, introduit une nouvelle approche des soins de santé, la « médecine générale intégrale ». Cette approche globale, qui s'intéresse à l'ensemble des activités qui contribuent à l'amélioration de l'état de santé de la population, et mise sur la participation populaire et sur la prestation de soins de santé primaires à des populations géographiquement définies, a été privilégiée dans un grand nombre de pays depuis les années 1960 (Conill et O'Neill, 1984). Les interventions de promotion de la santé incluent des activités éducatives, culturelles et sportives, et encouragent la formation de divers groupes à partir de problématiques communes (groupes de personnes âgées, de personnes qui souffrent de certaines pathologies), ou d'intérêts partagés, générant une nouvelle dynamique sociale locale, et le renforcement du sentiment d'appartenance, la cohésion sociale, la coopération solidaire.

Du point de vue de sa gouvernance, la Mission *Barrio Adentro* a d'abord été créée comme une structure parallèle, non intégrée aux institutions du secteur de la santé. À ses débuts, elle a fait face à une opposition radicale des corporations de médecins et du personnel des institutions sanitaires. Cependant, son impact social – l'accès d'un très grand nombre de personnes auparavant exclues à des soins de santé de qualité (incluant des visites médicales à domicile pour les malades), et à des médicaments gratuits – a été tel qu'une opposition frontale est devenue

---

[5]   Traduit littéralement : « à l'intérieur des bidonvilles ».

[6]   À Cuba, les services de santé ont atteint un haut niveau d'excellence : les indicateurs sanitaires cubains sont en effet comparables à ceux du Canada, malgré les importantes différences dans les niveaux de développement économique. De plus, le pays compte un nombre élevé de médecins, disponibles pour des missions de coopération internationale.

politiquement non viable. De plus, une nouvelle spécialisation en médecine générale intégrale est maintenant offerte aux médecins vénézuéliens, pour qu'ils participent à la mise en œuvre de ce nouveau modèle de soins, différent du modèle curatif qui prédomine dans les écoles de médecine et dans les services de santé du pays. Cette approche globale de la santé, plus conforme à l'approche de l'OMS-OPS, suscite l'intérêt d'un grand nombre de médecins, et comporte des incitatifs qui entraînent leur adhésion, incitatifs qui sont autant d'ordre axiologique (le nouveau rôle du médecin dans la promotion de la santé, la nouvelle relation avec les patients, la justice sociale) qu'économiques, avec les emplois qui seront créés par les besoins de remplacement progressif des médecins cubains, et par l'expansion de ce programme de santé.

En complément des cliniques populaires, des centres de diagnostic ont été créés, pour réaliser les diagnostics qui auparavant n'étaient disponibles que dans les hôpitaux. Ces centres de diagnostic, situés de façon à être accessibles aux habitants des quartiers populaires, sont dotés d'équipements actualisés pour la réalisation de divers examens (radiographie, échographie, électrocardiogramme, endoscopie, examens de laboratoire). Finalement, dans une troisième phase du programme *Barrio Adentro*, initiée fin 2004, d'importantes sommes sont aussi investies dans les infrastructures et l'équipement des centres de santé publics plus anciens (centres ambulatoires, hôpitaux).

Une dimension importante du nouveau modèle de services de santé est celle de la participation des usagers et du contrôle social. Des centaines de comités de santé se sont formés dans les communautés, en appui aux activités du programme *Barrio Adentro*. Ces comités sont des espaces de participation où les citoyens traditionnellement exclus de l'accès aux services de santé et aux instances de décision, participent non seulement à la réalisation de tâches ponctuelles d'appui au fonctionnement des cliniques populaires, mais aussi à l'analyse des problèmes de santé et des besoins de la population locale, à l'élaboration des programmes de services en réponse à ces besoins (Alayon, 2005). Ces comités jouent aussi un rôle important dans le contrôle social des dépenses publiques (contrôle sur les équipements, les médicaments, le travail du personnel). Des activités de formation sont offertes aux membres des comités de santé, pour qu'ils aient les capacités requises pour participer à la gestion de leur clinique, ainsi qu'à la prestation de certains services d'urgence, en cas d'absence du médecin.

Dans certains cas, les comités de santé locaux participent à des activités de contrôle social dans des établissements hospitaliers. C'est ainsi qu'à l'Hôpital universitaire de Maracaibo (HUM), des membres bénévoles de 47 comités de santé appartenant à différents quartiers de la ville, participent à un travail de surveillance et contrôle de la qualité des services offerts aux patients, en servant d'intermédiaires entre les usagers, le personnel soignant et l'administration du centre hospitalier.

Pour atteindre les objectifs de qualité des services, d'efficience et d'imputabilité dans les services publics de santé, le modèle vénézuélien mise sur le contrôle social des services publics par la participation d'organisations de la société civile. Les comités de santé, que le gouvernement a invité la population à former dans les quartiers populaires et dans les centres de soins de santé, sont considérés comme d'importants instruments de participation citoyenne, et de contrôle social.

Ces comités de santé, tout comme les autres organisations de la société civile présentes sur le territoire d'une municipalité, peuvent faire partie d'un important mécanisme formel de participation des citoyens dans l'élaboration, l'évaluation et le contrôle des politiques publiques, les conseils locaux de planification publique, créés par la Constitution de 1999. Cette participation représente un défi important dans une société où les organisations autonomes de la société civile sont encore peu développées, comme conséquence de l'importance de l'État dans le modèle d'économie pétrolière.

Considérations finales : la gouvernance et l'intérêt général dans les services de santé en Amérique latine et au Venezuela

Il existe différentes conceptions de l'intérêt général, car il s'agit non d'une notion absolue sinon d'une construction sociale (Enjolras, 2002). Dans les services de santé et les services sociaux, on peut distinguer trois grands modèles ou imaginaires de protection sociale : l'imaginaire universaliste, selon lequel des services similaires doivent être offerts à tous les citoyens ; l'imaginaire corporatif, qui conditionne les services à l'appartenance de l'individu à un groupe social ou corporation, généralement en lien avec sa position sur le marché du travail ; l'imaginaire résiduel, selon lequel les services sociaux et de santé offerts par l'État doivent être réservés à ceux qui ne peuvent pas y accéder à cause de leurs bas revenus (Molina, 2003). En Amérique latine, qui est la région du monde où l'inégalité dans la distribution des revenus est la plus grande (Kliksberg, 2003, p. 21), il est difficile de construire le concept d'universalité. L'imaginaire universaliste n'est mis en pratique que dans très peu de pays : Cuba et Costa Rica sont les seuls pays où les services de santé sont les mêmes pour toute la population.

Avant les réformes récentes des systèmes de santé en Amérique latine, les services de santé offerts par l'État étaient en principe accessibles à tous, mais leur mauvaise qualité faisait que seuls les individus qui n'avaient pas accès à d'autres services de santé les utilisaient. Dans le nouveau modèle de services de santé qui s'implante dans plusieurs pays d'Amérique latine à partir des années 1980, la recherche d'une baisse des coûts et d'une meilleure efficience des dépenses publiques entraîne un ciblage des dépenses sociales publiques vers les groupes incapables de financer leurs services de santé (Aponte, 2000). En Colombie, par exemple, il existe deux systèmes de santé, le système basé sur des contributions, et le système subventionné. Pour être inscrit au système subventionné, il faut démontrer un faible niveau de revenu. Les justifications sont de l'ordre de l'efficience en termes de coûts-bénéfices, et d'efficacité dans l'attention aux populations pauvres, dans des contextes où il existe des pourcentages élevés de pauvreté et des limitations budgétaires pour les dépenses sociales. Car la santé est un bien public dont les externalités positives dépassent les bénéfices individuels, et de plus il s'agit d'un bien méritoire qui actualise un droit social, présent dans toutes les constitutions modernes (Sojo, 2001). Mais ce modèle basé sur le ciblage des populations pauvres bénéficiaires de l'aide de l'État comporte une importante externalité collective négative : la perte du concept d'égalité entre les citoyens et de la solidarité sociale.

Un important enjeu des réformes des services publics de santé est celui de la régulation. Il existe dans les pays d'Amérique latine un déficit de régulation qui constitue un obstacle important à la mise sur pied de services de santé qui puissent satisfaire l'intérêt général en termes d'accessibilité, de qualité et d'efficience (Sojo, 2001). La pratique traditionnelle qui consiste à ce que l'État cumule les trois fonctions de régulation, financement et prestation des services de santé est considérée comme peu propice à la qualité des services, ainsi qu'à l'efficience et à l'efficacité en termes de coûts-bénéfices. Une des stratégies recommandées par l'Organisation mondiale de la santé et appliquée dans plusieurs pays est la séparation des fonctions de financement et d'offre des services, qui doit conduire à une amélioration de l'efficience et de l'imputabilité (Restrepo Zea et Rodriguez Acosta, 2005). Ainsi, plusieurs réformes récentes des politiques de santé ont introduit la formation de quasi-marchés dans les services de santé. Dans certains pays, ces réformes ont permis d'établir des conditions d'universalité dans l'accès aux services de santé. Dans le cas du Costa Rica, par exemple, la fonction de financement des services de santé est réservée à l'État, et les services sont offerts par des organisations privées sans but lucratif. Dans ce système, où la rémunération n'est pas liée à l'acte mais à la personne ayant droit aux services de santé dans un territoire donné, il existe des incitatifs à la mise en place d'actions de prévention et promotion qui contribuent à un meilleur état de santé de la population.

Mais dans d'autres pays latino américains (Chili, Colombie, Argentine, Uruguay, entre autres), on a introduit des mécanismes de marché non seulement dans l'offre de services, mais également dans le financement, suivant ainsi la tendance néolibérale dans laquelle le Chili fut pionnier. Cette ouverture à l'entreprise privée dans un contexte de faible capacité de régulation de l'État, entraîne une prolifération d'entités et une augmentation des coûts de transaction et des coûts administratifs, ainsi que de considérables inégalités dans l'accès aux soins, et constitue un obstacle au développement d'un sens de la solidarité sociale (Sojo, 2001 ; Titelmann, 2000 ; Homedes et Ugalde, 2003).

La nouvelle politique sociale mise en place au Venezuela à partir de la Constitution de 1999 se propose d'améliorer les services publics de santé non pas en réduisant la demande de services publics par le ciblage des populations pauvres qui auront droit à ces services, mais plutôt en développant les soins de santé primaires et les actions de promotion et prévention au sein des quartiers pauvres, actions qui sont reconnues comme ayant des effets de baisse des coûts et d'amélioration de l'état de santé des populations. Le programme *Barrio Adentro* représente une réponse rapide au défi d'améliorer l'équité dans l'accès aux services de santé.

Mais l'État continue à cumuler les fonctions de régulation, de financement et d'offre de services, même si de nombreux exemples internationaux ont démontré que la présence d'organisations privées, en particulier d'organisations privées à but non lucratif, comme les coopératives, dans l'offre de services, permet une amélioration de la qualité de services tout en diminuant leurs coûts. Au Venezuela, dans un contexte de prix élevés du pétrole, donc de richesse et d'autonomie de l'État bénéficiaire d'une considérable rente pétrolière, la reconnaissance de l'apport des organisations de l'économie sociale et la mise en place de partenariats avec elles pour l'offre de soins de santé financés par l'État représente un défi difficile à surmonter.

Un autre défi est celui de l'unification des sources de financement (cotisations à la sécurité sociale de patrons et travailleurs et impôts généraux) et des régimes de soins de santé, qui éliminerait la séparation entre les services de santé de la sécurité sociale et les services de santé publics accessibles à tous. Cette unification améliorerait l'équité dans l'accès aux services de santé. Cependant, il existe d'importantes divergences au sein de la société vénézuélienne au sujet du statut des régimes spéciaux de santé (ceux des grandes entreprises publiques, des universités, des forces armées, etc.). Leurs bénéficiaires, qui constituent d'importants groupes corporatifs, veulent conserver ces régimes spéciaux privilégiés, alors qu'il existe un important courant qui propose de les éliminer et d'établir un seul système de santé pour toute la population. Ces divergences sont une des sources du retard qui existe dans la discussion de la Loi sur la santé par l'Assemblée Nationale.

Finalement, se pose le problème des relations entre les différents acteurs et structures institutionnelles dans le secteur de la santé et des services sociaux. Le processus de décentralisation initié au début des années 1990 a généré de nouvelles institutions régionales et locales de soins de santé, accentuant ainsi l'hétérogénéité et le manque de coordination dans le secteur de la santé. Le projet du gouvernement actuel de mettre sur pied un système public de santé régi par les principes contenus dans la Constitution et basé sur le modèle de la médecine générale intégrale, requiert le développement d'un processus de concertation entre différents acteurs du secteur public, privé et associatif, au niveau national, régional et local. L'importance des revenus pétroliers de l'État vénézuélien lui donne une considérable autonomie pour l'implantation du nouveau modèle de système public de santé, mais le fonctionnement efficace de ce modèle exige la participation des multiples acteurs présents dans le secteur de la santé et rend nécessaire la mise en place d'un nouveau régime de gouvernance.

Bibliographie

Alayon Monserat, R., « Barrio Adentro: combatir la exclusión profundizando la democracia », in *Revista Venezolana de Economía y Ciencias Sociales*, 2005, Vol.11, No.3 (sept-déc.), p. 215-244.

Aponte, C., *La reforma del Estado social en América Latina: orientaciones analítico conceptuales para el estudio de la reforma venezolana en salud*, Informe presentado al proyecto Resven, Caracas, CENDES, 2000.

Auyero, J., « Clientelismo populista en la Argentina de los noventa », in Burbano De Lara, F. (ed.), *El fantasma del populismo: aproximación a un tema siempre actual*, Caracas, Nueva Sociedad, 1998, p. 81-118.

Conill, E.M., O'neill, M., « La notion de santé communautaire : éléments de comparaison internationale », in *Canadian Journal of Public Health*, 1984, Vol.75, mars-avril, p. 166-175.

D'elia, Y., « El Fondo de Asistencia Médica (FAM) del IVSS: situación actual y opciones de reforma », in Gonzalez, M. (Coord.). *Seguridad social: aportes para un acuerdo*, Caracas, Universidad Católica Andrés Bello, 2002.

Díaz Polanco, J., « La política de salud en la Quinta República: una política de Estado ? », in Mascareño, C. *Políticas públicas siglo XXI: caso venezolano*, Caracas, CENDES, Temas de docencia, 2003.

Díaz Polanco, J. (coord.), *La reforma de la salud en Venezuela*, Caracas, Ediciones de la Fundación Polar, 2001.

Enjolras, B., « Beyond Economics: Social Change and General Interest », in Enjolras, B., Bergmann-Winberg, M-L. von (eds.), *Économie plurielle et régulation socio-économique*, Liège, CIRIEC, 2002.

Feo Istúriz, O., Díaz Polanco, J., « La relación investigación-diseño de políticas – toma de decisiones en la reforma del sector salud en Venezuela », in Diaz Polanco, J. (dir.), *La reforma de la salud de Venezuela: aspectos políticos e institucionales de la descentralización de la salud en Venezuela*, Caracas, Fundación Polar, 2001.

Gadrey, J., *L'utilité sociale des associations : convention émergente, outils de régulation, enjeu d'évaluation*, Communication au séminaire MESPI (Mutation de l'État dans la Société Post-Industrielle), 2004. http://seminaire.mespi.online.fr/textes.

Galli, A., García, H., « El sector salud: radiografía de sus males y de sus remedios », in Naim, M., Piñango, R. (dir.), *El caso Venezuela: una ilusión de armonía*, Caracas, Ediciones IESA, 1986, p. 452-471.

Gamboa, T., « Desafíos gerenciales de los sistemas de salud en Colombia y Venezuela », in *Revista Venezolana de Gerencia*, 1996, Vol.1, No.2, p. 251-284.

Girard, J.-P., Vézina, M., « Las organizaciones privadas sin fines de lucro en el campo sociosanitario: la innovación al servicio de los miembros », in *Cayapa. Revista Venezolana de Economía Social*, 2002, Vol.2, No.4, p. 9-28.

Homedes, N., Ugalde, A., « Privatización de los servicios de salud: las experiencias de Chile y Costa Rica », in *Gaceta Sanitaria*, 2002, Vol.16, No.1, p. 54-62.

Kliksberg, B., « Hacia una nueva visión de la política social en América Latina: desmontando mitos », in *Revista Venezolana de Gerencia*, 2003, Vol.8, No.21, p. 9-37.

Lorendahl, R., « Integrating Public and Cooperative/Social Economy: Towards a New Swedish Model », in *Annals of Public and Cooperative Economics*, 1997, Vol.68, No.3, p. 379-396.

Molina, C.G., *Modelo de protección para pobres: alcance y limitaciones de un nuevo modelo de política social para la región*, VIII Congreso Internacional del CLAD, Panamá, 28-31 oct. 2003.

Restrepo Z., Rodriguez Acosta, J. H. et S., *Instituciones eficientes para el desarrollo de los sistemas de salud: hacia un replanteamiento del Consejo de Seguridad Social en Salud de Colombia*, Biblioteca, Sistema de Información IIG (www.iigov.org/gobernanza) consulté le 15 septembre 2005.

Rincon, M.T., Ochoa, H., Rodriguez, I., Tarazona, A., « Descentralización y participación ciudadana en salud: un caso de estudio », in *Ciencias de Gobierno*, 2002, Vol.6, No.12 (juillet-décembre), p. 63-83.

Sojo, A., « Reformas de gestión en salud en América Latina », in *Revista de la CEPAL* 201, No.74, agosto (version électronique).

Titelman, D., *Reformas al sistema de salud en Chile: Desafíos pendientes*, CEPAL, Unidad de Financiamiento para el Desarrollo, doc. No.104, Santiago de Chile, 2000.

Vézina, M., Girard, J.-P., « L'entreprise coopérative comme alternative à la prestation de services publics : l'exemple canadien », in *RECMA, Revue Internationale de l'Économie Sociale*, 2003, No.296, p. 47-61.

L'organisation régionale des soins hospitaliers en Italie
Une évaluation théorique

Rosella LEVAGGI

Università degli Studi di Brescia (Italia)

Introduction

Le système de santé italien a subi une profonde réforme et une séparation a été opérée entre l'achat et la fourniture des services afin de simuler la structure d'un marché concurrentiel par la création d'un marché intérieur des soins de santé.

Des marchés intérieurs ont été mis en place pour les soins de santé assurés par l'État, dans le but de déplacer le pouvoir des producteurs vers les consommateurs dans un contexte où la motivation des consommateurs à rechercher des producteurs à bas coût est faible (vu la gratuité des soins de santé au point d'utilisation) et où leur connaissance de la qualité des soins de santé est limitée (puisqu'ils sont des utilisateurs occasionnels et que les informations essentielles ne sont pas divulguées par les producteurs pour des raisons professionnelles et commerciales). L'idée est que l'utilisation d'organismes publics faisant office d'acheteurs uniques au nom des consommateurs dans leur juridiction peut tempérer l'asymétrie des informations et créer un environnement plus concurrentiel minimisant les coûts et améliorant la qualité. Comme les hôpitaux sont les fournisseurs primaires de santé, la présente analyse se concentrera sur les soins hospitaliers.

La possibilité de concrétisation de ces aspirations dépendra de l'organisation du marché intérieur. Les facteurs clés seront (1) le nombre de fournisseurs effectivement accessibles pour l'acheteur et leur proximité par rapport aux patients, (2) le type de propriété et les objectifs des hôpitaux, (3) la réaction des patients aux dispositifs décidés par l'organisme de réglementation du marché, (4) les incitations à la concurrence et à l'efficience que le régulateur peut rendre contraignantes (Levaggi, 2005, 2007).

Dans la foulée du processus parallèle de décentralisation, les soins de santé sont aussi devenus une compétence régionale. En Italie, ce processus a impliqué que chaque région a pu choisir les modalités d'organisation de la fourniture des soins de santé. Les différences les plus significatives résident dans l'organisation du marché des soins hospitaliers.

Le contrat réglementant la fourniture des soins hospitaliers varie en fonction de l'organisation du marché, ses caractéristiques distinctives étant la méthode choisie pour financer la fourniture et les règles de concurrence. Les aspects financiers sont définis par des régimes de paiement liés aux résultats tandis que les règles de concurrence sont plus complexes, notamment si l'on tient compte des hôpitaux privés.

Les marchés intérieurs des soins de santé obtiennent des résultats mitigés sur le plan de la maîtrise des dépenses et de l'équité et il est difficile d'évaluer leurs avantages relatifs. Comme Enthoven (2002) le souligne, la concurrence dans le secteur des soins de santé risque de mal fonctionner et « tout ce qui ressemble de près ou de loin à concurrence, marché ou secteur privé n'améliorera pas nécessairement les performances économiques ».

Le coût des soins de santé est déterminé par la qualité, par la capacité du patient à profiter des soins et par l'effort du personnel médical. Le rapport entre la qualité et les bienfaits pour la santé est impossible à observer et à vérifier puisqu'il dépend de caractéristiques personnelles des patients qui sont souvent imprévisibles. Il est dès lors très difficile de définir la structure du marché des soins de santé et sa structure d'incitation.

Le présent article examine les contrats de soins secondaires dans le contexte du système de santé italien. L'article est organisé comme suit : dans la section suivante, nous expliquerons les aspects principaux de la réforme, puis nous présenterons le modèle et l'évaluation des formes de marché dans les sections 3 et 4. Enfin, la dernière section exposera les conclusions de notre analyse.

La réforme du système de santé

Le système de santé italien a subi une profonde réforme depuis 1992. Plusieurs caractéristiques de cette réforme ont façonné le système de santé. Elles ont affecté l'organisation, la méthode de financement des soins de santé, la division des ressources entre les différents niveaux. France (2001) explique en détail l'évolution du système de santé italien et, dans cet article, nous nous concentrerons sur les aspects que nous estimons plus importants pour le problème que nous entendons examiner, à savoir l'organisation des soins hospitaliers.

Deux éléments clés peuvent être dégagés en ce qui concerne les soins hospitaliers : la séparation des fonctions d'achat et de fourniture et la régionalisation de l'organisation de la santé.

Le premier aspect est partagé avec de nombreux autres systèmes réformés tandis que le second est spécifique à l'Italie. Pour ce qui concerne la création d'un marché intérieur des soins de santé, les *Unità Sanitarie Locali* (USL), qui étaient responsables de la couverture des besoins en soins de santé de leur population de référence (prévention, soins primaires et secondaires, éducation, etc.), ont été subdivisés en unités d'achat (les *Aziende Sanitarie Locali* (ASL)) et en plusieurs fournisseurs. Dans le cas des soins hospitaliers, les fournisseurs du système de santé publique comprennent aussi bien des hôpitaux sous contrôle direct des ASL (*Presidi Ospedalieri*), des hôpitaux publics qui sont indépendants des acheteurs (*Aziende Ospedaliere*) et des entreprises privées qui sont en concurrence avec les entités publiques pour la fourniture de services[1].

Les spécificités de la réforme italienne résident dans la décentralisation du financement et de l'organisation du service. Depuis 1998, une nouvelle taxe régionale, l'IRAP, est devenue la principale source de financement des soins de santé. Les régions doivent dispenser un nombre minimal de services définis par l'administration centrale (LEA). Elles sont totalement libres de fournir tout service au-delà de ce minimum, mais elles doivent trouver elles-mêmes les ressources nécessaires pour le financer. L'autre caractéristique importante de la réforme est qu'au moins trois façons différentes d'organiser le marché intérieur des soins de santé ont été prévues et que plusieurs variantes ont été adoptées. Commençons par examiner les trois grands systèmes d'organisation des soins de santé qui ont été choisis par les régions italiennes. Ils peuvent être baptisés comme suit : ASL programmateur, ASL parraineur, ASL tiers payant eu égard au rôle différent joué par l'ASL (l'acheteur) sur le marché.

---

[1]   Dans la réalité, la réforme a favorisé la concurrence entre un vaste éventail d'organisations sur le marché des soins de santé. Nous pouvons en fait distinguer des hôpitaux de recherche publics et privés, des hôpitaux sans but lucratif, des hôpitaux d'enseignement publics et privés, des centres de soins ambulatoires, des fournisseurs étrangers. Pour notre analyse, nous nous sommes concentrés sur les trois organisations présentées dans le document parce qu'elles représentent la forme la plus importante d'organisation et que le comportement de la plupart des autres organisations ne diffère pas de celles décrites dans le texte.

Le premier type d'organisation (ASL programmateur) prévoit une possibilité limitée de concurrence, dans le système de la santé. En principe, les services sont fournis par des hôpitaux publics (PO) qui sont principalement placés sous gestion directe de l'ASL ou dont l'acheteur influence considérablement les processus décisionnels. Seule la demande à laquelle le système de santé publique ne peut pas faire face est prise en charge par le secteur privé, en général via des contrats définissant le volume de services à fournir. Dans ce cas, la concurrence est réduite au minimum. Ce système adopte des procédures centrales pour la réservation des tests de laboratoire, les visites ambulatoires et les soins hospitaliers afin de proposer la meilleure adéquation possible entre l'offre et la demande.

Le deuxième type d'organisation est défini par l'ASL parraineur. Dans ce cas, l'acheteur détermine les services qui peuvent être fournis par le secteur privé en concurrence avec des fournisseurs publics. Ce sont généralement des services qui font défaut dans le secteur public et qui n'ont pas d'économies d'échelle significatives.

Pour tous les autres services, le patient peut prendre l'hôpital de son choix pour autant qu'il fasse partie du système de santé public. La plupart des hôpitaux publics sont devenus des *Aziende Ospedaliere* (AO) et le système tente d'intensifier la concurrence à l'intérieur du secteur public. Les mêmes règles de concurrence que pour l'ASL tiers payant s'appliquent aux services qui ne sont pas protégés.

Enfin, le modèle de l'ASL tiers payant représente l'effort maximal en faveur de la concurrence. Dans ce marché, le patient peut prendre le fournisseur de soins de son choix ; les structures privées (PR) sont en concurrence avec le secteur public pour tous les services. Un niveau de qualité minimal est garanti par le processus d'*accreditamento*. Il s'agit d'une forme de manuel qualité qui définit les caractéristiques de référence du fournisseur pour chaque service. Au début, l'*accreditamento* était seulement requis pour les entreprises privées, mais la même procédure est aussi entrée en vigueur récemment pour les fournisseurs publics.

La plupart des hôpitaux publics ont été transformés en entités distinctes (*Aziende Ospedaliere*) dotées d'une direction autonome. Ce sont des organisations sans but lucratif qui ne peuvent pas modifier la finalité de l'entreprise. Leur direction doit être orientée vers une minimisation des coûts, mais elle peut définir ses objectifs en ce qui concerne les services qui sont offerts et leur qualité. C'est dans ce cadre que chaque région d'Italie a choisi sa propre organisation. L'Émilie Romagne a adopté le premier modèle, la Lombardie le dernier. Toutes les autres régions possèdent un système mixte se situant entre les deux.

Quelque 40 % des hôpitaux travaillant pour le secteur public en Italie sont des entreprises privées, mais ils ne représentent que 19 % des lits disponibles pour les soins hospitaliers. Cela implique qu'ils sont habituellement plus petits que les hôpitaux publics. La répartition est relativement uniforme à travers l'Italie, mais ces données agrégées ne mettent pas en évidence le fait que le rôle des hôpitaux privés est différent selon le contexte régional. Si nous examinons les données relatives au niveau d'activité, nous pouvons observer que la répartition des lits pour les soins de courte durée, la réhabilitation et les soins de longue durée est très différente selon la région. Le tableau 1 présente le ratio du taux d'activité des trois grands secteurs de soins hospitaliers (soins de courte durée, réhabilitation et soins de longue durée) dans les régions italiennes.

**Tableau 1 : distribution des cas entre
les hôpitaux publics et privés, 2002**

Région	Soins de courte durée		Réhabilitation		Soins de longue durée	
	Public	Privé	Public	Privé	Public	Privé
Piémont	88,0	12,0	54,1	46	46	53,7
Lombardie	79,4	20,6	56,4	44	60	40,1
Province de Bolzano	93,7	6,3	30,0	70	2,6	97,4
Province de Trente	95,0	5,0	56,2	44	15	85,4
Vénétie	94,6	5,4	79,7	20	96	4,4
Frioul-Vénétie-Julienne	91,5	8,5	58,9	41	-	100,0
Ligurie	99,3	0,7	72,8	27	-	-
Émilie-Romagne	87,3	12,7	31,1	69	65	34,6
Toscane	93,0	6,3	50,6	49	-	100,0
Ombrie	94,1	5,9	74,4	26	-	-
Marches	90,3	9,7	55,8	44	64	36,3
Latium	80,6	19,4	22,3	78	37	63,0
Abruzzes	80,6	19,4	20,4	80	96	4,0
Molise	91,3	8,7	100,0	-	-	-
Campanie	72,9	27,1	36,1	64	7	92,8
Pouilles	89,7	10,3	54,2	46	95	5,3
Basilicate	97,4	2,6	100,0	-	-	-
Calabre	73,7	26,3	7,9	92	29	71,2
Sicile	83,1	16,9	49,3	51	100	0,3
Sardaigne	81,9	18,1	100,0	-	-	100,0
ITALIE	84,7	15,3	49,1	51	55	44,7

Note : dans ce tableau, « public » est la somme des PO et des AO.

Le tableau 1 montre la différence de comportement des hôpitaux privés en Italie, qui résulte principalement de l'organisation des soins de santé choisie par chaque région. Les soins de courte durée sont essentiellement fournis par le secteur public, à l'exception de la Lombardie où le système est plus concurrentiel et dans les régions du sud de l'Italie où la pénurie chronique de lits dans les hôpitaux publics a amené la création d'une organisation privée mais habituellement sans but lucratif qui assure les soins de santé[2]. La différence la plus marquante concerne les soins de longue durée et la réhabilitation, où le secteur privé est particulièrement bien présent sur les marchés moins concurrentiels.

Les hôpitaux publics et privés ont aussi une attitude différente face à l'admission et au type de soins fournis. En règle générale, la palette de cas traités par les hôpitaux privés est plus homogène et, même à l'intérieur d'un même groupe de cas, le séjour moyen du patient est dans l'ensemble nettement moins long. Dans le tableau 2, nous avons consigné les exemples les plus significatifs :

Tableau 2 : durée de séjour moyenne par type d'hôpitaux

	Durée de séjour moyenne (en jours)		
	PO	AO	PR
Angiologie	9,4	7,6	9,2
Chirurgie cardiaque	12,6	12,9	5,1
Chirurgie	6,9	7,5	4,6
Chirurgie thoracique	10,0	10,3	6,4
Chirurgie vasculaire	7,9	8,1	5,0
Hématologie	12,4	13,3	8,2
Neurochirurgie	9,2	8,7	5,3
Traitement intensif	12,6	13,9	3,6
Oncologie	7,2	7,4	4,9
Traitement intensif néonatal	16,1	15,9	5,4
Radiothérapie oncologique	10,8	8,3	5,5

Nous pouvons constater que les hôpitaux privés présentent habituellement une durée de séjour réduite, un élément qui peut être interprété comme une spécialisation de l'établissement (c'est-à-dire le traitement de patients présentant des affections relativement simples) ou comme un écrémage (c'est-à-dire le choix des patients présentant le degré de gravité le plus bas au sein d'un même groupe de cas) (Ellis, 1997 ; Lewis et Sappington, 1999 ; Levaggi et Montefiori, 2005a, b).

Vu la diversité des formes d'organisation de la concurrence, il semble assez normal de se demander si certaines de ces formes sont supérieures à d'autres. Cette analyse ne doit pas perdre de vue que si la séparation des fonctions améliore les incitations à la productivité, elle amplifie aussi l'asymétrie dans deux directions essentielles : les objec-

---

[2] Dans le sud de l'Italie, les hôpitaux sont couramment gérés par des fondations liées à l'Église catholique d'une manière ou d'une autre.

tifs poursuivis par les acteurs du jeu et l'observation de paramètres importants liés au coût et à la qualité du service. Dans le présent document, nous appliquons un modèle simple en vue de comparer les différentes formes d'organisation.

Le marché des soins de santé secondaires

Une privatisation implique un processus qui rend autonome une unité productive. Le secteur public perd le contrôle de l'entreprise sur le plan de l'observation des coûts de production et de l'option stratégique, mais le marché doit devenir le nouveau point de référence de l'entreprise : elle survivra en devenant efficace.

Sur le marché des soins de santé, le problème auquel l'organisme de réglementation est confronté est plus complexe étant donné que le produit n'est pas vendu sur un marché. En fait, le patient ne paie en général pas lui-même les soins qu'il reçoit de sorte que l'organisme de réglementation doit encore fixer le montant à rembourser.

C'est pourquoi plusieurs modèles d'organisation des soins hospitaliers ont été élaborés et qu'il est difficile de déterminer si certaines de ces formes sont supérieures aux autres.

Au terme de la réforme, les hôpitaux jouissent en Italie de divers degrés d'indépendance par rapport au secteur public. Le degré d'autonomie de l'hôpital est un élément essentiel pour déterminer ses objectifs, les incitations à la minimisation des coûts et le volume d'informations pouvant être extraites gratuitement.

Aux fins de notre analyse, nous avons versé les dispositifs institutionnels relatifs aux hôpitaux dans trois catégories différentes qui sont présentées au tableau 3.

Tableau 3 : la taxinomie des hôpitaux en concurrence sur le marché

	Privé (PR)	Sous contrôle direct (AO)	Sous gestion directe (PO)
Objectifs	Maximiser le surplus	Maximiser le résultat	Partager avec l'acheteur
Coûts	Impossibles à observer	Observés imparfaitement	Possibles à observer
Relâchement	Aucun	Un certain relâchement – x_{AO}	Relâchement maximal – x_{PO}

Les hôpitaux privés (PR) sont des entités distinctes des acheteurs ; ils ont le droit de ne pas révéler aux acheteurs des informations concernant leurs coûts d'exploitation et poursuivent habituellement un objectif de maximisation de leur surplus. Un contrat doit être conclu pour bénéficier de leurs services et ils peuvent refuser toute clause limitant leur indépendance. Les incitations à la minimisation des coûts sont maximales puisque ces hôpitaux sont gérés comme des entreprises privées.

Les hôpitaux sous contrôle direct (AO) sont des entreprises publiques jouissant d'un degré élevé d'indépendance sur le plan de l'organisation. L'ASL peut leur imposer certains objectifs communs, mais ils ne sont pas tenus de révéler des informations privées sur leurs coûts d'exploitation. Ils sont censés maximiser leur réputation. À l'intérieur du système, certains hôpitaux pourraient bénéficier d'un degré d'indépendance moindre ; certains ne pourraient pas, par exemple, avoir le droit de renvoyer des patients vers d'autres hôpitaux. Ces restrictions engendrent certains relâchements dans le processus productif et augmentent leur coût d'un paramètre d'inefficience $x(x_{AO})$.

Enfin, les hôpitaux sous gestion directe bénéficient d'un degré d'autonomie limité ; ils n'ont pas la faculté de dissimuler des informations à l'ASL qui peut les contraindre à poursuivre ses propres objectifs. Ces contraintes amplifient les relâchements dans le processus productif et une inflation des coûts selon un paramètre d'inefficience $x(x_{PO}>x_{AO})$.

Le modèle analysera les interactions entre ces hôpitaux en appliquant le cadre théorique mis au point dans Levaggi (2005, 2007) pour la comparaison des performances des différents systèmes choisis par les régions italiennes pour l'organisation des soins de santé.

L'évaluation des marchés : la théorie

Dans cette section, nous présentons les grands points d'un modèle théorique destiné à évaluer les diverses formes de marché intérieur adoptées en Italie.

Le modèle présenté ici s'inspire de Levaggi (2005, 2007). Il définit un jeu en trois étapes du point de vue d'un acheteur collectif (ASL) qui achète des soins de santé à deux fournisseurs situés aux extrémités d'une ligne dont la longueur a été normalisée à 1. Il existe trois types différents d'ASL : un tiers payant qui emploie un hôpital privé et un hôpital public, un parraineur qui recourt à deux établissements publics et un programmateur qui assure la gestion directe des deux institutions.

Nous avons opté pour ces trois formes en vue de caractériser chaque type d'organisation étant donné qu'elles représentent les formes dominantes[3]. La communauté se compose de N patients qui sont répartis uniformément sur une ligne de longueur 1. À la première étape du jeu, l'effort de la direction est déterminé par la minimisation des coûts et le

---

[3] Dans certains cas, le marché applique une combinaison des trois modèles décrits ici et l'évaluation doit être opérée séparément pour chaque service.

paiement est défini pour un niveau de qualité fixé ; à la deuxième étape, les deux hôpitaux sont en concurrence pour obtenir des patients en jouant sur la qualité selon les règles de concurrence spatiale à la Hotelling. Les résultats de la deuxième étape permettent à l'ASL de définir, entre la qualité remboursée et la qualité fournie, un rapport qui sera appliqué à la troisième étape pour définir le régime de paiement mettant la fourniture des soins de santé à la disposition de tous les patients de la ligne.

Étape 1 : définition du régime de paiement

Le régime de paiement est défini par une négociation entre l'ASL et la direction de l'hôpital. Les règles du jeu sont que le paiement proposé doit minimiser les coûts tout en permettant à l'hôpital d'atteindre un équilibre budgétaire et au personnel médical de prendre part au processus de production.

Le coût supporté par l'hôpital pour la production des soins de santé est supposé être une fonction linéaire de la qualité, des caractéristiques des patients et de l'effort du personnel médical. La fonction du coût unitaire peut être écrite comme suit :

$$C_{ij} = c_j + \beta_i + q + x_j - e_i \qquad i = l,h \qquad j = PR, AO, PO \quad (1)$$

où β_i est un coût lié au patient, q est le niveau de qualité, e_i est l'effort du personnel médical et x_j est un paramètre d'inefficience x lié à l'organisation de l'hôpital avec $x_{PR}=0$ et $x_{AO}<x_{PO}$. β_i est une variable aléatoire supposant deux valeurs, β_l pour des patients souffrant d'affections peu graves et β_h pour les patients souffrant d'affections très graves[4]. Les deux événements ont une probabilité connue qui est respectivement égale à p et $(1\text{-}p)$.

La variable c_j représente le coût de production qui est observé par l'hôpital et peut être calculé par l'acheteur ($c_j^R = c_J + \varepsilon_J$). ε est une erreur de mesure qui est fonction du degré d'autonomie du fournisseur ; il sera en particulier admis qu'elle est égale à zéro pour les hôpitaux sous gestion directe et qu'elle augmente avec le degré d'indépendance de l'hôpital, c'est-à-dire : $\varepsilon_{PO} = 0 < \varepsilon_{AO} < \varepsilon_{PR}$. Pour les hôpitaux privés, le coût ne peut pas être vérifié par l'acheteur qui établira le contrat en se fondant sur le coût observé pour l'hôpital public.

Le modèle présente trois types d'asymétrie des informations relatives aux coûts : le premier provient de l'incertitude sur le type de patient tandis que les deux autres dépendent de la séparation entre les fonctions

---

[4]   Il est admis que la morbidité est liée à la vitesse de rétablissement du patient et, partant, au coût. Si l'affection n'est pas grave, la vitesse de rétablissement est élevée et le coût est dès lors faible.

d'achat et de fourniture. La première erreur, ε, est un terme de mesure qui dépend d'une observation imparfaite du coût effectif par l'acheteur, le second x est déterminé par l'incapacité à évaluer le coût minimal de production du service concerné, c'est-à-dire à estimer le paramètre d'inefficience x du fournisseur.

L'effort produit une désutilité qui est linéaire pour le nombre de patients, mais croissante pour l'effort, soit :

$$f(e,n) > 0 \quad f'_e(e,n) > 0 \quad f''_e(e,n) > 0 \quad f'_n(e,n) > 0 \quad f''_n(e,n) = 0$$

La direction de l'hôpital participe seulement au processus de production si la récompense reçue, nette du coût de production, génère une utilité attendue positive :

$$E[t_i - C_i - f(e_i)] \geq 0 \tag{2}$$

Le choix du régime de remboursement dépend de l'option institutionnelle ; en Italie, un régime de paiement prospectif fondé sur la définition GC (groupe de cas) du résultat a été envisagé pour les soins hospitaliers. Il se compose d'un régime lié aux résultats qui prévoit un paiement fixe pour chaque service fourni.

Le processus décrit à l'annexe 1 permet de définir le régime de paiement suivant :

Structure du marché	Régime de remboursement
ASL programmateur	$q^R + C^{\min} + x_{PO}$
ASL parraineur	$q^R + C^{\min} + x_{AO} + \varepsilon_{AO}$
ASL tiers payant	$q^R + C^{\min} + x_{AO} + \varepsilon_{AO}$

Dans le premier cas, l'ASL supporte l'augmentation des coûts la plus élevée qui dérive d'une inefficience x, mais il peut observer les coûts ; pour les deux autres marchés, le ralentissement de la production diminue, mais le coût provenant des erreurs de calcul possibles du coût attendu est plus élevé. Ces deux derniers marchés se distinguent par le même régime de remboursement parce que, vu la règle de tarification uniforme et l'asymétrie des informations relatives au coût, l'hôpital privé doit recevoir le payement pour le coût d'inefficacité de l'établissement public.

Étape 2 : détermination de la qualité

Dans la deuxième étape du jeu, les deux hôpitaux se disputent, vu le régime de remboursement, les patients selon les règles de concurrence spatiale. Le patient joue un rôle actif puisqu'il choisit l'hôpital dans lequel il veut être admis en cas de maladie. En prenant cette décision, il tient compte de la qualité des soins fournis et de ses frais de déplacement puisque les soins sont gratuits au point d'utilisation. Les deux hôpitaux qui desservent le marché ont un site fixe et sont situés aux deux extrémités d'une ligne de longueur 1.

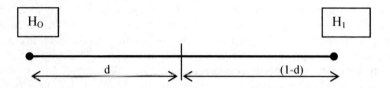

L'utilité de l'admission du patient dans les deux hôpitaux peut être présentée comme suit :

$$V_d = \begin{cases} \varphi q_0 - sd \\ \varphi q_1 - s(1-d) \end{cases} \tag{3}$$

où φq_i est l'évaluation monétaire de services hospitaliers de qualité q fournis par l'hôpital situé à i (0 ou 1 dans ce modèle) ; sd et $s(1\text{-}d)$ sont les frais de déplacement. Les patients ont la même vision des caractéristiques de qualité et supportent le même coût de déplacement marginal d ; ils sont indifférents entre les deux hôpitaux si $\varphi q_0 - sd = \varphi q_1 - s(1-d)$. Pour attirer des patients et augmenter les recettes, les hôpitaux doivent rivaliser sur le plan de la qualité en mettant en œuvre le processus décrit à l'annexe 2. Le choix de la qualité par les hôpitaux des trois structures est présenté au tableau 4.

Tableau 4 : le choix du niveau de qualité

Structure du marché	Qualité attendue par l'ASL	Qualité effective
ASL programmateur	$q^{PO} = q^R$	$q^{PO} = q^R$
ASL parraineur	$q^{AO} = q^R$	$q^{AO} = q^R + \varepsilon_{AO}$
ASL tiers payant	$q^{AO} = q^R$ $q^{PR} = q^R - \dfrac{1}{2}\dfrac{s}{\varphi}$	$q^{AO} = q^R + \varepsilon_{AO}$ $q^{PR} = q^R + \varepsilon_{AO} + \dfrac{1}{2}(x_{AO} - \dfrac{s}{\varphi})$

Pour les deux premiers types de marchés, les hôpitaux sont symétriques et partagent un objectif commun. Comme l'AO veut maximiser le nombre de patients soignés, ils augmentent de « ε » la qualité remboursée q^R. Pour un ASL tiers payant, les objectifs des deux hôpitaux ne sont pas symétriques. Alors que l'entreprise publique transforme en qualité le remboursement perçu, les hôpitaux privés mettent à profit une partie de cette somme pour augmenter leur bénéfice. Il est intéressant de relever que l'asymétrie des informations relatives aux observations de coûts engendre une augmentation des coûts. La qualité remboursée est supérieure à celle qui générerait un surplus nul pour le patient marginal. Cette équation révèle un compromis entre le paiement excédant le coût, la qualité offerte par l'hôpital et la rente de position. Cela devient relativement important dans l'évaluation du coût minimal de fourniture des soins de santé ; le type de concurrence mise en place pourrait permettre à l'ASL de récupérer, sous forme d'amélioration de la qualité, une partie de la rente à payer pour l'asymétrie des informations et le monopole spatial.

Néanmoins, l'impossibilité d'observer les coûts entraîne une différence entre le niveau de qualité des hôpitaux attendu par l'ASL et le niveau de qualité effectif. Par conséquent, le coût observé est en général plus élevé que le coût minimal, mais l'utilité nette des services de santé pour les patients est positive.

Étape 3 : le choix du niveau de qualité optimal

Dans la troisième étape, l'ASL fixe q^R. Il peut le faire de plusieurs manières. L'objectif de notre analyse étant de comparer les différentes structures de marché, on doit définir un objectif commun qui sera suffisamment souple pour permettre des considérations de coût et de bien-être. Comme l'ASL tire ses finances d'une contrainte budgétaire fixe, on a opté pour une forme d'approche d'équité : l'ASL désire que ses patients reçoivent une utilité non négative des soins de santé ; cela signifie que le patient marginal obtient son utilité de réserve à l'admission.
Ce processus, défini selon les principes décrits à l'annexe 3, permet aussi de déterminer le coût de chaque structure de marché (voir section suivante).

Comparaison des différents marchés

Dans cette section, nous comparons les différentes structures de marché. À cette fin, nous évaluons le bien-être *ex post* de chaque dispositif institutionnel, sans oublier que la fonction de réaction effective des hôpitaux pourrait différer de l'attente de l'ASL vu l'observation imparfaite du coût. Ce n'est en fait que dans le cas de l'ASL programmateur que le niveau de qualité *ex post* déterminé par les deux hôpitaux correspondra au niveau attendu q^R.

Pour les deux premières structures de marché, l'attitude des deux hôpitaux est symétrique de sorte que le marché est divisé équitablement.

Pour un ASL tiers payant, la qualité proposée par les deux structures n'est pas la même et, par conséquent, le consommateur marginal se situera à

$$\frac{3}{4} - \frac{\varphi x_{AO}}{4s}$$

Le tableau 5 montre que la comparaison des deux structures de marché ne peut pas uniquement porter sur le coût. L'asymétrie des informations relatives à l'observation des coûts signifie que l'équilibre *ex post* diffère de celui prévu par les services de santé, c'est-à-dire un niveau de qualité qui impliquerait un surplus nul pour le consommateur marginal.

Nous présentons en premier lieu une solution de référence dans laquelle l'ASL connaît tous les coûts et peut appliquer la solution du coût minimal. L'ASL programmateur se caractérise par un coût plus élevé en raison du manque d'incitations à réduire les coûts, mais le surplus total pour le consommateur est identique. Dans le cas de l'ASL parraineur, la différence de coût dépend de ε. Si $\varepsilon_{AO} < x_{PO} - x_{AO}$, cette structure de marché serait préférable à la précédente. La grandeur de la mesure ε payée aux hôpitaux accroît le bien-être des consommateurs de φεN, impliquant que le surcroît de paiement total est transformé en utilité additionnelle pour les patients.

En ce qui concerne le troisième marché, nous constatons que le coût est incontestablement plus élevé car pour un ASL tiers payant, la qualité à payer est plus grande. Le surcroît de paiement est transformé en partie en surplus d'utilité pour les patients et en partie en surplus pour l'hôpital.

Dans un cadre statique, la concurrence sur le marché des soins de santé semble ne pas générer d'effets significatifs du point de vue de la réduction des coûts. Le recours à ce marché ne pourrait ainsi se justifier qu'à condition de penser que l'hôpital public, dans une tentative d'élargissement de sa part de marché, abaissera son niveau d'inefficience x_{AO} qui, à son tour, pourrait engendrer une réduction du coût de remboursement à long terme. Cette conclusion a des implications politiques importantes : le type de concurrence que la plupart des marchés intérieurs préconisent, à savoir un marché mixte des soins de santé, ne semble pas offrir suffisamment d'incitations à la minimisation des coûts, du moins à court terme. Le régulateur doit donc mettre en œuvre des instruments supplémentaires afin d'intensifier la concurrence sur le marché.

Tableau 5 : coût et utilité des différentes options

	Coût de fourniture des soins de santé	Utilité des soins de santé	(surplus de l'hôpital privé)
Solution optimale	$N\left[\dfrac{s}{2\varphi} + EC^{\min} + f(e)\right]$	$\dfrac{s}{4}N$	
ASL programmateur	$N\left[\dfrac{s}{2\varphi} + EC^{\min} + f(e) + xPO\right]$	$\dfrac{s}{4}N$	
ASL parraineur	$N\left[\dfrac{s}{2\varphi} + EC^{\min} + f(e) + x_{AO} + \varepsilon\right]$	$\left(\dfrac{s}{4} + \varphi\varepsilon\right)N$	
ASL Tiers payant	$N\left[\dfrac{3s}{4\varphi} + EC^{\min} + f(e) + x_{AO} + \varepsilon\right]$	$\left(\dfrac{s}{4} + \varphi\varepsilon + \dfrac{x_{AO}}{16}(x_{AO} + 3 - \varphi)\right)N$	$\dfrac{N}{2}\left(\dfrac{s}{\varphi} + x_{AO}\right)\left(\dfrac{3}{4} - \dfrac{\varphi\kappa_{AO}}{4s}\right)$

Conclusions

Le marché intérieur des soins de santé que plusieurs réformes ont mis en place dans les pays occidentaux offre des résultats mitigés sur le plan de la maîtrise des coûts et des bienfaits pour la santé et il est difficile de définir un dispositif institutionnel permettant de préserver un bon équilibre entre la minimisation des coûts et les résultats pour la santé.

Dans cet article, les implications sur les coûts et le bien-être des formes de marché mises en œuvre en Italie pour organiser les soins hospitaliers ont été comparées à l'aide d'un modèle simple dans lequel un acheteur (ASL) acquiert des soins hospitaliers auprès de deux fournisseurs avec des sites fixes. Les différentes options institutionnelles offrent un compromis entre des objectifs communs et une incitation à la minimisation des coûts : plus le contrôle est strict, moins l'incitation à une utilisation efficace des ressources est grande. Le modèle révèle également que la concurrence réduit difficilement les coûts en présence d'un monopole local et d'une asymétrie des informations.

Le choix de l'option organisationnelle et financière dépend de l'importance relative de trois grands éléments : le surcoût résultant de l'absence d'incitations à l'efficience, la rente d'information provenant de la séparation des fonctions d'achat et de fourniture et, enfin, une rente de position dont chaque hôpital bénéficie et qui ne peut être extraite que dans certains cas.

Le document présenté ici ne constitue qu'un premier pas dans l'analyse du marché des soins de santé ; un autre élément important réside dans l'asymétrie des informations et le partage des risques. Dans notre modèle, nous avons supposé que le fournisseur observe le degré de gravité des patients après avoir déterminé son effort. Dans la réalité, il pourrait être en mesure d'observer cet élément avant de devoir prendre cette décision. Dans ce contexte, un problème de choix pourrait se poser (Ellis, 1997 ; Lewis et Sappington, 1998 ; Levaggi 2005).

Levaggi et Montefiori (2005a, b) révèlent certains des effets possibles d'une telle politique dans un modèle de concurrence spatiale, mais les propriétés du marché intérieur des soins de santé devraient aussi être réévaluées pour le bien-être dans ce contexte.

Bibliographie

Biglaiser, G., Ma, C.A., Price and Quality Competition under Adverse Selection: Market Organization and Efficiency, polycopié, 2001.

Chalkley, M., Malcomson, J.H., « Government Purchasing of Health Services », in Culyer, A.J., Newhouse, J.P. (eds.), *Handbook of Health Economics*, North-Holland, 2000, p. 461-536.

Chalkley, M., Malcomson, J.M., « Cost Sharing in Health Service Provision: an Empirical Assessment of Cost Saving », in *Journal of Health Economics*, 2002, 84, p. 219-249.

Ellis, R., « Creaming, Skimping and Dumping: Provider Competition on Intensive and Extensive Margins », in *Journal of Health Economics*, 2002, Vol.17, p. 537-555.

Ellis, R., Mc Guire, T., « Provider Behaviour under Prospective Reimbursement », in *Journal of Health Economics*, 1986, Vol.5, No.2, p. 129-51.

Enthoven, A., Introducing Market Forces into Health Care: a Tale of Two Countries, document présenté au 4e Colloque européen d'économie de la santé, Paris, 7-10 juillet 2002,
http://perso.wanadoo.fr/ces/Pages/english/PLS3.pdf

France, G., Evolution of Health Care Reform in Italy, European Health Care, discussion meeting, Londres, 2001,
http://www.lse.ac.uk/collections/LSEHealthAndSocialCare/pdf/EHPGFILES/MARCH2001/paper7mar01.pdf

Levaggi, R., « Regulating the Internal Market for Hospital Care », *Journal of Regulatory Economics*, 2007.

Levaggi, R., « Hospital Health Care: Cost Reimbursement and Quality Control », in a Spatial Model with Asymmetry of Information, *International Health Care Finance and Economics*, 2005, Vol.5, No.4, p. 327-349.

Levaggi, R., « Hospital Care Organization in Italy: a Theoretical Assessment of the Reform », in Padovano, F., Ricciuti, R. (eds.), Italian Istitutional Reforms: a Public Choice Perspective, Springer 2007.

Levaggi, R., Montefiori, M., It Takes Three to Tango: Cream Skimming in the Hospital Care Market, 2005b, http://ssrn.com/abstract=756628

Levaggi, R., Montefiori, M., Hospital Specialisation as a Cream Skimming Decision, 2005b, polycopié.

Lewis, T. R., Sappington, D.E.M., « Cream Skimming, Cost Sharing, and Subjective Risk Adjusting in the Health Industry », in *Journal of Economics and Management*, 1999, Vol.8, No.3, p. 351-382.

Ma, C.A., « Health Care Payment Systems: Costs and Quality Incentives », in *Journal of Economics and Management Strategy*, 1994, Vol.3, No.1, p. 93-112.

Newhouse, J., « Reimbursing Health Plans and Health Providers: Efficiency in Production vs. Selection », *Journal of Economic Literature*, 1996, No.34, p. 1236-63.

Annexe 1 : régime de remboursement

Pour un niveau de qualité donné, l'ASL doit trouver le paiement qui minimise le coût ; le problème peut être présenté comme suit[5] :

$$Min \quad t$$

$$s.t.$$

$$C_{ij} = c_i^R + q_i + \beta_i + x_j - e_i \qquad\qquad i = l, h \tag{A1}$$

$$t - E(C_{ij} - f(e_{ij}) \geq 0$$

et la solution optimale comme suit :

$$f'(e_i) = 1 \tag{A2}$$

$$t^* = E(C_i^*) + f(e^*) \quad = q^R + E(\beta) + x_j + c + \varepsilon_i - e^* + f(e^*) \quad = q^R + C^{min} + x_j + \varepsilon_j$$

où C_i^{min} est le coût minimal de fourniture d'un service avec une qualité égale à zéro.

Annexe 2 : courbe de réaction de qualité

La demande d'un hôpital i est obtenue en multipliant la distance par la densité, égale à N vu la longueur unitaire de la ligne. La demande pour chaque hôpital peut être écrite comme suit :

$$D_i = \left[\frac{\varphi(q_i - q_j)}{2s} + \frac{1}{2} \right] N \tag{A3}$$

Les hôpitaux sous gestion directe choisiront $q^{PO} = q^R$; les hôpitaux publics maximisent le nombre de patients et les hôpitaux privés optent pour le niveau de q qui maximise leur surplus total :

$$Max \quad S^{tot} = \left[t - E(C^*) - f(e^*) \right] D_i \tag{A4}$$

Les règles des prix ayant déjà été définies, nous pouvons écrire le surplus unitaire comme étant :

$$q^R + (x^R - x_j) + \varepsilon_i - q_j \tag{A5}$$

Les hôpitaux publics veulent maximiser D, mais ils doivent avoir un budget en équilibre. Cela signifie que le niveau de qualité qu'ils choisissent sera égal à $q^{AO} = q^R + \varepsilon_{AO}$.

Pour un hôpital privé, le F.O.C. peut être écrit comme suit :

Voir Levaggi (2004a) pour une preuve formelle.

$$- D_i + (q^R + (x^R - x_j) + \varepsilon - q_j) * \frac{\varphi N}{2s} \tag{A6}$$

En remplaçant D_i et en résolvant q, nous obtenons :

$$q^{PR} = \frac{1}{2}(q^R + q_i + \varepsilon + (x^R - x_j) - \frac{s}{\varphi}) \tag{A7}$$

Annexe 3 : option de qualité par l'ASL

Quand les deux hôpitaux ont les mêmes objectifs, ils se partagent le marché équitablement et le patient marginal se trouve à *d=1/2*. Pour deux hôpitaux sous gestion directe, cela signifie que :

$$\varphi q^{PO} - \frac{s}{2} = 0 \qquad\qquad q^{PO} = \frac{s}{2\varphi} \tag{A8}$$

Quand deux AO sont en concurrence sur le même marché, l'ASL suppose qu'ils établissent leur niveau de qualité selon la même règle et fixe dès lors le même niveau de qualité. En fait, la qualité offerte par les deux hôpitaux sera plus élevée en raison de ε.

Enfin, quand un hôpital public et un hôpital privé sont en concurrence, ils n'offrent pas le même niveau de qualité et ne se partagent donc pas le marché équitablement puisque le patient marginal ne se trouve pas à ½. L'ASL trouve le niveau de qualité qui équilibre le marché et les parts de marché en résolvant le système suivant :

$$q_{mix}^R = \frac{s}{\varphi}d_1 \qquad\text{(I)}$$

$$q_{mix}^R - \frac{1}{2}\frac{s}{\varphi} = \frac{s}{\varphi}d_2 \qquad\text{(II)} \tag{A9}$$

$$d_1 + d_2 = 1 \qquad\text{(III)}$$

par conséquent : $q_{mix}^R = \dfrac{3s}{4\varphi}$

L'ASL espère que le marché sera desservi à 75 % par l'hôpital public et à 25 % par l'hôpital privé.

Dans la réalité, la qualité proposée par les deux hôpitaux et leurs parts de marché seront différentes en raison de l'asymétrie des informations sur les coûts. Dans ce cas, le niveau de qualité sera en fait égal à :

$$q^{AO} = \frac{3s}{4\varphi} + \varepsilon_{AO}$$

$$q^{PR} = \frac{3s}{4\varphi} + \varepsilon_{AO} + \frac{1}{2}(x_{AO} - \frac{s}{\varphi})$$

(A10)

et le marché sera divisé comme suit :

$$\frac{3}{4} - \frac{\varphi x_{AO}}{4s} \text{ hôpital public}$$

$$\frac{3}{4} + \frac{\varphi x_{AO}}{4s} \text{ hôpital privé}$$

(A11)

Le concept d'intérêt général dans le champ des services sociaux et de santé en Slovénie
Implications normatives et politiques

Boštjan ZALAR

Institute for Social Sciences, University of Ljubljana (Slovenia)

Introduction

Le présent article met l'accent sur le concept d'intérêt général en Slovénie, au niveau macroéconomique. Cette étude s'appuie sur douze années d'expériences menées dans le domaine de la conceptualisation normative de l'intérêt général en Slovénie et de ses implications politiques, y compris des instruments utilisés afin d'appliquer l'intérêt public dans la pratique. D'un point de vue normatif, l'étude part de l'hypothèse selon laquelle l'intérêt général est formulé dans les droits de l'homme établis légalement et renforcés juridiquement, associés à plusieurs principes constitutionnels ; certains de ces principes sont également des « principes généraux du droit » faisant partie du droit international (européen). Cette première hypothèse sera analysée dans une première section.

Du point de vue des implications politiques, l'étude considère l'approche de la gouvernance ou de la gestion de réseaux comme étant l'instrument politique motivant la mise en œuvre du principe d'intérêt général pour l'avenir des régimes démocratiques en Europe. Cette approche sera abordée dans la deuxième section. Dans la dernière partie de cet article, les « quatre niveaux de la convergence » de Pollitt (2001) seront utilisés pour décrire la situation qui a effectivement prévalu, en Slovénie au cours des 12 années précédentes (entre 1992 et 2004) de modernisation du régime étatique dans le domaine des services de protection sociale et des soins de santé, ainsi que pour caractériser les principaux acteurs du processus et les instruments politiques utilisés.

Implications constitutionnelles
du concept d'intérêt général

En ce qui concerne la signification normative du concept d'intérêt général, il convient de noter que les services de protection sociale et de soins de santé sont des domaines régis par certains droits de l'homme fondamentaux inscrits dans la Constitution de la République de Slovénie (1991). Premièrement, la réglementation ou la mise en œuvre du principe d'intérêt général dans le domaine des services de protection sociale et de soins de santé ne doit pas porter atteinte aux droits civils fondamentaux, plus particulièrement au droit de libre entreprise (art. 74 de la Constitution) et au droit de propriété privée (art. 33 de la Constitution).

Deuxièmement, le cadre de base régissant les normes des services sociaux et des soins de santé est défini par certains droits sociaux fondamentaux inscrits dans la Constitution. Ces droits sociaux sont les suivants :

– tout citoyen répondant aux conditions telles que définies par la loi a le droit de bénéficier de la sécurité sociale, y compris de la pension (art. 50, parag. 1 de la Constitution) ;

– l'État réglemente l'assurance maladie obligatoire, l'assurance pension, l'assurance invalidité et d'autres assurances et veille à leur bonne administration (art. 50, parag. 2 de la Constitution) ;

– toute personne a le droit aux soins de santé en vertu de la loi (art. 51, parag. 1 de la Constitution) ;

– les droits aux soins de santé subventionnés par le secteur public seront définis par la loi (art. 51, parag. 2 de la Constitution) ;

– les droits des personnes invalides en termes de sécurité sociale et de formation professionnelle sont déterminés par la loi (art. 52, parag. 1 de la Constitution) ;

– les enfants atteints d'un handicap mental ou physique et les autres personnes souffrant d'une invalidité grave ont le droit à l'enseignement et à la formation spécialisée afin de pouvoir mener une vie active au sein de la société (art. 52, parag. 2 de la Constitution) ;

– l'éducation primaire est obligatoire et est financée par les recettes publiques (art. 57, parag. 1 de la Constitution) ;

– toute personne a le droit à un cadre de vie sain, conformément à la loi (art. 72, parag. 1 de la Constitution).

Outre ces droits sociaux fondamentaux, qui ne constituent pas uniquement des normes programmatiques étant donné qu'ils sont étayés par les tribunaux, la Constitution intègre également plusieurs principes juridiquement exécutoires et hautement pertinents pour le concept d'intérêt général. Ces principes peuvent être scindés en deux groupes. Le premier groupe est constitué des principes qui revêtent une signification substantielle, bien qu'ils soient relativement ouverts à diverses interprétations. Le deuxième groupe de principes constitutionnels est bien connu dans le droit international (européen) comme étant les « principes généraux du droit ». Les principes constitutionnels du premier groupe sont les suivants :

- la manière dont la propriété est acquise et l'usage qui en sera fait sont régis par la loi afin d'en assurer les fonctions économiques, sociales et environnementales (art. 67, parag. 1. de la Constitution)[1] ;
- les activités commerciales ne doivent pas être poursuivies si elles vont à l'encontre de l'intérêt public (droit de libre entreprise, art. 74, parag. 2 de la Constitution) ;
- la Slovénie est un État-providence (art. 2 de la Constitution).

Les principes énoncés dans la Constitution, qui font partie du contexte des principes généraux du droit dans le cadre du droit européen (Craig, de Búrca, 1999)[2], sont les suivants :

- principe de proportionnalité : les droits de l'homme et les libertés fondamentales ne sont limités que par les droits d'autrui et, dans ces cas, ils sont définis par la présente Constitution (art. 15, parag. 3 de la Constitution) ;
- principes d'attente légitime et de la sécurité juridique : ces principes, qui représentent une partie du principe de l'État de droit, sont pertinents dans le cas d'interférences avec le niveau de protection acquis de droit sociaux (art. 2 de la Constitution) ;
- principe de non-discrimination ou principe général d'égalité devant la loi (test de l'arbitraire, art. 14 de la Constitution) ;
- une loi peut déterminer la manière dont les droits de l'homme fondamentaux seront exercés, à quel moment une telle réglemen-

---

[1] Cette disposition permet au législateur d'incorporer aux lois l'analyse fonctionnelle de la propriété, dans différents domaines du développement social. L'analyse fonctionnelle de la propriété peut dès lors s'avérer également pertinente dans le cas de conflits juridiques concrets, ce qui a déjà été prouvé dans le cas relatif au droit administratif U 2364/2004 (arrêt de la Cour administrative de la République de Slovénie du 19/05/2004).

[2] Il existe certaines différences entre l'application de ces principes dans différents États membres de l'Union européenne, la Cour de Justice européenne et la Cour européenne des droits de l'homme, mais ces différences ne sont pas pertinentes par rapport à l'objectif du présent document.

tation est accréditée par la présente Constitution ou quand une telle régulation est nécessaire en raison du caractère spécifique des droits individuels (art. 15, parag. 2 de la Constitution).

Il s'agit du cadre légal fondamental que l'intérêt général est tenu de respecter dans le domaine des services de protection sociale et des soins de santé. La signification factuelle de ce cadre est expliquée ci-dessous.

Une réglementation générale inscrite dans la loi ou une mise en œuvre concrète de l'intérêt général par le biais d'un acte administratif dans un cas particulier peut interférer avec le droit civil d'un individu ou d'un groupe si cette interférence est conforme au principe de proportionnalité[3]. Conformément à la décision de la Cour constitutionnelle, le principe de proportionnalité fait partie de l'art. 15, parag. 3 de la Constitution (décision de la Cour constitutionnelle 17/VII, Vol. 2). Le principe de proportionnalité signifie qu'une interférence avec un droit civil d'un individu ou d'un groupe causée par la réglementation ou un acte administratif dans le domaine des services sociaux ou des soins de santé doit être prescrite par la loi. En outre, les outils permettant d'atteindre un objectif légitime poursuivi doivent être adaptés, de sorte que cet objectif légitime puisse être atteint, et l'interface avec le droit civil individuel doit être proportionnelle au bénéfice des droits d'autrui. Il convient de souligner ici que, conformément aux décisions récentes de la Cour constitutionnelle, une interférence avec les droits civils est autorisée également en ce qui concerne la protection d'intérêt général (décisions de la Cour constitutionnelle 9/11/2000, 28/6/2001). Il s'agit ici d'une interprétation qui n'est pas conforme à l'analyse grammaticale de l'art. 15, parag. 3 de la Constitution.

L'autorité publique peut également éviter le difficile test de la proportionnalité si elle est à même de convaincre le tribunal compétent au cours de la procédure de révision judiciaire que la réglementation contestée ne représente que l'une des manières dont le droit civil ou social et économique doivent être exercés, étant donné qu'une telle réalisation des droits de l'homme est édictée par la Constitution ou parce qu'une telle réglementation est nécessaire en raison de la nature du droit fondamental donné (art. 15, parag. 2 de la Constitution).

Le principe de la proportionnalité ne s'applique pas non plus lorsque le cas implique la question de la discrimination. Lorsque le cas concerne la discrimination (positive ou négative), le test de l'arbitraire est appliqué. Par exemple, l'État peut appliquer une discrimination positive aux groupes ou aux individus socialement désavantagés si cette discrimina-

---

[3] L'exception est constituée par un droit civil à la liberté d'entreprise (art. 74, parag. 2 de la Constitution). L'interférence avec ce droit est autorisée afin de protéger l'intérêt général si cette interférence est conforme au principe de proportionnalité.

tion peut être justifiée de manière raisonnable. C'est plus particulièrement dans le domaine de la protection sociale et des soins de santé que la discrimination positive des personnes les plus défavorisées (Rawls, 1971) peut être raisonnablement justifiée par le principe de l'État-providence.

Si une réglementation ou un acte administratif interfère avec un droit fondamental dont la substance n'est pas définie dans la Constitution, le principe de la proportionnalité ne s'applique pas non plus. En suivant l'interprétation de la Cour constitutionnelle, les substances et les titulaires concrets des droits de l'homme dans le domaine de la protection sociale et des soins de santé ne sont pas définis dans la Constitution, mais dans des lois. La Cour constitutionnelle a dès lors décidé qu'il convenait d'appliquer un autre principe pour la révision de la constitutionnalité de l'interférence avec ces droits. Il s'agit du principe de la sécurité juridique, qui fait partie du principe de l'État de droit (art. 2 de la Constitution). Ce principe présente un intérêt considérable pour la réforme dans le domaine des services sociaux et des soins de santé, mais également pour des réformes relatives au système des pensions. En Slovénie, nous avons eu plusieurs cas de désaccords quant au caractère constitutionnel de l'intérêt général formulé dans la loi. Dans le contexte de la réforme de l'État-providence, le gouvernement et le parlement ont ainsi tenté de réduire le niveau acquis de protection des droits sociaux dans les domaines en question. En 1997, la Cour constitutionnelle a décidé que toute interférence avec ces droits sociaux était conforme à la Constitution si la diminution réelle des droits acquis n'est pas réalisée de manière arbitraire. En d'autres termes, une assise raisonnable doit avoir été mise en place pour une telle réforme, qui doit également être conforme aux intérêts dominants et légitimes, et les charges doivent être équilibrées de manière proportionnelle entre différentes catégories de groupes (décision de la Cour constitutionnelle, Gazette officielle de la République de Slovénie, n° 2/97 ; décision de la Cour constitutionnelle 1/2/2001). Toutefois, dans certaines décisions récentes, la Cour constitutionnelle applique également dans de tels cas la norme imposant l'existence d'une relation raisonnable entre les moyens et les objectifs de la réforme respective concernant l'État-providence (décision de la Cour constitutionnelle 10/5/2001 ; décision de la Cour constitutionnelle 22/5/2003 ; décision de la Cour constitutionnelle 3/7/2003).

Si le gouvernement ou le parlement ne respecte pas ces limites constitutionnelles de l'intérêt général, la réglementation contestée risque de violer également le principe constitutionnel de l'État-providence (décision de la Cour constitutionnelle, 17/4/2003). Le principe de l'État-providence revêt une signification fondamentale. L'analyse des décisions de la Cour constitutionnelle entre 1994 et 2004 révèle qu'il s'agit là d'un principe fondateur des trois branches du gouvernement. Bien que la Cour constitutionnelle n'utilise pas une définition constante de ce principe dans sa jurisprudence, celle-ci permet d'aboutir à la conclusion suivante : sur la base du principe constitutionnel de l'État-providence, l'État a l'obligation d'intervenir par le biais des principes d'économie de marché afin de protéger ou même d'appliquer une discrimination positive à certains individus marginalisés ou désavantagés d'un point de vue social, économique ou culturel pour des raisons ou des causes indépendantes de leur contrôle ou de leur volonté (Zalar, 2003a)[4].

Il est possible dès lors de conclure que les dimensions normatives fondamentales de l'intérêt général sont encadrées ou limitées par les limites des droits de l'homme, y compris les principes constitutionnels mentionnés ci-dessus ou les principes généraux du droit international (européen).

Les implications politiques de l'intérêt général : approches de la gouvernance

La Constitution exige dès lors qu'un équilibre soit visé entre la libre entreprise et les principes de marché d'une part, le principe de l'État-providence de l'autre. Dans cette optique, aucune raison n'incite dès lors à ce que l'État soit la seule entité habilitée à créer des organisations (prestataires de services) dans le domaine de la protection sociale ou des soins de santé. En outre, l'État n'a aucune bonne raison de gérer (exclusivement) ces organisations et d'assumer tous les droits dérivant du concept classique de propriété. D'une certaine manière, cette situation se traduit par une désintégration des droits de propriété (Saunders, Harris, 1990). Les droits de propriété permettant de gérer, d'utiliser, de disposer, de superviser ou d'utiliser les bénéfices ou les capitaux ne doivent plus être du ressort exclusif du propriétaire, mais ils sont divisés parmi plusieurs acteurs. Dans ces circonstances, plus aucune dichotomie claire n'existe entre la sphère publique et la sphère privée, entre la propriété publique et la propriété privée. L'État est libre d'adopter tout instrument politique afin d'attendre les objectifs fondamentaux de l'intérêt général. Il est à même d'utiliser la privatisation, le décloisonnement, la libérali-

---

4 Pour de plus amples informations relatives aux principes judiciaires de protection des droits de l'homme, cf. Zalar, Boštjan, 2004, Basic Standards and Techniques for Human Rights Protection before Ordinary Courts in Slovenia (Normes de base et techniques de protection des droits de l'homme devant les juridictions normalement compétentes en Slovénie) dans : Zalar, B. (ed.), *Five Challenges for the European Courts: the Experiences of German and Slovenian Courts*, publié par la Cour suprême de la République de Slovénie et l'Association slovène des Juges, Ljubljana, 379-420.

sation et une nouvelle gestion publique, des approches de partenariat public-privé, des formes hybrides de privatisation (Rus 1999 ; Zalar, 1999a).

Au cours des vingt dernières années, le concept de *nouvelle gestion publique* a dominé, dans une certaine mesure, le débat public et professionnel des sociétés modernes. Ce concept supporte l'idée selon laquelle il y a lieu d'introduire dans l'administration publique, des éléments de réglementation, d'organisation et de fonctionnement du marché. Les gouvernements devraient se focaliser dès lors sur les indicateurs de performance, le décloisonnement et la privatisation ainsi que sur la possibilité de faire fonctionner le gouvernement à l'instar d'une entreprise. Ce concept part de l'hypothèse selon laquelle la politique publique est élaborée exclusivement par le gouvernement.

Toutefois, les derniers développements considèrent le concept de gouvernance (gestion de réseaux ou partenariat public-privé) comme étant préférable pour garantir une réalisation efficace, effective, transparente, réactive et responsable de l'intérêt général (Kickert *et al.*, 1999). Le concept de la gestion de réseaux est utilisé et mis en œuvre à tous les niveaux de la réglementation sociale. Des acteurs de la scène politique internationale défendent ce concept étant donné qu'il n'est plus possible de résoudre des problèmes posés à l'échelon international par le biais d'accords bilatéraux. Il conviendrait de créer des réseaux d'acteurs intéressés afin de transformer la volonté politique commune en une action commune (Barnier, 2002). Au niveau de la Communauté européenne, ces réseaux sont en cours de formation, y compris dans le processus de formulation de normes légales, au sein des institutions communautaires représentant les États membres, les institutions de la société civile, les organisations professionnelles, les scientifiques et le grand public. Les agences et les comités européens représentent les mécanismes censés maintenir le concept de gestion de ces réseaux complexes, non en tant que régulateurs centraux, mais en tant que coordinateurs (Dehousse, 1997). À cet égard, ils veillent à l'adoption consensuelle (et peut-être également plus démocratique) de règles au sein de l'Union européenne. Les agences parviennent à résoudre le paradoxe entre, d'une part, la nécessité d'une uniformité accrue des réglementations entre les États membres, et, d'autre part, le fait qu'une centralisation accrue de la décision politique est inacceptable ou non souhaitée. Par le biais de directives communes, les agences, qui sont supposées rassembler les décideurs de la politique publique à l'échelon national, assurent le niveau nécessaire d'uniformité des réglementations. Cette uniformité doit être basée sur les mêmes expériences techniques et bases d'information (Dehousse, 1997). Certains commentateurs affirment dès lors que nous nous orientons vers une époque de la réglementation par l'information, plus particulièrement dans des domaines tels que l'environnement, la protection du consommateur, les soins de santé sur le lieu de travail et l'hygiène alimentaire. La réglementation par l'information signifie une réglementation de la société sur la base d'informations de qualité, fiables, basées sur des convictions et qui s'est avérée plus efficace que la réglementation légale directe basée sur la contrainte légale (Majone, 1997). Ce type de réglementation exige la mise en place de mécanismes de coordination institutionnelle spécifiques ainsi qu'une collaboration entre les différents organes, comités et organisations (Azoulay, 2001).

En outre, le concept de la gestion de réseaux s'applique très souvent aux services sociaux au niveau national (Kolderie, 1987 ; Clark *et al.*, 1995/96 ; Rhodes, 1996 ; Kickert *et al.*, 1999). À l'échelon national, cette approche implique la nécessité de formes mixtes (hybrides) de propriété ou différents types de partenariats publics-privés (Rus, 1999). Certains commentateurs estiment que le facteur décisif de la démocratisation et du progrès économique des sociétés modernes est le degré élevé de connectivité et de collaboration existant entre les secteurs public et privé (Salomon, Anheier, 1997).

Les auteurs de *Managing Complex Networks: Strategies for the Public Sector* (Kickert *et al.*, 1999) estiment que la politique publique n'est pas élaborée exclusivement par le gouvernement : « La politique publique, quelle qu'en soit la portée, constitue le résultat d'interactions entre les acteurs publics et privés. La politique publique est élaborée et mise en œuvre au sein de réseaux d'acteurs interdépendants. » La gouvernance et la gestion publique doivent dès lors être considérées comme étant une gestion de réseau.

> Le terme réseau décrit les différents acteurs interdépendants impliqués dans la prestation de services. Ces réseaux sont constitués d'organisations ayant besoin d'échanger des ressources (telles que les fonds, l'autorité, les informations, l'expertise) afin d'atteindre leurs objectifs, de maximiser leur influence sur les réalisations et d'éviter de devenir dépendantes d'autres acteurs du jeu.

Au lieu de reposer sur l'État ou le marché, la gouvernance sociopolitique concerne la gestion de tels réseaux « où la responsabilité des interventions est répartie parmi des acteurs publics et privés. Les réseaux s'auto-organisent. Ils présentent un degré élevé d'autonomie de l'État et ne sont pas responsables envers ce dernier. » Les interactions existant au sein des réseaux se basent sur la confiance, la réciprocité et la collaboration. Elles sont régies par des règles du jeu négociées et approuvées par les participants du réseau. Par contraste avec le concept de *nouvelle gestion publique*, le concept de *gestion de réseaux* considère

le gouvernement comme n'étant que l'un des nombreux acteurs influençant le cours des événements dans un système sociétal, étant donné que
« le système politique est de plus en plus différencié. Nous n'évoluons
pas dans un État centralisé, mais dans une « société dépourvue de
centre », dans un État polycentrique (Kickert *et al.*, 1999 : xii).

Ce concept soulève sans aucun doute de nouvelles questions relatives
à la légitimité du gouvernement, à sa responsabilité et à la responsabilité
des réseaux dans une démocratie représentative ; il s'agit de savoir
comment ouvrir des réseaux aux citoyens et comment gérer de telles
complexités et diversités organisationnelles.

Le concept de partenariat public-privé était en réalité inclus également dans le premier Livre Blanc sur la Stratégie de la République de
Slovénie pour l'intégration au sein de l'Union européenne (1997)[5].
Toutefois, l'idée d'un partenariat public-privé, telle que mentionnée
dans les sections suivantes, n'a pas été mise en œuvre dans la pratique.
Les développements récents et les défenseurs du concept de gouvernance au sein de l'Union européenne (Peterson, 1995 ; Majone, 1997 ;
Dehousse, 1997 ; Ladeur, 1999 ; Jachtenfuchs, 2001 ; European Governance, 2001 ; Douglass-Scott, 2002) inciteront peut-être le gouvernement à adopter une approche plus moderne de la gouvernance. À l'heure
actuelle, le système de gouvernance en ce qui concerne la mise en
réseau, l'existence de collaborations non hiérarchiques et de décisions
conjointes entre les entités publiques et privées en tant qu'instruments
politiques visant la réalisation de l'intérêt général n'existe pas en Slovénie. J'ai observé deux types d'exceptions qui méritent d'être mention-
nées ici.

Au niveau macroéconomique, il existe une prise de décision
conjointe entre le gouvernement et les organisations du secteur privé
dans le domaine de la protection des habitats naturels (pour la protection
des oiseaux, des poissons, des forêts, etc.). Dans ce cas, le partenariat
public-privé se base sur et est parfaitement défini par la Loi relative à la
préservation de la nature (1999). À ce niveau, la Slovénie connaît
uniquement une « approche rationnelle-légaliste » (Stivers 2002 : 162)
basée sur des structures, des règles et des procédures strictes et non sur
des approches de gestion douce et des pratiques pragmatiques. D'autres
exceptions de ce type sont également associées aux dispositions légales :
la Loi relative à la promotion d'un développement régional équilibré
(1999), par exemple, stipule que le partenariat public-privé doit être un
des principes de base dans ce domaine.

---

[5]   Cf. section 4 à ce sujet.

La deuxième exception concerne le domaine de l'appareil judiciaire au niveau microéconomique. En 2001, l'équipe de gestion de la principale Cour de première instance de Slovénie a initié de manière autonome un projet relatif à une résolution alternative des conflits par le biais d'une procédure de médiation rattachée à la Cour. Ce projet se base sur un partenariat public-privé entre la Cour de première instance de Ljubljana et des médiateurs privés (avocats, assistants sociaux, juges à la retraite, députés du Médiateur) et d'arbitres privés (Chambre du commerce). Le projet n'est pas inscrit dans la loi, mais se base sur une collaboration et une mise en réseau non hiérarchique entre les acteurs impliqués et sur des pratiques de gestion très pragmatiques[6].

Dans la suite de cet article, pour la présentation des instruments politiques en Slovénie, qui sont assez liés aux nouvelles approches de gestion afin d'aboutir à une réalisation plus efficace et plus effective de l'intérêt général, nous allons utiliser le modèle des quatre niveaux de la convergence dans les formes de gestion publique (Pollitt, 2001). C. Pollitt explique que dans les discussions relatives à la convergence sous la forme d'une gestion publique, il y a lieu de distinguer quatre niveaux de convergence : convergence discursive, convergence décisionnelle, convergence des pratiques et convergence des résultats.

La convergence discursive

Ce niveau de convergence a été initié en Slovénie, en novembre 1997, lorsque l'Assemblée nationale a adopté la *Stratégie de la République de Slovénie pour l'intégration à l'Union européenne*. Les objectifs de la réforme étaient les suivants :

– moderniser l'administration de l'État en vue de l'intégration au sein de l'Union européenne ;
– accroître l'efficacité de l'administration de l'État.

Dans ce *Livre Blanc*, l'Assemblée nationale a approuvé les orientations suivantes. L'ancien rôle réglementaire de l'État allait être remplacé par un nouveau rôle de partenariat. En collaboration avec d'autres entités, l'État devait prendre ses responsabilités en tant que partenaire égal pour le développement du système social dans son ensemble. L'administration de l'État devrait inclure une séparation de la fonction décisionnelle de celle de la mise en œuvre des politiques. Il y a lieu de

---

[6] Pour de plus amples informations, cf. Zalar, Aleš, 2003, Management of Change in the Judiciary: Case Study of Court Annexed Mediation at the Ljubljana District Court, in: Zalar, Boštjan (ed.), *Five Challenges for the European Courts: the Experiences of German and Slovenian Courts*, publié par la Cour suprême de la République de Slovénie et l'Association slovène des Juges, Ljubljana, 71-100.

mettre en place des organisations paragouvernementales chargées de la prestation des services, organisations bénéficiant d'une liberté accrue dans la gestion de leurs ressources matérielles et humaines. Cette approche doit garantir la concurrence et la liberté de choix pour les utilisateurs des services au sein de l'administration de l'État. L'utilisation de « bons » doit conférer aux utilisateurs une autonomie accrue dans le choix de leurs prestataires, autonomie qui contribuerait à une meilleure qualité des services proposés. L'État devrait dès lors promouvoir les conditions pour la fourniture de services publique, privée et mixte. L'administration de l'État doit être davantage orientée vers les utilisateurs, leurs besoins et leurs attentes et veiller à assurer un meilleur accès aux services ainsi que des procédures simplifiées pour l'exercice des droits dans le domaine administratif. Bien que l'exposé du Livre Blanc soit très moderne, voire révolutionnaire pour l'époque, aucune discussion publique d'envergure n'a été menée au sujet de la réforme. Le Livre Blanc n'a bénéficié d'aucun écho dans un discours plus démocratique de la société civile.

La convergence décisionnelle

Les décisions du gouvernement ne suivent pas le *Livre Blanc* de 1997 en ce qui concerne le partenariat public-privé annoncé. En d'autres termes, il est évident que le gouvernement estime que tous les objectifs stratégiques figurant dans le *Livre Blanc* peuvent être réalisés par des acteurs publics et grâce à l'adoption de nouvelles lois dans le secteur public. L'Assemblée nationale a dès lors adopté la nouvelle Loi relative à la procédure administrative (1999), la Loi relative aux fonctionnaires (2002), la Loi gouvernementale (2002), la Loi relative à l'administration (2002), la Loi relative aux agences (2002) et la Loi relative à l'accès aux informations d'intérêt général (2003). La nouvelle Loi relative aux fonctionnaires devrait introduire une meilleure gestion des ressources humaines au sein de l'administration publique. Dans le même ordre d'idées, la Slovénie a initié la première étape du processus de transparence des actes publics et des informations d'intérêt général, grâce à l'adoption de la Loi relative à l'accès aux informations d'intérêt général ; le pays a également franchi la première étape de la gouvernance assurée par des experts indépendants, grâce à l'adoption de la Loi relative aux agences. Parmi les approches les plus pragmatiques, nous pouvons citer :

- un programme gouvernemental anti-bureaucratie (2001) ;
- la décision d'introduire l'informatisation des transactions entre l'administration et les citoyens (2003) ;

– la décision de réduire la taille de certains départements administratifs (2003).

De manière générale, la Slovénie n'est pas confrontée à une réforme gouvernementale de type « dérégulation » mais plutôt à une « re-régulation ». Dans le domaine de la protection sociale et des soins de santé, le niveau de la convergence décisionnelle a débuté bien avant l'adoption du *Livre Blanc* de 1997. En effet, il a été franchi lors de l'adoption de la Loi relative à la protection sociale (1992) et de la Loi relative aux soins de santé et à l'assurance maladie (1992).

Protection sociale : convergence décisionnelle, des pratiques et des résultats

Pendant la période 1992-2000, la modernisation a été mise en œuvre principalement dans le secteur public de la protection sociale. Au cours de cette période, le secteur public ne s'est pas ouvert aux prestataires privés de manière à permettre aux prestataires publics et privés de constituer des réseaux de collaboration. En 2000, seuls dix concessionnaires et quatre entités purement privées existaient et étaient supposés être incorporés au réseau public. Tous les autres prestataires privés n'ont pas été inclus dans le processus de coordination et de collaboration avec le secteur public et ont fonctionné exclusivement sur le marché ou sur une base caritative. Le champ d'application du transfert de compétences de l'État à l'association professionnelle était réduit. Une série de compétences pouvant être du ressort de l'association professionnelle des prestataires de services sociaux demeure concentrée sous l'autorité de l'administration de l'État. La situation est similaire en ce qui concerne l'enseignement (Zalar, 1999b ; Zalar, 2002a). À l'instar du secteur de l'enseignement, la réforme du secteur public dans le domaine de la protection sociale s'est basée sur l'idée d'une adaptation graduelle sur la base des structures, des solutions et des schémas existants. L'évolution plutôt que la révolution : telle est l'approche adéquate des réformes. Toutefois, il semble que dans le secteur de la protection sociale, la réforme ait été trop graduelle et que nous ayons maintenu trop longtemps les structures, les solutions et les schémas existants (Zalar, 2002a).

Si l'on en juge d'après le dernier Rapport sur la stratégie nationale de protection sociale (2004), il semble que la situation ait changé après 2001. Les données de l'Institut de protection sociale de la République de Slovénie révèlent une participation fortement accrue de prestataires privés dans le domaine des services sociaux et de protection sociale en 2002 et 2003. Dans beaucoup de programmes de services sociaux, le nombre des prestataires privés a dépassé celui des prestataires publics et ils fournissent des services sociaux à un nombre plus élevé d'utilisateurs par rapport aux prestataires publics. Cette constatation est plus particulièrement valable pour des programmes destinés aux malades chroniques, aux personnes souffrant d'un handicap physique ou mental et aux autres personnes ayant des besoins spécifiques, victimes de violence et d'abus, personnes ayant besoin de conseils et d'une assistance juridique. En 2002, l'État a financé 198 programmes expérimentaux (718 600 EUR) et 183 en 2003 (729 850 EUR). L'analyse de la mise en œuvre de la Stratégie nationale pour la protection sociale, élaborée par l'Institut de protection sociale de la République de Slovénie, révèle également à quel point il importe d'établir un réseau pluriel de prestataires de services sociaux. Cette opération doit inclure la poursuite du développement du secteur privé et plus particulièrement celui des organisations non gouvernementales, mais veiller également à l'instauration d'un système plus coordonné de prestataires publics et privés, avec l'introduction d'une base unique d'informations. L'analyse révèle aussi que les mécanismes majeurs d'inclusion du secteur privé au réseau demeureront les concessions, les autorisations de prestations de service, le financement public de programmes expérimentaux et la politique d'imposition pour des donations privées (Institut de protection sociale de la République de Slovénie, 2004).

Soins de santé : convergence décisionnelle, des pratiques et des résultats

À l'instar du secteur de la protection sociale, le domaine des soins de santé en Slovénie n'a pas initié une réforme de privatisation radicale. Le niveau des soins de santé en Slovénie atteint avant les lois de réforme initiées en 1992, a empêché l'instauration d'une réforme de privatisation radicale. La loi relative aux droits de l'homme à l'échelon universel assurait un certain cadre pour les soins de santé. Il était alors impossible de réduire ce niveau sans raisons justificatives.

Comme dans le secteur de la protection sociale, la concession a représenté une importante forme légale de privatisation au cours de la période 1992-2000. Toutefois, déjà au cours de cette période initiale de réforme, la situation était différente par rapport au secteur social en ce qui concerne le champ d'intervention des prestataires privés de soins de santé. La proportion de prestataires privés de services de santé était alors beaucoup plus importante que dans le secteur de la protection sociale. Dans le secteur des soins de santé, par exemple, on comptait 20 % de concessionnaires (généralement des médecins de soins primaires et des dentistes) et 80 % de prestataires privés (Zalar, 2002a). Les expériences démontrent que le nombre élevé de concessionnaires a entraîné d'importants problèmes de ressources humaines au sein des institutions de soins publiques. En outre, les concessionnaires n'observent pas un respect total des accords de concession (Arnež, 2000). Depuis l'adoption de la réforme en 1992, le pays a connu une augmentation du nombre de contrats conclus entre des prestataires privés et l'Institut d'assurance maladie de la République de Slovénie. La proportion de fonds privés injectés dans l'assurance maladie a également augmenté (Zalar, 1999b). Toutefois, en Slovénie, nous n'avons pas développé des modèles de privatisation plus flexibles et hybrides tels que des contrats de gestion, la sous-traitance et la location de locaux publics à des entités privées (Zalar, 2002a).

À l'heure actuelle, la Slovénie connaît un processus visant à redéfinir dans la loi, le cadre des services de santé disponibles pour l'ensemble des citoyens et financés par le budget public. Les utilisateurs paieront un montant distinct pour tout service excédant ce cadre. La réforme initiée dans le secteur des soins de santé a également permis de mettre en place des instruments favorisant une responsabilité individuelle accrue du côté des utilisateurs, au bénéfice de leur propre santé. Parallèlement, cette réforme laisse également davantage de place à la coopération et à la participation des utilisateurs de services de santé dans le processus de traitement. La Loi relative aux soins de santé et à l'assurance maladie définit les droits des patients (*Charte des citoyens*) et représente dès lors une forme d'émancipation des utilisateurs des services de soins de santé.

Néanmoins, plusieurs commentateurs avertis estiment que l'État joue un rôle trop important à ce niveau. Le ministre doit approuver l'établissement d'une institution publique de soins de santé, les modifications de ses activités, l'expansion ou la fin de celles-ci. Les pouvoirs étatiques s'étendent à la définition des programmes, au champ d'application des services, au temps de travail, à la classification des fonctions, à la promotion, au nombre de collaborateurs et à la méthode de rémunération. Un organe étatique approuve la désignation ou le licenciement du directeur de l'institution de soins de santé (Zalar, 1999b). En ce qui concerne l'association professionnelle, les médecins sont nettement mieux organisés que les professeurs et les assistants sociaux. Les médecins, organisés au sein de la Chambre de la Santé, représentent l'une des structures politiques les plus puissantes en Slovénie. Des compétences publiques beaucoup plus vastes ont dès lors été transférées de l'État à la Chambre de la Santé. Le pouvoir politique des médecins explique probablement aussi le niveau élevé de privatisation du secteur des soins de santé (Zalar, 2002a)[7].

---

[7] Il est intéressant de noter ici que l'introduction de prestataires privés de services dans le domaine de l'autorité coercitive de l'État en Slovénie est beaucoup plus vaste que

Autres pistes permettant la pratique de la convergence au sein de l'administration publique

Parmi les autres formes possibles de convergence au sein de l'administration publique, nous pouvons citer les exemples suivants :

- Les expériences relatives aux procédures d'adjudications concurrentielles obligatoires dans le cas où des institutions publiques de soins de santé ou des institutions publiques de protection sociale souhaitent louer des locaux sont très rares. Cette forme est réglementée par la loi ainsi que par des règles de procédure stipulées dans la Loi relative à la procédure administrative générale.

- La sous-traitance dans tous les aspects des administrations de droit public est relativement restreinte, étant donné qu'elle est réglementée par la Constitution. Conformément à la Constitution, des entités privées ne peuvent être habilitées à exercer des fonctions spécifiques d'administration publique que par voie légale (Constitution de la République de Slovénie : article 121, parag. 2).

- Quelque trente autorités administratives ont exigé l'instauration d'une norme ISO 9000 et, en 2002, le gouvernement a initié un projet inspiré du modèle européen d'évaluation qualitative au sein de l'administration publique (*Cadre d'auto-évaluation des fonctions publiques*).

- En 2002, le gouvernement a lancé un projet relatif à l'évaluation de l'impact de la législation (*Analyse d'impact de la réglementation*).

- Le Tribunal d'audit reconsidère la précision et la rationalité de l'utilisation du budget public, mais nous ne connaissons pas d'autres formes de budgétisation des performances au sein de l'administration publique.

---

l'introduction de prestataires privés dans le domaine de la protection sociale, de l'enseignement et des soins de santé. En dépit de la nécessité constitutionnelle d'instaurer une démonopolisation faisant l'objet d'une surveillance stricte de l'appareil coercitif de l'État, la privatisation de la sécurité publique avait déjà été initiée spontanément en 1990. Ces évolutions ont été réglementées pour la première fois grâce à la Loi sur la sécurité privée de 1994. La Loi relative à l'exécution et à l'assurance des sinistres de 1998 a permis au gouvernement d'introduire également une privatisation dans le domaine de l'exécution des décisions judiciaires. Ces expériences démontrent qu'aucun partenariat public-privé n'a été développé entre les bureaux de l'État et les prestataires privés dans ces domaines et que ces réformes de privatisation entraînent des conséquences négatives très graves (Zalar 1999c ; Zalar 2002b).

- L'Institut des sciences sociales a réalisé, en 1999, une enquête auprès des consommateurs relative à l'impact de la privatisation sur la qualité des services de santé du point de vue des utilisateurs[8].
- Le ministère de l'Intérieur a publié ensuite un nouveau *Livre Blanc* intitulé la *Stratégie de développement de l'administration de la République de Slovénie 2003-2005* (mai 2003). Grâce à ce nouveau document, la Slovénie a de nouveau franchi le premier niveau de convergence discursive. Dans ce *Livre Blanc II*, le ministère met l'accent sur les points suivants : amélioration de la qualité des services de l'administration publique, meilleure gestion des ressources humaines, y compris l'instauration d'un système de gestion des connaissances, transparence accrue, réactivité et responsabilité de l'administration publique, émancipation des utilisateurs des services de l'administration publique, institutionnalisation de la participation du secteur civil au processus de formation de nouvelles propositions législatives. L'idée d'un partenariat public-privé et de l'instauration de réseaux horizontaux entre les autorités publiques et les prestataires de droit privé est mentionnée moins souvent dans le *Livre Blanc II* que dans le *Livre Blanc I*.

Conclusions

En Slovénie, les dimensions normatives de l'intérêt général sont correctement définies dans les droits de l'homme. Les instruments politiques permettant de créer un intérêt général sont limités aux actions du gouvernement et du parlement. L'État représente dès lors le principal acteur impliqué dans l'élaboration des politiques et le financement des services sociaux et de santé. Il est dès lors trop tôt pour initier une recherche empirique sur les résultats de la réforme de gestion publique proposée dans le domaine des services sociaux du point de vue de la convergence potentielle avec des réformes menées dans d'autres pays, plus particulièrement eu égard au fait qu'en Slovénie, nous n'avons pas encore mis sur pied le partenariat privé-public ou l'approche de la gouvernance. Les instruments politiques sont limités aux mécanismes par lesquels l'État tente de moderniser ces services au sein des organisations publiques existantes, sur la base des compétences administratives très étendues des ministères. Ces mécanismes se composent de lois et de

---

[8]   Pour connaître les résultats de cette recherche, cf. Macur, Mirna, 1999, *Privatisation and the Quality of Health-Care Services*, dans : Rus, Veljko, Zalar, Boštjan (eds.), Privatisation of Social Services, Journal of Social Sciences Studies (special issue), XV, 29, 50-70.

règlements. L'approche descendante et l'approche administrative constituent des méthodes prédominantes, alors que l'approche entrepreneuriale ascendante et non hiérarchique, censée être supportée par la coordination, la facilitation et la supervision des agences gouvernementales, n'a pas encore été acceptée dans le débat public.

Certains commentateurs attirent l'attention sur le fait que les formes existantes d'incorporation et de participation de représentants de la société civile dans les organes de surveillance de certaines organisations de droit public impliquent en réalité une certaine manipulation ; d'autre part, le processus de délégation de fonctions étatiques à des agences quasi autonomes est très paternaliste. Ces deux processus génèrent une « colonisation » de la société civile par l'État, ce qui constituera, à long terme, un obstacle au développement de la société slovène (Rus, 2003). Par ailleurs, nous sommes en droit d'attendre que les demandes croissantes et hétérogènes des utilisateurs de services dans le domaine de la protection sociale et des soins de santé attireront davantage des organisations privées et des entrepreneurs et les inciteront à faire partie du réseau de prestataires de ces services, étant donné que ces derniers s'étendent en réalité aux domaines qui sont partiellement couverts par les droits sociaux constitutionnels ou les droits statutaires. Enfin, les principaux acteurs politiques ne peuvent plus sous-estimer les problèmes relatifs au mode de gestion effectif et efficace des réseaux d'acteurs publics et privés dans le domaine des services sociaux et à la manière de sécuriser leur responsabilité, leur transparence ou leur réactivité à l'égard des utilisateurs des services sociaux.

Bibliographie

Azoulay, L., « The Court of Justice and the Administrative Governance », in *European Law Journal*, 2001, Vol.7, No.4, p. 425-441.

Arnež, Z., « Privatizacija zdravstvenega sistema» (intervju), in *Mladina*, 2000, No.12, p. 32-35.

Barnier, M., *La gouvernance internationale : une contribution européenne, Governance Across Borders. National, Regional and Global*, au EU-UNU Global Forum "Governance Across Borders. National Regional and Global", Tokyo, le 24 janvier 2002.

Clark, C. *et al.*, « Privatization: Moving Beyond Laissez Faire », in *Policy Studies Review*, 1995-1996, Vol.14, No.3/4, p. 395-406.

Commission des Communautés européennes, *Livre blanc 2001 sur la gouvernance européenne*, Commission des Communautés européennes, Bruxelles, 27.7.2001, COM (2001) 428 final.

Constitution de la République de Slovénie, *Gazette officielle de la République de Slovénie*, N° 33/91-I, 42/97, 66/2000, 24/2003, 67/2004.

Cour administrative de la République de Slovénie, *Cas U 2364/2004*, arrêt de la Cour administrative de la République de Slovénie du 19.5.2004.

Craig, P., Gráinne de Búrca, *EU Law*, Second Edition, Oxford University Press, 1999.

Décisions de la Cour constitutionnelle, *Gazette officielle de la République de Slovénie*, N° 5772001, 9/11/2000.

Décisions de la Cour constitutionnelle de la République de Slovénie, *Gazette officielle de la République de Slovénie*, 257/IX, Vol.2, 28/6/2001.

Décision de la Cour constitutionnelle de la République de Slovénie, 17/VII, Vol.2.

Décision de la Cour constitutionnelle de la République de Slovénie, 10/5/2001, 82/X, Vol.1.

Décision de la Cour constitutionnelle de la République de Slovénie, 17/4/2003, *Gazette officielle de la République de Slovénie*, 44/2003.

Décision de la Cour constitutionnelle de la République de Slovénie, 22/5/2003, *Gazette officielle de la République de Slovénie*, 63/2003.

Décision de la Cour constitutionnelle de la République de Slovénie, 3/7/2003, *Gazette officielle de la République de Slovénie*, 70/2003.

Dehousse, R., « Regulation by Networks in the European Community: The Role of European Agencies », in *Journal of European Public Policy*, 1997, Vol.4, No.2 juin, p. 246-261.

Douglas-Scott, S., *Constitutional Law of the European Union*, Pearson Education, Longman, 2002.

Jachtenfuchs, M., « The Governance Approach to European Integration », in *Journal of Common Market Studies*, 2001, Vol.39, No.2, p. 245-264.

Ladeur, K.-H., « Towards Legal Concept of the Network in European Standard-Setting », in Joerges, C., Vos, E. (eds.), *EU Committees: Social Regulation, Law and Politics*, Oxford, Hart Publishing, 1999, p. 151-170.

Kickert, W., J., M., Klijn, E.-H., Koppenjan, F., M. (eds.), *Managing Complex Networks*, London, Sage Publications, 1999.

Kolderie, T., « What Do We Mean by Privatization? », in *Society*, 1987, No.24, p. 46-51.

Majone, G., « The New European Agencies: Regulation by Information », in *Journal of European Public Policy*, 1997, No.4, 2nd June, p. 262-275.

Peterson, J., « Decision-Making in the European Union: Towards a Framework for Analyses », in *Journal of European Public Policy*, 1995, Vol.2, No.1, arch, p. 69-93.

Pollitt, C., « Clarifying Convergence », in *Public Management Review*, 2001, Vol.4, No.1, p. 471-492.

Rawls, J., *A Theory of Justice*, Cambridge Massachusetts, Harvard University Press, 1971.

Rhodes, R., A., W., « The New Governance: Governing without Government », in *Political Studies*, 1996, Vol.44, No.4, Sept., p. 652-667.

Rus, V., « Hybrid Forms of Privatisation », in Rus, V., Zalar, B. (eds.), *Privatisation of Social Services*, in *Journal of Social Sciences Studies*, 1999, Special Issue, 15, 29, p. 31-42.

Rus, V., *Sociološki vidiki prehoda iz moderne v postmoderno državo (extrait disponible en anglais), Teorija in praksa*, 2003, Vol.40, No.1, p. 5-16.

Salomon, M., L., Anheier, K., H., « The Civil Society Sector », in *Society*, 1997, Vol.34, No.2, jan./fév., p. 60-65.

Saunders, P., Harris, C., « Privatization and the Consumer », in *Sociology*, 1990, Vol.24, No.1, p. 57-75.

Social Care Protection Institute de la République de Slovénie (extrait disponible en anglais), *Spremljanje učinkov nacionalnega programa socialnega varstva, Končno poročilo (Final Report)*, décembre 2004.

Stivers C., « Public Administration Theory Network, Conference Articles », in *Public Administration Review*, 2002, mars/avril Vol.62, No.2, p. 162-163.

Strategija Republike Slovenije za integracijo v Evropsko unijo, *Poročevalec Državnega zbora RS*, XXIII, 48, Ljubljana, 17.10.1997, p. 69-73.

Strategija nadaljnega razvoja slovenske javne uprave, Ministrstvo za notranje zadeve RS, *delovno gradivo*, Ljubljana, 2003-2005.

Zalar, B., « The (Un)acceptable Liberalisation of the Welfare State », in Rus, V., Zalar, B. (eds.), *Privatisation of Social Services, Journal of Social Sciences Studies*, Special Issue, 1999a, Vol.15, No.29, p. 15-30.

Zalar, B., *Privatizacija in človekove pravice*, Fakulteta za družbene vede, Znanstvena knjižnica, Ljubljana, 1999b.

Zalar, B., « Privatization of State Coercive Authority: From Compact back to Combat? », in *International Journal of the Sociology of Law*, 1999c, No.27, p. 317-334.

Zalar, B., « Modernisation of the Public Sector in Slovenia (1991-2001), Part II: the Case of Social Services and Material Infrastructure », in Gebhardt, I., Zhixin, G. (eds.), *Systems of Administrative Law: Comparative Essays*, Beijing, China Foreign Economic Relations and Trade Publishing House, 2002a, p. 450-477.

Zalar, B., « Modernisation of the Public Sector in Slovenia (1991-2001), Part I: the Case of State Coercive Apparatus », in Gebhardt, I., Zhixin, G. (eds.), *Systems of Administrative Law: Comparative Essays*, Beijing, China Foreign Economic Relations and Trade Publishing House, 2002b, p. 309-336.

Zalar, B., « Slovenske », in *evropske ustavnosodne razlage in uresničevanje načela socialne države v praksi*, Dignitas, 2003, 19/20, p. 3-148.

Concurrence et partenariat, deux vecteurs de la reconfiguration des nouveaux régimes de la gouvernance des services sociaux et de santé

Benoît LÉVESQUE et Bernard THIRY

*École nationale d'administration publique
et Université du Québec à Montréal (Canada)*

*Centre international de recherches et d'information
sur l'économie publique, sociale et coopérative et
Université de Liège (Belgique)*

Introduction

Pour mieux comprendre les transformations des services sociaux d'intérêt général, notamment des services sociaux et de santé, la recherche réalisée sous la direction de Bernard Enjolras, dans le cadre d'un groupe international de recherche du CIRIEC, représente une contribution originale et susceptible de faire avancer la connaissance dans le domaine en pleine mutation. En premier lieu, elle fournit un cadre théorique, à partir du concept de régime de gouvernance, susceptible de rendre compte à la fois des différentes configurations nationales et sectorielles des modalités de prise en charge de l'intérêt général et de la diversité des relations entre le secteur public et le secteur privé, les organisations lucratives et les organisations non lucratives. S'il existe de nombreuses études sur l'économie sociale, d'une part, sur les entreprises publiques et services publics, d'autre part, peu d'entre elles tentent de les mettre en perspective, de les considérer non pas de manière isolée mais selon leurs interrelations et leurs interdépendances (ce que nous appelons la transversalité), ce que rend possible le concept de régime de gouvernance. Cette notion contribue aussi à mieux comprendre comment, avec l'encadrement et le soutien de pouvoirs publics, le partenariat et la concurrence (plus ou moins encadrée) peuvent participer à la prise en charge de l'intérêt général, de manière forcement contrastée selon les divers régimes. Enfin, le cadre théorique proposé favorise une meilleure compréhension des choix réalisés par les pouvoirs publics, choix contrastés en dépit d'une conjoncture marquée par des contraintes externes comparables qui devraient favoriser la convergence des systèmes, si l'on s'en tient au discours unique néolibéral.

En deuxième lieu, les services sociaux et de la santé représentent des terrains privilégiés pour observer la diversité et la complexité des nouveaux régimes de gouvernance des services d'intérêt général puisque la conception, la production et la fourniture de ces services sont de plus en plus assurées non seulement par le secteur public mais aussi par le secteur privé, à but non lucratif et même à but lucratif, le plus souvent en interaction. Les cas retenus dans ce domaine sont à première vue difficilement comparables puisqu'ils mobilisent des acteurs différents et s'inscrivent dans des contextes nationaux et sectoriels fortement contrastés. De plus, le domaine des services sociaux aux contours plus ou moins précis est lui-même d'une ampleur très variable selon les pays, les régions et les collectivités locales. Tout cela ne saurait nous étonner puisque les services sociaux visent la protection et l'aide aux personnes fragilisées ou en difficulté non seulement en raison des aléas et des risques de la vie, que sont par exemple la maladie ou le vieillissement, mais aussi des phénomènes sociaux tels que le chômage, l'exclusion sociale et la criminalité.

On aura donc compris que l'ouvrage n'a pas pour objectif de donner un aperçu exhaustif de l'ensemble de ces services, mais plutôt de montrer comment ce domaine en forte perturbation, en raison de la croissance des clientèles fragilisées, de l'insuffisance ou de l'inadéquation des services mis en place dans un autre contexte et d'un repli assez généralisé des interventions étatiques, est ainsi contraint à l'expérimentation et à l'innovation, le plus souvent à partir d'initiatives de la société civile, mais également avec le support des pouvoirs publics. Comme les innovations et les expérimentations surgissent souvent à la périphérie des systèmes en place, les auteurs désireux de caractériser les nouveaux régimes en émergence ont orienté leurs recherches sur les réponses inédites aux besoins sociaux nouveaux ou mal satisfaits, autant de cas qui apparaîtront effectivement comme à la marge du système des services sociaux d'intérêt général (Lévesque, 2006). À cette fin, ils se sont inspirés d'un cadre théorique dont les dimensions d'analyse (sur lequel nous reviendrons) permettent de caractériser et de comparer les divers régimes de gouvernance, y compris ceux en émergence.

Un cadre théorique novateur
pour une comparaison internationale

Avant de revenir sur les études de cas (dans une deuxième section), il nous semble important de nous arrêter sur le cadre théorique qui nous paraît innovateur pour la compréhension des nouvelles modalités de prise en compte de l'intérêt général. On nous permettra au départ de soulever la question méthodologique concernant la comparaison internationale puisque les neuf cas étudiés relèvent de sept pays différents : six cas européens dans cinq pays, trois cas dans deux pays des Amériques. Par la suite, nous voulons montrer comment le cadre théorique, qui a présidé à l'orientation des études de cas, s'inscrit dans le prolongement de recherches du CIRIEC, notamment les recherches dites transversales initiées à l'occasion du cinquantième anniversaire de la fondation de cette association scientifique (Monnier et Thiry, 1997). Enfin, nous terminerons cette section par une réflexion sur le cadre théorique proposé, notamment sur la notion de régime de gouvernance.

Nécessité de construire une typologie
pour la comparaison internationale

La comparaison internationale des diverses formes d'État-providence (Esping-Endersen, 2002 et 1990 ; Arts et Gelissen, 2002) et des systèmes de production des sociétés occidentales (Albert, 1991 ; Amable, 2005 ; Crouch et Streeck, 1996 ; Hollingsworth et Robert Boyer, 1997 ; Hall et Soskice, 2001) a montré la nécessité de construire des typologies pour rendre compte à la fois des différences et des ressemblances des configurations considérées. Ces typologies permettent d'éviter les écueils que représentent sans doute différemment le « particularisme culturaliste » qui met en relief l'extrême diversité des cas, marqués par les singularités d'une histoire et d'une culture considérées comme incomparables, et le « nominalisme universaliste » observé dans un usage des statistiques qui laisse supposer que tout est comparable (terme à terme) voire transférable, faisant ainsi l'impasse sur le contexte institutionnel et la cohérence sociétale qui donnent en grande partie sens et efficacité aux innovations et expérimentations socio-économiques (Amable et Palombarini, 2005 : 252-271). En somme, la méthodologie comparative cherche à se donner des outils appropriés pour mettre en lumière à la fois les éléments communs et les éléments spécifiques, soit « établir des régularités valant pour des ensembles de cas dans le cadre d'une typologie » (Théret, 1997 : 169).

Dans cette optique, il est possible d'identifier au moins deux façons différentes de construire des typologies pour fin de comparaison internationale. Dans le premier cas, selon une démarche plutôt inductive, le point de départ est donné par la recherche empirique qui fournit des cas concrets contrastés dont certains seront considérés comme des types idéaux. Ainsi, dans la typologie des formes de l'État-providence d'Esping-Andersen (1990 et 1999), la Suède est retenue pour caractériser le modèle social-démocrate d'État-providence (considéré le plus complet), les États-Unis pour le modèle libéral (le moins complet et qualifié de résiduel), l'Allemagne pour le modèle conservateur (appelé aussi corporatiste) et l'Italie pour le modèle familialiste. En raison de son déficit théorique, cette typologie ne rend pas compte adéquatement des divers cas concrets comme on a pu l'observer avec la France rangée dans le type conservateur et avec le Canada (et le Québec) classé dans le modèle libéral (Evers et Laville, 2004 ; Saint-Arnaud et Bernard, 2003). Dans le deuxième cas, conformément à une démarche plutôt déductive, l'accent est mis sur une théorisation « pour fonder le choix du niveau d'abstraction où des généralités pourront être énoncées » et « où les spécificités pourront être rapportées à une commune mesure » (Théret, 1997 : 170). Cette dernière approche pourrait cumuler à la fois les avantages méthodologiques des études de cas et celles de la comparaison basée exclusivement sur des statistiques, tout en dépassant certaines de leurs limites respectives. Mais, même dans le cas d'une approche à dominante déductive, les typologies sont le plus souvent construites à partir d'allers et retours entre formalisation théorique et recherche empirique.

Ainsi, la typologie des régimes de gouvernance proposée dans cet ouvrage s'appuie à la fois sur une démarche plutôt inductive, notamment pour les notions intermédiaires construites antérieurement par deux recherches du CIRIEC (Monnier et Thiry, 1997 ; Enjolras et von Bergmann-Winberg, 2002), et une démarche plutôt déductive comme on a pu le constater dans le premier chapitre du présent ouvrage. De plus, cette typologie des régimes de gouvernance fut discutée, dans le cadre de séminaires, par tous les auteurs qui s'en sont par la suite inspirés pour leurs travaux. Enfin, les cas étudiés laissent voir la valeur heuristique de cette typologie tout en ouvrant sur de nouvelles questions de recherche et de nouveaux besoins de formalisation.

Concernant la méthodologie, il est aussi nécessaire d'indiquer que l'ouvrage présent ne vise ni à justifier des actions politico-administratives, ni à adopter *a priori* un point de vue normatif, mais plutôt à comprendre et expliquer les transformations en cours des divers régimes de gouvernance des services sociaux, ce qui par la suite devrait fournir matière à réflexion pour dégager ou consolider les formes les plus appropriées de prise en charge de l'intérêt général. Ainsi, il s'inscrit pleinement dans la mission du CIRIEC qui, comme association scientifique, vise à promouvoir et entreprendre des recherches sur « l'économie publique, sociale et coopérative dans le monde, considérée dans ses différentes formes et dans leurs relations : secteur public, coopération, autres formes d'entreprises d'intérêt général » (Article 3, Statuts du CIRIEC, 2004). Dans cette optique, les chercheurs se veulent préoccupés à la fois de la rigueur scientifique et de la pertinence sociale de leurs travaux. Sous ce double point de vue, une recherche sur les régimes de gouvernance dans le domaine des services sociaux et de santé semblait pleinement justifiée en raison du nombre et de la diversité des innovations et expérimentations dans un domaine considéré assez unanimement comme relevant de l'intérêt général et qui fait aujourd'hui l'objet d'une attention particulière des décideurs politiques, économiques et sociaux.

L'attention portée à ces services par la Commission européenne atteste, si besoin est, de l'importance accordée actuellement aux modalités de fourniture de ces services sociaux et de santé d'intérêt général. En 2006, la Commission a pris pas moins de trois nouvelles initiatives en ce domaine : une Communication sur les services sociaux d'intérêt général[1], une Communication sur les services de santé[2] et de la réalisation d'une vaste étude confiée à un consortium de trois instituts de recherche dont le CIRIEC[3]. La modernisation des modes de fourniture de ces services est un domaine particulier d'observation et de réflexion.

Nouveau paradigme de l'intérêt général : nouvelle architecture, périmètres de solidarité et économie plurielle

À partir des années 1980, on a assisté à la multiplication des expérimentations et des innovations donnant souvent lieu à une reconfiguration des modes de prise en charge de l'intérêt général, obligeant ainsi les chercheurs à revoir ce qu'il faut entendre par intérêt général et à revenir sur le terrain. D'une part, les analyses en termes de choix rationnels ont mis en lumière certaines défaillances de la gestion publique et de l'économie sociale dans la prise en compte de l'intérêt général (Becker, 1976). En dépit des dérives bien connues, ces recherches ont permis de

---

[1] Communication de la Commission européenne. Mettre en œuvre le programme communautaire de Lisbonne. Les services sociaux d'intérêt général dans l'Union européenne, Bruxelles, 26 avril 2006, COM(2006) 177 final.

[2] Communication de la Commission européenne. Consultation concernant une action communautaire dans le domaine des services de santé, Bruxelles, 26 septembre 2006.

[3] Les membres de ce consortium sont, outre le CIRIEC, l'European Centre for Social Welfare Policy and Research (Vienne-Autriche) et l'Institute for Social Work and Social Education (ISS), Frankfurt/Main-Allemagne.

mieux voir « les difficultés concrètes liées à l'inévitable accompagne-ment humain des procédures théoriques de prise en compte de l'intérêt général » (Monnier et Thiry, 1997 : 15). D'autre part, plusieurs recher-ches, poursuivant celle ouverte jadis par Weber dans *Économie et société*, ont identifié différentes logiques d'action, divers mondes et cités, pour reprendre les termes mis de l'avant par les conventionnalistes (Boltanski et Thévenot, 1991 ; Boltansky et Chapiello, 1999), laissant voir entre autres que la solidarité peut être un ressort non seulement de l'action sociale mais aussi de l'activité économique qui ne peut être réduite à la seule logique marchande.

D'autres recherches ont questionné moins l'exclusivité de la rationa-lité formelle que l'atomisation de l'individu telle que le présuppose la pensée dominante de la science économique, mettant ainsi en relief l'encastrement social de l'activité économique, à travers entre autres les réseaux (Granovetter, 1985 ; Castells, 1996). De plus, il fut aussi montré que le processus d'individualisation s'accompagne d'un renforcement des identités et des appartenances dont un nombre croissant est le résul-tat de choix volontaires, comme c'est le cas des associations (Offe, 1997 ; Beck, 2001 ; Castells, 1997). Ce faisant, il en résulte une montée des « périmètres de solidarité » où le moi-eux peut faire place au moi-nous, à des « solidarités objectives interindividuelles » où l'individu se veut partenaire d'une « communauté » ou d'une association volontaire (Monnier et Thiry, 1997). Se pose alors la question de l'articulation entre les différents niveaux d'intérêt général, les « sous-intérêts géné-raux » que peut exacerber le communautarisme, pouvant rendre plus ardue la poursuite d'un intérêt général plus large.

L'ouvrage de Monnier et Thiry (1997) posait aussi en des termes nouveaux la question des interdépendances entre ces « solidarités objec-tives interindividuelles » basées sur l'intérêt commun ou collectif et les « solidarités altruistes » orientées vers l'intérêt général ou public. Sans doute, cette interdépendance avait été perçue à la fois par le fondateur du CIRIEC, Edgard Milhaud, pour qui la coopérative était assimilable à une forme d'entreprise publique, et par Charles Gide, qui entrevoyait l'État comme une coopérative qui pouvait donner lieu à une « républi-que coopérative » où l'action publique et l'action coopérative se fusion-naient (Desroche, 1991 : 206-222 ; Draperi, 2000). Les travaux, réalisés sous la direction de Monnier et Thiry, révèleront une complexité encore plus grande quant aux modalités de prise en charge de l'intérêt général, d'où l'idée d'un nouveau paradigme de l'intérêt général et la proposition de notions intermédiaires pour raffiner l'analyse. L'approche plutôt inductive, qui prédomine dans la plupart des contributions de cet ou-vrage de 1997, montre clairement que l'intérêt général est un construit social et historique et que, par conséquent, il « ne semble s'exprimer concrètement…qu'au pluriel », donnant ainsi lieu à une « géographie des intérêts généraux constitués ».

Dans cette perspective, Monnier et Thiry, qui s'appuyaient sur une quinzaine d'études de cas de services économiques et sociaux d'intérêt général dans autant de pays, dégageaient au moins trois notions intermédiaires pour une analyse de ces « intérêts généraux constitués » aussi bien à la suite d'initiatives autoritaires que spontanées. D'abord, celle de « périmètres de solidarité » qui regroupent des individus partageant approximativement une même conception de l'intérêt général. Ensuite, celle de « fonction-objectif » en cohérence avec la conception de l'intérêt général propre à chacun des périmètres de solidarité ; cette fonction-objectif permet la définition de critères appropriés d'évaluation et sous-tend la coordination des activités et des acteurs susceptibles de contribuer à la réalisation de l'intérêt général, ce qui n'est pas sans soulever la question de la gouvernance. D'où d'ailleurs la troisième notion, celle « d'un système décisionnel disposant non seulement de compétences techniques pour la mise en œuvre de l'objectif de l'intérêt général, mais aussi d'une capacité d'appréciation du contenu même de la fonction-objectif » (Monnier et Thiry, 1997 : 19). En raison de l'incomplétude de l'intérêt général, les systèmes qui s'y réfèrent tendent vers « une gestion à caractère plus ou moins démocratique », comme cela semble être le cas des nouvelles formes de gouvernance misant sur la coopération et le partenariat (ce que laissent bien voir certains cas analysés dans le présent ouvrage).

Enfin, la difficulté de l'analyse des divers modes de prise en charge de l'intérêt général est aussi accentuée par la « convergence des types d'entreprise » qui rend « difficile de faire des distinctions substantielles » entre « les entreprises privées qui opèrent, effectivement ou apparemment, également dans le sens de l'intérêt général », les entreprises publiques et les entreprises d'économie sociale en concurrence avec les entreprises privées qui « ont adopté les méthodes de management privé » donnant ainsi lieu à des entreprises « mixtes » et à des formes de partenariat public-privé (Cox, 1997 : 52). Pour tous les types d'entreprise jusque-là bien définis, il est désormais possible d'observer des hybridations de sorte que, sous l'angle de la prise en compte de l'intérêt général, les clivages observés peuvent aussi être considérés sous l'angle d'un continuum, évitant ainsi d'exclure *a priori* certains types d'entreprises (Demoustier, 2006).

Dans cette perspective, la notion d'« architecture des modes de prise en compte de l'intérêt général » devient indispensable pour rendre compte des interrelations et des interdépendances entre économie publique, économie sociale et autres formes d'entreprise, sans oublier leur inscription dans divers périmètres de solidarité aux dimensions et intensités d'engagement variables. Cette notion d'architecture met donc à l'avant, l'idée de combinatoire socio-économique, à composantes microéconomiques et macroéconomiques, fondée sur « la coexistence d'organisations qui concourrent chacune à leur manière, à la recherche de l'intérêt général, et dont les périmètres de solidarité sont juxtaposés » (Monnier et Thiry, 1997 : 22). Selon la diversité des architectures, les relations entre les diverses composantes et organisations peuvent donner lieu aussi bien à des substitutions, à des concurrences qu'à des coopérations et des partenariats.

Arrivée à cette conclusion importante, la recherche de 1997 n'esquissait pas pour autant une typologie des diverses architectures de prise en compte de l'intérêt général. C'est pourquoi Monnier et Thiry (1997 : 23) proposaient « d'approfondir – au plan conceptuel et au plan factuel – cette approche structurale de l'intérêt général [...] dont on ne trouve actuellement trace dans aucun manuel de sciences économiques ».

En réponse à cette invitation, le CIRIEC mettait sur pied à l'automne 1999, un deuxième groupe de travail, transversal à l'économie publique et à l'économie sociale, portant explicitement sur la fourniture des services sociaux et d'intérêt général. Ce groupe coordonné par Bernard Enjolras, Marie-Louise von Bergmann-Winberg et Olivier Saint-Martin, comprenait des chercheurs provenant de quatorze pays. À dominante empirique et exploratoire, cette recherche s'est faite à partir de questions relativement circonscrites bien que les objectifs de départ étaient passablement ambitieux. En effet, elle visait entre autres à répondre à la « question complexe de la solution optimale à apporter de la prise en charge de l'intérêt général » (von Bergmann-Winberg, 2002 : 203), ce qui peut sembler contradictoire avec le fait que ce dernier est un construit social et historique et que les divers types d'architecture ne sont que partiellement comparables. Aussi, la conclusion reconnaissait que les auteurs n'étaient pas arrivés « à évaluer le poids relatif de chaque type d'organisation », ce qui était nécessaire pour différencier les diverses architectures dans les divers pays ou secteur. À défaut d'une méthodologie appropriée pour construire une typologie, l'ouvrage réalisé sous la coordination de Bernard Enjolras et von Bergmann-Winberg (2002) a été reçu comme une étape intermédiaire pour y arriver.

Cet ouvrage de 2002 apporte un éclairage sur la problématique des relations entre organisations lucratives et non lucratives, privées et publiques dans la fourniture des services sociaux et d'intérêt général, à commencer par une réflexion sur les caractéristiques des services sociaux d'intérêt général. Ces derniers seraient comme des « produits joints » comprenant des biens ou des services ayant des effets internes (donc privés telle l'éducation d'un individu), mais aussi des effets externes (biens non rivaux) qui affectent la totalité des membres d'une collectivité donnée (tel l'effet positif sur l'ensemble des membres d'une collectivité d'un accroissement du niveau de scolarisation) (Enjolras, 2002a).

Si la puissance publique recourt au marché pour ce type de biens pour s'assurer que le marché contribue à l'intérêt général, elle doit prévoir des mécanismes institutionnels appropriés, soit pour le contraindre par la réglementation publique, soit pour l'inciter fiscalement, financièrement ou autrement. Par ailleurs, la puissance publique peut elle-même contribuer de diverses façons à la production des services d'intérêt général en poursuivant simultanément des objectifs de rentabilité et d'intérêt général ; toutefois, elle peut rencontrer des difficultés à satisfaire des demandes hétérogènes, socialement ou géographiquement, en raison entre autres d'un fonctionnement bureaucratique et d'une structure centralisée (Enjolras, 2002a : 42). De même, les citoyens peuvent se mobiliser et s'associer pour produire des services d'intérêt général, en se donnant une organisation appropriée en termes de distribution des droits de propriétés et de contrôle démocratique de sorte que l'intérêt collectif (celui des membres de l'association volontaire) et l'intérêt général (celui de l'ensemble de la collectivité) loin de s'exclure et de s'opposer, puissent se compléter. Toutefois, la production volontaire rencontre également des limites, notamment celle des ressources bénévoles forcément limitées et plus ou moins pérennes. En somme, aucune forme d'entreprise ou d'organisation prise isolément ne représenterait la solution idéale pour la production des biens et services d'intérêt général (von Bergmann-Winberg, 2002 : 208).

Parmi les autres conclusions, relevons, en premier lieu, celle concernant l'évolution du rôle de l'État qui tend à passer d'une fonction de producteur à celle de régulateur, notamment à partir de contrats incitatifs pour pallier les défaillances du marché et pour assurer une efficience de l'offre des services d'intérêt général. La modification des modes d'intervention publique va de pair avec celle des relations entre l'État et l'économie sociale, notamment les organisations sans but lucratif. En deuxième lieu, l'importance croissante des organisations privées lucratives et des organisations d'économie sociale dans la production des services d'intérêt général « conduit à la structuration d'une économie plurielle de l'intérêt général dont les contours institutionnels varient suivant les pays » (Enjolras, 2002 : 9). En troisième lieu, l'architecture des modalités de prise en compte de l'intérêt général peut donner lieu à trois types de relations entre la production publique et celle de l'économie sociale. Dans certains cas, les services relevant de l'économie sociale apparaissent comme substituts extérieurs à ceux offerts par l'État ; dans d'autres cas, ils se situent en complémentarité et en partenariat alors que ni l'une ou l'autre des modalités ne semblent en mesure d'apporter une solution complète. Enfin, il existerait une relation inverse faisant en sorte que plus les unités publiques de production sont nombreuses, moins l'on trouve d'autres types d'unités non marchandes. L'ouvrage n'en concluait pas moins que le troisième secteur (l'économie sociale) devrait poursuivre son développement et que nous devrions assister « à l'émergence de nouvelles formes de coopération » de sorte que « la diversité des fournisseurs d'aide sociale et de services sociaux continuera à s'accroître, rendant indispensable l'apport de chaque secteur » (von Bergmann-Winberg, 2002 : 207-208).

Pour poursuivre la recherche sur les services d'intérêt général dans la perspective de la transversalité, les auteurs proposaient d'approfondir et de compléter le tableau des diverses architectures d'intérêt général, plus explicitement encore de réaliser « une étude plus approfondie des typologies et hiérarchies des différentes architectures socio-économiques de prise en charge de l'intérêt général, et ceci dans un cadre global, au sein duquel on peut constater l'émergence de nouveaux modèles à la suite de la mondialisation et des nouvelles directives européennes » (von Bergmann-Winberg, 2002 : 204). De plus, en ce qui concerne les objets empiriques, il était suggéré « soit de se restreindre à certains secteurs, soit d'opérer un choix de certains modèles nationaux particulièrement intéressants que l'on pourrait analyser de manière empirique » (Lévesque, 2006).

Typologie des régimes de gouvernance de services sociaux d'intérêt général

De ce qui précède, on comprendra que le cahier de charge du troisième groupe de recherche transversale, dont le présent ouvrage rend compte des résultats, proposait une définition et une typologie des régimes de gouvernance des services sociaux d'intérêt général. Nous voudrions maintenant revenir sur cette notion de régime de gouvernance telle que présentée au chapitre 1 par Enjolras pour ensuite en montrer l'intérêt théorique et la pertinence méthodologique et finalement soulever quelques questions.

La notion de régime de gouvernance prend en quelque sorte le relais de celle d'architecture des modes de prise en compte de l'intérêt général. Ces deux notions, celle d'architecture et celle de régime, font référence toutes deux à l'idée de combinatoire ou d'ensemble plus ou moins coordonné, d'acteurs, d'organisations et d'institutions. Le fait que la nouvelle architecture d'intérêt général fasse appel à une économie plurielle, dont les modes de coordination des diverses entités sont fort différents, posait implicitement la question de la gouvernance, soit la manière dont les problèmes collectifs sont résolus. En effet, comme le marché est guidé par les prix, les entreprises publiques par des mandats et au besoin la coercition, les entreprises d'économie sociale par des valeurs de solidarité et d'engagement civique, la mise à contribution de ces diverses organisations, pour atteindre des objectifs relevant de l'intérêt général, suppose des mécanismes institutionnels et organisationnels appropriés, entre autres pour l'échange d'information et au besoin la négociation. Dans cette perspective, la notion de gouvernance associée à celle de régime traduit une nouvelle combinatoire où les autorités publiques de divers niveaux se retrouvent en interaction directe avec des instances privées et des acteurs de la société civile, ce qui laisse voir en même temps la recherche de mode alternatif d'intervention de l'État où ce dernier tend de plus en plus à motiver et à inciter les autres acteurs de manière à tirer avantage de leur autonomie et de leur initiative. Cet accent sur les processus est plus fortement affirmé dans la notion de régime de gouvernance que dans celle d'architecture, sans faire disparaître la valeur heuristique de cette dernière.

De plus, la gouvernance peut être caractérisée également par deux autres traits : d'une part, « la flexibilité des instruments de décision : programmation, conception, coordination, compromis et évaluation » ; d'autre part, « l'appel à l'expertise en vue de maximiser les résultats de l'action publique en vue de répondre aux attentes de la société » (Quermonne, 2006 : 212). Plus concrètement, l'idée de nouveau régime de gouvernance est associée à la crise de l'État-providence, qui s'était structuré à partir de fonctions plutôt que de problèmes et à partir de coordinations plutôt verticales qu'horizontales, de même qu'à la crise de l'État-nation qui s'est délesté au cours des deux dernières décennies de certaines de ses compétences vers le haut (le supranational), vers le bas (le local) et latéralement vers les entreprises et la société civile. Par conséquent, la puissance publique fait moins appel à la sanction qu'à de nouveaux outils de régulation et de coordination, soit ceux de « la concertation, du partenariat, de la mise en réseau, de la négociation et de l'évaluation » (*ibid.* : 322). Mais, comme Bernard Enjolras l'indique dans le chapitre 1, si le régime de la nouvelle gouvernance dans le domaine des services sociaux, notamment à l'échelle locale, s'organise souvent sous la forme partenariale, le régime hégémonique est plutôt de type concurrentiel, ce qui ne serait pas sans créer des tensions même si les mixages sont toujours possibles.

Nous ne reprendrons pas ici l'ensemble des notions mises à contribution pour la construction de la typologie des régimes de gouvernance des services sociaux d'intérêt général. Rappelons toutefois que le régime de gouvernance est constitué de trois dimensions : 1) les acteurs représentés par les types d'entreprises ou d'organisations publiques, privées, lucratives et non lucratives ; 2) les types d'instruments d'intervention (coercitifs ou incitatifs, directs ou indirects, dans le cadre d'une régulation concurrentielle ou non concurrentielle) ; 3) la gouvernance institutionnelle définie comme modalité de coordination des acteurs dans une collectivité ou un secteur donné (coordination formelle ou informelle qui peut être également nomiste ou pluraliste). Chacune des trois dimensions se déployant selon des typologies spécifiques, l'ensemble permet ainsi de construire une typologie générale des régimes de gouvernance.

Par ailleurs, les quatre types idéaux de régime de gouvernance retenus (public, corporatif, concurrentiel et partenarial) sont moins nombreux que les trois dimensions qui les définissent, et permettent de le penser théoriquement. Toutefois, ils suffisent pour procéder à des comparaisons aussi bien dans le temps (lecture diachronique) que dans l'espace (lecture synchronique). Ainsi, les régimes de gouvernance publique (autrefois hégémonique) et de gouvernance corporative (qui s'appuie sur une représentation syndicale unifiée) étaient les deux types idéaux les plus représentatifs de la période des trente glorieuses (1945-1975) alors que l'État-providence de type libéral, qui prédominait aux États-Unis à la même époque, était considéré comme résiduel ou moins avancé, notamment sous l'angle de la démarchandisation et de la défamilialisation des services sociaux et de santé (Esping-Andersen, 1990). En revanche, les deux types idéaux qui s'affirment maintenant dans la reconfiguration de l'État-providence seraient le régime de gouvernance concurrentielle (devenu hégémonique) et le régime de gouvernance partenariale (minoritaire) alors que les autres régimes, qui n'ont pas disparu pour autant, ne sont plus des vecteurs de changement. Ce renversement de paradigme ne signifierait pas que les politiques sociales évoluent nécessairement dans le sens de la convergence des régimes de gouvernance, puisque l'ajustement aux mêmes contraintes externes s'accompagnerait entre autres de l'accentuation de disparités régionales et que la dépendance du chemin parcouru se fait toujours sentir (Policy Research Initiative, 2006 ; Palier et Bonoli, 1999).

La typologie proposée permet une identification et une comparaison des nouveaux régimes de gouvernance présidant à la reconfiguration des modalités de prise en charge de l'intérêt général dans les services sociaux. Le régime de gouvernance concurrentielle dans le domaine des services sociaux apparaît nouveau par rapport aux régimes de gouvernance publique et corporative selon les trois dimensions : d'abord, en mobilisant les trois formes d'entreprise et d'organisation (publique, privée lucrative et non lucrative) plutôt qu'une pour la gouvernance publique ou deux pour la gouvernance corporative (publique et non lucrative) ; ensuite, pour la mise en œuvre des politiques en faisant appel à des contrats, à des mises en adjudication concurrentielle et à la régulation incitative plutôt que coercitive ; enfin, pour l'élaboration des politiques en misant sur la pluralité des acteurs en concurrence et en relation plutôt que sur la technocratie pour la gouvernance publique ou le corporatisme pour la gouvernance corporative. Par ailleurs, même si le régime de gouvernance partenarial mobilise toutes les formes d'entreprise et d'organisation comme le régime de gouvernance concurrentielle en principe, il s'en distingue pour les deux autres dimensions, soit par une régulation de type politique permettant la négociation et la délibération et par la suite, un partenariat institutionnalisé, alors que la gouvernance concurrentielle repose sur la pluralité des acteurs pour l'élaboration des politiques et des instruments incitatifs pour combler les défaillances de marché. De plus, comme ces deux dimensions, celle des types d'instruments et celle des types de coordination institutionnelle, ont également des effets structurants sur les acteurs (publics, privés et d'économie sociale), on peut en déduire que ces derniers se différencieront les uns des autres progressivement dans les deux régimes, notamment sous l'angle de la marchandisation et de la défamilialisation.

Enfin, même s'ils impliquent tous les deux une certaine concertation voire un partenariat, le régime de gouvernance partenariale ne saurait être confondu avec celui de la gouvernance corporative selon chacune des trois dimensions. En premier lieu, la gouvernance partenariale met à contribution non seulement les formes publiques et non lucratives mais aussi les entreprises privées et les initiatives de la société civile. En deuxième lieu, pour la mise en œuvre des politiques publiques, le régime de gouvernance partenarial laisse beaucoup d'autonomie aux acteurs à travers la négociation et la délibération, alors que le régime de gouvernance corporatiste tend à adopter une régulation tutélaire des formes non lucratives, réduisant ainsi considérablement leur capacité d'innovation et de créativité. En troisième lieu, pour l'élaboration des politiques, l'État fait appel en principe à toutes les parties concernées dans le régime de gouvernance partenariale alors que, dans le régime corporatiste, il accorde le monopole de la représentation à des organisations « parapluie » représentatives des intérêts organisés (syndicats, organisations patronales, etc.).

Comme Piore et Sabel (1984) l'avaient bien montré pour les systèmes de production de la période du fordisme (domination de la production industrielle de masse complétée par la production artisanale pour les outils spécialisés), la prédominance d'un type de système peut s'accompagner de la présence plus ou moins articulée d'un type différent jouant un rôle mineur, souvent complémentaire plutôt que simple vestige du passé. Dans une conjoncture de bifurcation, suite à une grande crise, le type non dominant peut représenter une référence pour la reconfiguration, voire s'imposer comme source dominante d'inspiration. Sur le plan de la performance des divers régimes, on peut avancer avec les études sur les « variétés du capitalisme » que chacun des régimes présente des points forts et des points faibles, notamment sous l'angle de l'innovation[4] (Hall et Soskice, 2001). À la suite de ces études, on peut faire l'hypothèse que la typologie des régimes de gouvernance proposée révèle des manières plus explicites de tenir compte de l'intérêt général, de la participation des citoyens et de la démocratie participative. Sous l'angle de la performance, les régimes de gouvernance ne sont que partiellement comparables puisqu'ils ne mettent pas l'accent sur les mêmes principes de valorisation. Enfin, ces mêmes études suggèrent également que le transfert d'un élément intéressant (par ex. une innovation dans la programmation) d'un type à l'autre n'est pas nécessairement heureux, en raison de la cohérence d'un régime donné, des arrangements institutionnels qui le caractérisent et de la dynamique des acteurs qui l'ont rendu possible.

Avant de procéder à une comparaison des études de cas, il nous semble intéressant de formuler quelques commentaires généraux sur le cadrage théorique que réalise cette typologie des régimes de gouvernance et sur l'importance relative accordée à certaines dimensions plutôt que d'autres.

Comme pour l'approche des conventionnalistes qui l'inspire, cette typologie semble donner une vision plus organisationnelle qu'institutionnelle de la gouvernance. C'est ce que Enjolras reconnaît lui-même lorsqu'il indique que la gouvernance met l'accent sur les processus et le « comment » (chapitre 1). Sous l'angle de l'opérationnel et du fonctionnement, la nouvelle gouvernance fait de l'État un acteur comme les autres (ce sur quoi il y a largement accord), mais sous l'angle de la définition des règles et de la place de chacun (ce qui est nécessaire pour que le partenariat institutionnalisé s'exerce), tous ne seront pas d'accord pour faire de l'État un acteur comme les autres, y compris dans le cas de la co-production de politique publique puisqu'il dispose alors « de la compétence de la compétence[5] » (Quermonne, 2006 : 275). Par ailleurs,

---

[4] Ainsi, il était montré que les économies libérales de marché comme les États-Unis favorisaient la performance des entreprises misant sur les innovations radicales alors que les économies coordonnées de marché comme l'Allemagne favorisaient plutôt les entreprises misant sur les innovations incrémentales.

[5] « Cette expression signifie que l'État est la seule personne morale capable de déterminer l'étendue et les limites de sa propre compétence, ce que d'autres juristes interprètent en disant que seul l'État dispose d'une compétence initiale » (Quermonne, 2006 : 275). Le politologue ajoute que si cette théorie est aujourd'hui sujette à critique, il n'en demeure pas moins que « l'État apparaît encore sous les traits d'une entité juridique irréductible aux autres collectivités » (p. 276).

l'État représente une entité dont la forme et la puissance sont contrastées, ce qui n'est pas sans incidence pour l'élaboration des politiques et la mise en œuvre d'outils incitatifs ou coercitifs. Les héritages, le chemin parcouru, le modèle de développement antérieurement à l'œuvre sont absents de la typologie puisque considérés comme relevant exclusivement de l'environnement. Il serait dès lors utile de compléter la typologie retenue par la mise en évidence des facteurs expliquant la genèse des nouveaux régimes de gouvernance. De plus, la performance d'un régime de gouvernance dans un domaine comme les services sociaux devrait être différente s'il est en cohérence et en compatibilité avec la régulation dominante de l'État, ou s'il en diverge. Ainsi peut-on prévoir que, dans les régimes politiques anglo-saxons, le régime de gouvernance concurrentielle aura plus de succès que dans un régime politique corporatiste, par exemple.

Par ailleurs, dans la perspective de l'émergence des nouveaux régimes de gouvernance, la typologie proposée identifie comme acteurs les formes institutionnelles que sont les entreprises publiques et privées, lucratives et non lucratives. On peut toutefois supposer que les régimes en émergence ont aussi mobilisé d'autres acteurs tels les associations patronales, les organisations syndicales et les autres acteurs collectifs relevant de la société civile. Conformément à leurs intérêts et compte tenu de leur force variable selon les sociétés, ces acteurs sociaux ont pu se prêter à des compromis pour permettre l'émergence d'un régime de gouvernance plutôt concurrentielle ou plutôt partenariale, ou même la modernisation d'un régime de gouvernance publique ou corporatiste. Il est donc intéressant de prendre en considération les conditions d'émergence (ce que font d'ailleurs la plupart des études de cas).

Comparaison des études de cas : un point de vue transversal

Comme le révèlent les différents chapitres de cet ouvrage, chacun des cas étudiés présente des singularités sur lesquelles nous ne reviendrons pas puisque cela nous entraînerait à proposer une synthèse de ces cas pris un à un. Nous tenterons plutôt de tirer avantage des principales dimensions qui ont servi à la définition des régimes de gouvernance pour avancer des éléments d'analyse transversale, tout en concluant sur la question de la gouvernance, notamment la coexistence de régimes de gouvernance concurrentielle et partenariale. Nous commencerons par poser la question préalable de l'intérêt des cas retenus par rapport aux transformations des divers systèmes de santé et de services sociaux. Par la suite, nous reviendrons aux dimensions qui définissent les régimes de gouvernance, soit les acteurs, notamment les acteurs publics et d'économie sociale, et, par la suite, les dimensions institutionnelles et organisationnelles. Ce faisant, notre analyse portera principalement sur le régime de gouvernance partenarial, étant donné que le régime de gouvernance concurrentiel nous semble mieux connu.

Des innovations et des expérimentations au cœur ou à la marge du système des services sociaux et de santé ?

Pour chacun des cas retenus dans cet ouvrage, on retrouve un contexte général et une périodisation qui présentent beaucoup de similarité. Ainsi en est-il des contraintes externes et des conséquences sociales qu'exercent la mondialisation, l'ouverture des frontières, la formation de blocs continentaux et la généralisation des nouvelles technologies d'information et de communication. Dans la plupart des pays considérés, la récession du début des années 1980 et celle du début de 1990 ont entraîné une baisse de l'activité économique avec comme conséquence une augmentation des dépenses sociales. Parallèlement, de nouvelles demandes sociales sont apparues, liées au vieillissement de la population, à l'éclatement des modèles familiaux traditionnels et à l'écart grandissant entre les exigences du marché du travail et les compétences de certaines couches de la population. Ainsi, en dépit d'un discours prônant un certain désengagement de l'État dans la santé et les services sociaux, les dépenses publiques dans ces secteurs ont augmenté dans les pays de l'OCDE en chiffres absolus (à prix constants) mais aussi relativement par rapport au PIB entre 1980 et 2003 pour atteindre 17,9 % du PIB en 1990 et 20,7 % en 2003 (OECD, 2005 ; OECD, 2007)[6]. Cette évolution, qui va de pair avec d'importantes différences entre pays, laisse voir une certaine similarité des problèmes sociaux rencontrés, tels ceux de l'augmentation des inégalités et de la pauvreté, notamment celle des enfants, mais ne donne lieu qu'à une convergence limitée des systèmes eux-mêmes (Palier et Bonoli, 1999). Des mesures politiques comparables n'ont pas entraîné une homogénéisation des systèmes nationaux, entre autres parce que leur mise en œuvre s'est faite dans des contextes institutionnels différents et avec des acteurs dont le poids différait également selon les sociétés (Policy Research Initiative, 2006 : 4). Sur ce point, les cas examinés témoignent d'une certaine rigidité des cadres institutionnels faisant en sorte que les innovations s'expriment plus facilement à la marge du système, bien qu'elles représentent par ailleurs des tendances lourdes. Enfin, les services sociaux

---

[6] Parallèlement, les dépenses privées ont également augmenté passant de 2,3 % du PIB en 1990 à 3,1 % en 2003.

semblent plus perméables aux expérimentations que les services de santé.

Des neuf cas étudiés dans les chapitres précédents, cinq d'entre eux portent sur les services sociaux et les quatre autres sur les services de santé. Pour les services sociaux, les auteurs ont retenu des expérimentations et des innovations apparemment à la marge du système des services sociaux. Ainsi, en serait-il des cas suivants :

- le logement social et le développement économique communautaire au Québec (Bouchard, Lévesque et St-Pierre) ;
- les partenariats stratégiques locaux (gouvernance plus ou moins informelle) au Royaume-Uni pour le développement et la coordination de l'éducation, de l'emploi, du logement social, de l'environnement, de la sécurité et de la santé (Spear) ;
- les divers partenariats des associations avec le secteur public dans l'offre de services de développement local, en Belgique (Petrella) ;
- les services de financement et les services d'accompagnement pour la création des entreprises orientées vers l'insertion, les services de proximité et le développement local en France (Richez-Battesti) ;
- la gouvernance exercée à l'échelle locale à travers le découpage des « pays » pour des services de proximité comprenant entre autres les soins à domicile et les crèches en France (Koulytchizky).

À bien des égards, les services sociaux étudiés apparaissent périphériques à un système des services sociaux où la protection sociale et la redistribution occupent la première place au plan budgétaire et au plan du nombre de citoyens touchés. De même, tous les cas de services sociaux étudiés répondent à de nouvelles demandes sociales (par exemple insertion et services de proximité). De plus, ils émergent à l'échelle locale, à partir d'initiatives de la société civile (pour la plupart) et avec des financements modestes bien que mixtes ou pluriels. Ils questionnent la logique sectorielle et hiérarchique des politiques sociales, en mettant l'accent sur des problèmes sociaux bien spécifiques, souvent à la frontière du social et de l'économique, comme c'est le cas de l'insertion et du développement économique communautaire.

Les cas étudiés se révèlent non seulement innovateurs mais se placent également au centre des transformations en cours (Lévesque, 2005). Depuis le début des années 1980, plusieurs n'hésitent pas à parler d'une nouvelle question sociale aussi préoccupante que l'ancienne, une question portant sur « la vulnérabilité sociale après la protection » (Castel, 1995). Dans l'ancienne question sociale, on pouvait être pauvre, mais riche de liens sociaux alors que la nouvelle pauvreté, la nouvelle question sociale, se caractérise non seulement par une pauvreté matérielle mais aussi par une pauvreté des liens sociaux doublée de l'absence *de facto* de capacités d'agir sur son destin ; d'où l'importance de l'*empowerment* des personnes et l'acquisition de « capabilités[7] » (Sen, 2000 : 38). Dans ce contexte, les cas étudiés s'inscrivent dans ce qui apparaît comme un nouveau paradigme de l'État-providence qui serait orienté davantage vers l'investissement social pour permettre aux personnes d'affronter les risques plutôt que de simplement se protéger (Jenson, 2004 ; Noël, 1996). Ainsi, les sommes consacrées aux enfants d'âge préscolaire peuvent être considérées plutôt comme des investissements pour l'avenir que des dépenses sans lendemain. Plus largement, ces cas relèveraient non seulement de l'État-providence tel qu'entendu jusqu'ici, mais aussi d'une « société providence » que favorisent la décentralisation, l'initiative et la prise en main à travers, entre autres, le tiers-secteur, les associations et l'économie sociale et solidaire, notamment pour la livraison de certains services sociaux et pour l'insertion sociale (Lipietz, 2001). Le capital social en résultant pourrait par ailleurs contribuer au développement économique, posant ainsi de nouvelles bases (sans doute fragiles) pour un nouveau cercle vertueux entre développement économique et développement social, à l'ère de la mondialisation.

Les différentes études de cas montrent également qu'il existe des liens complexes entre les problèmes sociaux et les différents processus économiques et sociaux. Dans cette perspective, « il faut renoncer, pour agir dans de nouveaux domaines, à l'approche traditionnelle qui veut qu'à chaque problème corresponde un instrument spécifique pour adopter une démarche fondée sur des évaluations explicites des conséquences sociales des politiques menées dans différents domaines, en déterminant les arbitrages à faire entre des objectifs concurrents et en s'efforçant d'infléchir progressivement ces arbitrages » (OCDE, 2005 : 13). Comme l'indique cette étude de l'OCDE, les réformes doivent à la fois « assumer les échecs du passé et investir maintenant pour éviter que de tels échecs ne se reproduisent à l'avenir ». D'où l'importance du développement local, du développement économique communautaire, de la création d'emploi, de l'investissement dans des nouvelles formes d'entreprises et dans la mise sur pied de nouveaux services de proximité. L'échelle régionale ou locale est propice à la prise en charge simultanément du développement économique et du dévelop-

---

[7] Les « capabilités » des personnes leur permettent « to lead the kind of lives they value – and have reason to value » (Sen, 2000 : 38). Il s'agit donc de libertés positives qui favorisent la réalisation et l'accomplissement des personnes.

pement social de même qu'à des formes de gouvernance misant sur le partenariat et l'horizontalité de la coordination.

Par ailleurs, des quatre cas étudiés dans le domaine des services de santé, deux touchent au cœur du système de santé, soit la place et le rôle du privé et de la concurrence dans le système slovène de santé (Zalar), et l'efficacité respective des diverses agences régionales de santé en Italie, sous l'angle de la gouvernance et de l'apport de la concurrence (Levaggi). Ces deux cas, qui posent explicitement la question de la concurrence pour la livraison et même, dans un cas, pour la régulation des services de santé, apportent des réponses contrastées, soit que les réformes aient été trop timides (Slovénie) ou encore que la concurrence instaurée n'ait pas permis une réduction significative des coûts (Italie).

Les deux autres cas, qui concernent plutôt des réaménagements des services sociaux et de santé, se situent plus ou moins à la périphérie du système de santé, comme nous avons pu l'observer précédemment pour les services sociaux. Ainsi, en est-il de la table de concertation des dirigeants québécois d'établissements publics de santé, qui s'ouvre à des groupes communautaires québécois pour mettre en place un réseau de services intégrés (de la prévention aux soins palliatifs en passant par le traitement et la réadaptation) destinés aux personnes âgées en perte d'autonomie. Cette expérimentation représentera un modèle de gouvernance et d'efficacité pour l'ensemble du système de santé québécois (Demers et Turgeon). De même, le modèle d'une médecine intégrale générale, promue au Venezuela par les centres hospitaliers et par des initiatives citoyennes dans les quartiers urbains, émerge en parallèle des structures institutionnelles existantes, mais contribuera à réformer l'ensemble des pratiques médicales du pays (Richer). Dans les deux cas, des expérimentations à première vue marginales représentent des pistes pour une transformation en profondeur de l'ensemble du système (ce qui ne veut pas dire que ces transformations se feront nécessairement).

En effet, dans le domaine des services de santé, le cadre institutionnel semble plus rigide que dans celui des services sociaux. De plus, ces derniers seraient apparemment moins attractifs pour le privé lucratif (bien que les frontières entre les deux ne soient pas étanches) alors que la sensibilité et la vigilance des citoyens pour la santé empêchent la remise en question des institutions orientées vers le service public, allant parfois jusqu'à les renforcer. Ainsi, depuis 1984, la Loi canadienne de la santé a rendu obligatoire la gestion publique[8] du système de santé, sans

---

[8] Comme Demers et Turgeon l'indiquent dans leur chapitre, le système de santé canadien était comparable à celui des États-Unis, dans les années 1950 : l'État n'y jouait qu'un rôle supplétif alors que le privé avec les OBNL y prédominaient. Au-

remettre en cause le partage des compétences avec les provinces. Dans ce contexte, la gestion publique est obligatoire alors que le secteur privé et le secteur non lucratif n'y occupent qu'une position apparemment marginale[9]. Au Venezuela, qui représente avec Cuba et le Costa-Rica, l'un des États-providences les plus développés en Amérique du Sud, le système de santé et de services sociaux s'y est transformé à partir de 1980 dans le sens d'une décentralisation, d'une privatisation et d'une participation de plus en plus significative de l'économie sociale. Mais, suite à l'Assemblée nationale constituante de 1999, la santé a été incluse dans les droits fondamentaux dont l'État doit assurer le respect, et l'entreprise privée a été exclue de l'administration des services de santé. En Slovénie, la constitution elle-même définit également la santé comme un droit social. Même si elle exige un équilibre entre la liberté de l'initiative entrepreneuriale et les principes du marché, en ce qui a trait à l'État-providence, les réformes se sont révélées fort timides d'autant plus que les efforts de modernisation n'ont été réalisés jusqu'ici qu'à l'intérieur du système public. Enfin, en Italie, la réforme des services de santé de 1992 s'est faite selon deux grands principes : 1) la séparation de l'achat, ce dernier assuré par des agences publiques, et de la livraison de services, réalisée par divers acteurs ; 2) la dévolution des compétences à des agences régionales qui ont le choix quant au panier de services (une base minimale étant assurée) et quant à la façon de l'organiser.

En somme, tous les cas examinés suggèrent que le cadre institutionnel concernant les services de santé y est relativement plus rigide que celui des services sociaux et qu'il n'est modifié substantiellement qu'à la suite de mobilisations ou de grands débats, ce à quoi n'échappe pas le cas des États-Unis[10], qui n'a pas été étudié dans le présent ouvrage. De

---

jourd'hui, le système public y est vu comme une composante essentielle de l'identité canadienne et une marque distinctive par rapport aux États-Unis.

[9] Cela dit, environ 30 % des dépenses de santé au Canada proviennent du privé, soit une proportion comparable à l'Australie et aux Pays-Bas.

[10] Cette rigidité existe également aux États-Unis où les tentatives de réformes en profondeur au cours des quatre dernières décennies ont échoué en raison d'un « carcan institutionnel favorable au système de protection sociale d'entreprise » et de l'ambivalence des syndicats à son égard (Sauviat, 2004 : 34). Comme la plupart des études le montrent, le cas des États-Unis est relativement singulier. En effet, les États-Unis sont le seul pays où les dépenses privées en santé (55 %) dépassent les dépenses publiques (45 %). De plus, le système américain est le plus coûteux (15,0 % du PIB alors que la moyenne des pays de l'OCDE est 9,3 % en 2004) et en même temps le moins performant, si l'on retient les indicateurs généralement reconnus pour fin de comparaison (par ex. espérance de vie et mortalité infantile). De même, le financement public, qui représente 6,7 % du PIB aux États-Unis, ne permet d'offrir des services de santé qu'à 25 % de la population alors qu'avec des dépenses publiques

plus, ils montrent également que l'État n'est pas un acteur comme les autres en ce qui concerne le cadre institutionnel qui définit les règles du jeu et la place de chacun des acteurs pour la production et la gestion des services considérés. En revanche, les cas européens laissent également voir que tout ne se joue pas à l'échelle de l'État-nation et des collectivités locales, une partie des règles se définissant désormais au plan de l'Union européenne. Par ailleurs les services de santé occupent une position de plus en plus centrale dans la nouvelle économie, à partir des sciences de la vie où l'on retrouve des « joueurs » internationaux (Boyer, 2002).

Pluralité d'acteurs, mais place privilégiée des acteurs publics et d'économie sociale

En raison des caractéristiques des services sociaux et de santé, les acteurs publics et d'économie sociale occupent une place de première importance dans le régime de gouvernance. En effet, comme l'a montré théoriquement Enjolras dans le chapitre 1 et comme les divers cas le suggèrent, ces services ont des caractéristiques qui en font des services d'intérêt général : ils s'adressent à des personnes fragilisées ou en difficulté, répondent à une demande souvent insuffisamment solvable, donnent lieu à une asymétrie d'information entre l'offreur et le bénéficiaire et entraînent des effets externes au plan de la collectivité. Dans cette perspective, les organisations publiques et l'économie sociale sont plus aptes à prendre en charge ces services et à tenir compte des valeurs non monétaires (que cela suppose) en raison de leur forme institutionnelle, notamment la distribution des droits de propriétés et le fonctionnement démocratique ; démocratie représentative et mécanisme procédural dans le cas des organisations publiques, démocratie participative et mécanisme délibératif dans le cas de l'économie sociale. Les entreprises privées lucratives peuvent sans doute participer à la production de ces services et à la prise en charge de l'intérêt général mais, en raison des défaillances du marché entre autres pour la prise en charge de valeurs non monétaires, il faut prévoir des instruments d'intervention qui permettent de corriger les dysfonctionnements du marché ou encore de créer les conditions nécessaires à l'existence d'un marché. Autrement

comparables, certains pays dont le Canada (6,9 %), la Belgique (6,5 %), le Japon et le Royaume-Uni (6,4 %), l'Australie et l'Italie (6,3 %) desservent 100 % de la population. Ajoutons qu'aux États-Unis, 16 % de la population n'a aucune protection, soit environ 45,8 millions de citoyens dont 10 millions d'enfants (Mishel, Bernstein et Allegretto, 2006). Enfin, pour la livraison des services de santé, 85 % des centres hospitaliers sont à but non lucratif ; les centres hospitaliers spécialisés sont par ailleurs principalement privés (Sauviat, 2004).

dit, et cela est quelque peu paradoxal, l'ouverture à l'acteur privé suppose une intervention de l'État au plan institutionnel mais les outils utilisés peuvent être incitatifs plutôt que coercitifs.

Pour les pays représentés dans cet ouvrage, il ne fait pas de doute que l'État occupe une place déterminante (et différente de celles des autres acteurs) pour l'élaboration des politiques et des modes de financement. De même, les organisations publiques représentent les principaux acteurs pour la production et la livraison des services de santé et des services sociaux. Il existe toutefois des sous-secteurs relevant de ces services où l'économie sociale et le privé lucratif interviennent, le plus souvent en liaison avec le secteur public. Si chacun de ces acteurs peut agir séparément, les cas étudiés, notamment dans le domaine des services sociaux, révèlent une pluralité d'acteurs intervenant dans le cadre de réseaux des services publics ou encore de partenariats, ce qui n'exclut pas nécessairement la présence de la concurrence. Tels sont les cas du développement économique communautaire au Québec, du développement local à travers les « pays » en France et en Belgique, de la création d'entreprises en France pour le financement et l'accompagnement, et des partenariats stratégiques locaux au Royaume-Uni. Dans toutes ces réalisations, on retrouve à la fois des associations, des établissements publics et des entreprises privées réunies pour agir dans le sens de l'intérêt général ou d'un bien commun dont la définition n'est jamais complètement arrêtée. L'initiative de ces expérimentations revient le plus souvent à la société civile, à travers l'économie sociale, qui cherche par la suite l'appui des pouvoirs publics pour des projets pilotes auxquels s'associeront également les acteurs privés lucratifs. Si telle est bien la réalité, les acteurs prédominants seraient ici l'économie sociale et le secteur public, bien que la présence recherchée ou non du privé entraînerait des effets également structurants, telle la mise en place de quasi-marchés ou de dimensions concurrentielles (y compris dans le cadre de partenariats).

De plus, comme le montre bien l'étude belge sur les diverses formes de partenariat dans le domaine du développement local à partir des services de proximité, l'économie sociale, en raison de sa capacité à associer diverses parties prenantes dans l'offre de services publics ou quasi-publics, présente l'avantage de réduire les coûts de contractualisation, ce qui compense l'augmentation des coûts de propriétés engendrés par la pluralité de parties prenantes. Les associations réussissent mieux que les organisations publiques (et privées) à révéler la demande sociale, mais toutes les formes concrètes de partenariat entre économie sociale et organisations publiques ne présentent pas les mêmes avantages. En effet, la recherche empirique révèle également que les partenariats dont l'origine est publique, dont l'équilibre des partenaires n'est pas assuré et dont le financement provient d'une seule source (*a fortiori* des structures de proposition d'action et d'animation mais sans capacité de décision) sont plus facilement menacés de tutelle. Sous cet angle, le cas britannique de partenariat stratégique de Hackney apparaît moins équilibré puisque, selon l'auteur, les ressources communautaires seraient simplement utilisées « pour réaliser les priorités du gouvernement local », en dépit d'un discours valorisant la démocratie participative. À la différence du cas britannique, le cas québécois de développement économique communautaire de même que celui des « pays » en France reposeraient sur une participation des partenaires plus équilibrée, voire en faveur du communautaire dans le cas québécois (et cela, bien que les deux comptent également des partenaires privés lucratifs et publics).

Dans les services de santé, les possibilités de partenariat de l'économie sociale semblent plus fréquentes avec les organisations publiques qu'avec le secteur privé lucratif. Dans le cas québécois de services intégrés offerts aux personnes âgées en perte d'autonomie, on y retrouve d'abord une coordination entre établissements publics pour dépasser une approche fonctionnelle et, dans un second temps, la participation des organisations communautaires. Ces derniers réussissent à négocier à l'échelle locale les conditions de leur engagement, soit entre autres le respect de leur autonomie, le refus du statut de simples sous-traitants assujettis à des obligations contractuelles. Au Venezuela, la fin progressive de la gratuité des services de santé et la déficience de l'offre ont entraîné l'émergence de quelques organisations d'économie sociale avec l'aide financière des pouvoirs publics alors que le privé lucratif en a été exclu. Plus récemment, la médecine intégrale générale popularisée par les Centres hospitaliers, suite à une entente avec Cuba, a donné lieu à des missions à l'intérieur des quartiers urbains qui favorisent la participation des usagers. Si les acteurs publics et d'économie sociale évoluent en parallèle à l'échelle locale, l'État vénézuélien en assure néanmoins une partie du financement et a décidé d'offrir aux médecins vénézuéliens des enseignements pour une médecine moins curative et plus préventive, conformément à l'approche de la médecine générale intégrale.

Les deux autres cas relevant exclusivement des services de la santé, le cas italien et le cas slovène, suggèrent que des réformes devaient se faire dans le sens de la concurrence avec une ouverture au secteur privé lucratif. En Italie, la séparation de l'achat et des fournisseurs de services de santé fait en sorte que l'achat est réservé à des agences publiques alors que les fournisseurs peuvent être privés, publics et d'économie sociale. Toutefois, les agences publiques ont pris selon les régions des formes différenciées plus ou moins favorables à la concurrence : l'« agence de programmation » limite la concurrence, puisque le privé n'est sollicité que pour ce que le public n'offre pas ; l'« agence de type *sponsor* » encourage davantage la concurrence en définissant ce qui peut être offert par le privé et par le public ; l'« agence de type tiers payeurs » ouvre au maximum la concurrence pour permettre au client de choisir son fournisseur de services de santé. Enfin, dans le cas de la Slovénie, l'auteur de l'étude déplore que la modernisation des services de santé ne se soit faite jusqu'ici qu'à l'intérieur des services publics, sans faire appel à des partenariats privés et publics. Selon lui, pour une meilleure efficacité et plus de liberté aux usagers, l'État ne devrait être qu'un acteur comme les autres, y compris pour l'élaboration de politiques publiques. Ce cas révèle bien que la dépendance du chemin (*path dependency*) parcouru pour des pays en transition peut provoquer des rejets pour le moins radicaux de la part de ceux qui sont en rupture avec le passé.

Les conditions institutionnelles et organisationnelles de la gouvernance partenariale

Comme la concurrence dans les services d'intérêt général a été plus étudiée que le partenariat, nous nous arrêterons maintenant sur ce dernier, notamment sur celui qui existe entre les organisations publiques et les entreprises d'économie sociale, parfois avec le privé lucratif comme partie prenante. Les cas étudiés permettent d'identifier les conditions et les modalités qui rendent possible la prise en charge, par modalité de partenariat, des services d'intérêt général dans le domaine des services sociaux et de santé. Sur ce point, il nous semble important de bien distinguer les dimensions institutionnelles (règles et cadre) et organisationnelles (gestion et fonctionnement).

Ainsi l'adoption de nouvelles formes de coordination institutionnelle (tels les réseaux et le partenariat institutionnalisé pour remplacer des formes anciennes que sont la technocratie et le corporatisme) suppose un repositionnement de l'État dans son rapport à la société. Dès lors, la transformation en profondeur du cadre institutionnel peut entraîner l'ouverture du contrat social, d'où des référendums et exceptionnellement une assemblée constituante, comme dans le cas vénézuélien. Des modifications plus mineures du cadre institutionnel peuvent exiger également l'intervention de l'État mais à partir de lois, de décrets et de réglementations, selon des hiérarchies qui peuvent toujours être questionnées comme le laisse voir le cas slovène ou encore l'arrivée au pouvoir d'un parti politique au Québec. De même, l'intervention de l'État est nécessaire pour mettre en place des coordinations institutionnelles qui vont dans de nouvelles directions, soit une décentralisation des compétences et une concurrence aménagée comme le montre le cas italien avec les agences régionales pour la programmation et l'achat des services de santé. Enfin, seul l'État est en mesure de stabiliser et même d'imposer des instruments d'intervention plus incitatifs que coercitifs comme en témoignent la plupart des cas étudiés. Dans cette perspective, les processus d'institutionnalisation se font apparemment par étapes bien qu'il existe aussi des conjonctures plus appropriées pour procéder plus rapidement. Si les années 1980 ont été celles du marché, les années 1990 semblent bien avoir été celles des réseaux et du partenariat. Sur ce point, il existe un mimétisme de la part des pouvoirs publics qui n'entraîne pas pour autant une homogénéisation des systèmes sociaux (Policy Research Initiative, 2006).

La pluralité des acteurs dont la collaboration est indispensable, la complexité des problèmes qui dépassent la seule distribution étatique, la reconnaissance de l'efficacité d'approches misant sur l'horizontalité, l'intersectorialité et l'interdisciplinarité font en sorte que les politiques sociales ne peuvent plus être élaborées exclusivement par l'État même assisté d'une technocratie et d'une administration publique compétente. Comme pour les politiques économiques des années 1990, qui favorisent des approches en termes de grappes (*clusters*) et de systèmes d'innovation (Mytelka et Smith, 2003), les politiques sociales récentes sont plus souvent élaborées dans le cadre d'une co-construction[11] par l'État et par certaines parties prenantes (*stakeholders*), à partir souvent d'expérimentations, de projets pilotes et d'initiatives de la société civile. Les organisations relevant de l'économie sociale réussiraient mieux que d'autres acteurs à révéler non seulement de nouveaux besoins, mais aussi des façons inédites d'y répondre, de nouvelles approches, de nouvelles modalités de coordination et de nouveaux outils. Cela ressort explicitement des cas de développement local et des services sociaux au Royaume-Uni (Spear), en France (Koulytchizky et Richez-Battesti) et en Belgique (Petrella) de même que des cas de la santé, au Québec (Demers et Turgeon) et au Venezuela (Richer). Enfin, comme cela est manifeste pour le logement communautaire au Québec (Bouchard, Lévesque et St-Pierre), l'économie sociale, à travers des expérimentations soutenues par les pouvoirs publics et avec la complicité de représentants de l'administration publique, fournit les éléments nécessaires pour que l'État définisse des cadres institutionnels adaptés au partenariat ou au fonctionnement en réseau.

[11] Indiquons au passage que la « co-construction » de politique publique ne doit pas être confondue avec la « co-production » de services (participation de l'usager dans la production du service qu'assure le professionnel) (Gadrey, 1990) qui elle relève plutôt de l'organisationnel alors que la co-construction de politiques publiques s'inscrit dans le domaine institutionnel, reconnaissance des acteurs et établissement de règles et autres modalités institutionnelles (Laville, 2005 ; Lévesque, 2006).

La dimension institutionnelle ne relève pas exclusivement de l'environnement puisqu'elle est également présente dans les expérimentations qui s'institutionnalisent à l'échelle régionale et locale, y compris dans un secteur donné. À l'exception du cas de la Slovénie, toutes les expériences analysées dans cet ouvrage sont circonscrites à des territoires ou mieux des collectivités régionales ou locales, bien que certaines d'entre elles réussissent à couvrir l'ensemble d'une société donnée. Ainsi, dans le cadre de la régionalisation et de la décentralisation, elles peuvent donner lieu à des réappropriations différenciées, comme cela est manifeste avec les agences régionales de services de santé en Italie (Levaggi), les partenariats stratégiques locaux au Royaume-Uni (Spear), les expériences de « pays » en France (Koulytchizky) et le logement communautaire et social au Québec (Bouchard). Dans tous ces cas, la coconstruction des politiques sociales a favorisé vraisemblablement une institutionnalisation souple qui a rendu possible la différenciation, à l'échelle locale ou régionale, des formes institutionnelles et par suite des formes organisationnelles. Pour cette raison, les formes organisationnelles peuvent à leur tour influer sur la forme institutionnelle comme le favorise l'institutionnalisation à partir de l'expérimentation.

Dans la plupart des cas de gouvernance partenariale, on retrouve un espace qui permet la concertation entre les acteurs, comme c'est le cas entre autres de la Table de concertation des services sociaux et de santé pour les personnes âgées en perte d'autonomie (cas québécois). Ce lieu de concertation, qui a valeur institutionnelle, rend possible l'élaboration d'une approche commune, telle l'approche centrée sur les services intégrés à l'usager comme dans le cas québécois pour les personnes âgées en perte d'autonomie ou encore celle de la médecine générale intégrale au Venezuela. De même, dans le domaine du développement local, une approche nouvelle d'intégration des divers services à l'échelle locale remet en question la frontière entre le développement social et le développement économique, comme en témoignent entre autres l'approche des « pays » en France, celle du développement économique communautaire au Québec et celle des partenariats stratégiques au Royaume-Uni.

La construction de telles approches par une pluralité d'acteurs aux logiques et intérêts divers s'inscrit dans une démarche où l'on retrouve non seulement la délibération, mais aussi l'expérimentation avec les ajustements qui s'imposent. Ce faisant, la production d'une forme institutionnelle est également interdépendante avec un fonctionnement (ou si l'on veut avec une forme organisationnelle) qui permet les apprentissages et la production de la confiance nécessaire à la pérennisation de la gouvernance et à son efficacité. Ainsi, l'approche coconstruite et partagée, sans doute inégalement, réduit l'hétérogénéité conséquente à la participation d'une pluralité de parties prenantes et par le fait même les coûts de contractualisation (Petrella). Ce travail collectif laisse entrevoir comment un bien commun, ou mieux, l'intérêt général dans un domaine donné peut être construit. Le fait que les expérimentations se fassent principalement à l'échelle locale et régionale facilite sans aucun doute l'émergence d'une solidarité reposant à la fois sur une appartenance commune à un territoire et à une collectivité (un capital socio-territorial et un périmètre de solidarité) et sur une différenciation d'intérêts et une spécialisation des divers intervenants, sans oublier la diversité des modes de propriété des organisations participant au processus.

Par ailleurs, si l'État n'est pas un acteur comme les autres sur le plan institutionnel, il est un acteur comme les autres sur le plan organisationnel. Plus explicitement, le régime du partenariat institutionnalisé repose sur le postulat (pas toujours respecté et d'ailleurs pas acceptable par tous) que les organisations publiques et même les représentants politiques sont des acteurs ou des partenaires comme les autres, notamment pour la production et la gestion des services sociaux. Le cas québécois de l'intégration des services sociaux et de santé pour les personnes âgées en perte d'autonomie (Demers et Turgeon) illustre bien l'articulation nécessaire des dimensions institutionnelles et organisationnelles. Pour la concertation des acteurs, la construction d'une approche commune des services, l'élaboration des priorités et d'un plan d'action, on retrouve une Table de concertation composée de tous les acteurs, y compris du communautaire « plus faible institutionnellement », à qui on a accordé des conditions favorables pour rétablir l'équilibre et éviter ainsi qu'il soit marginalisé ou instrumentalisé. Cette Table de concertation est complétée par un comité de coordination qui relève davantage du fonctionnement ou de l'organisationnel, soit la gestion, la division et la coordination du travail, dans le cas présent la livraison de services intégrés aux personnes âgées. Autrement dit, la concertation entre les acteurs que vise à réaliser la première table permet à la seconde table (comité de coordination) d'obtenir « pleine » coopération des acteurs sur le terrain de la production et de la livraison des services aux usagers. Dans le cadre d'un processus de partenariat en voie d'institutionnalisation, on comprendra que les relations entre les deux tables ne sont pas à sens unique, même si elles réalisent des fonctions différentes et complémentaires.

La distinction entre l'institutionnel et l'organisationnel n'est pas toujours aussi tranchée que dans l'exemple précédent, mais l'existence d'espaces de médiation pour la mise en rapport voire la mise en dialogue des différents acteurs (animés par des logiques d'action et des conventions contrastées), semble bien indispensable pour le fonctionnement d'une gouvernance partenariale. Dans certains cas, les fonctions de concertation et de coordination peuvent être exercées par la même instance, comme dans le cas des Centres locaux de développement québécois qui ont un conseil d'administration et une direction exécutive pour la gestion courante. De toute façon, la coordination entre les partenaires se fait sous le mode de la persuasion, à partir surtout de l'échange d'information, ce qui suppose un niveau élevé d'une confiance qui n'est jamais donnée au départ, bien que les règles institutionnelles, notamment celles favorables au fonctionnement démocratique, puissent fournir une confiance dans les règles. De plus, la construction d'une approche commune suppose une « traduction » des divers mondes en présence (Callon, Lascoumes et Barthe, 2001) qui ne peut se réaliser sans supports et sans apprentissages, à commencer par l'écoute, la délibération voire la négociation pour arriver à une « *empowered participatory governance* » (Fung et Wright, 2001).

En raison de la complexité que représente le régime de partenariat institutionnalisé et des conditions institutionnelles pour y arriver, tous les partenariats ne sont pas couronnés de succès. Dans la plupart des cas, il semble bien exister des écarts importants entre le discours et la pratique. Ainsi, dans les partenariats stratégiques locaux présentés par Spear, les élus locaux tentent de se renforcer auprès de leurs collectivités en « utilisant » les forces vives des groupes communautaires. De même, les services d'accompagnement des entreprises sociales laissent voir que les pouvoirs publics n'hésitent pas à instrumentaliser l'économie sociale dans ce que Richez-Battesti appelle des « partenariats contraints », des « partenariats ponctuels » ou des « partenariats minoritaires ». Toutefois, ces services d'accompagnement, qui sont soumis à la fois à une gouvernance quasi concurrentielle et à une régulation tutélaire, évoluent en parallèle avec des services de financement offerts par des entreprises d'économie sociale (en complémentarité avec les services bancaires privés) qui s'inscrivent eux dans une gouvernance partenariale novatrice.

Même si les cas britanniques et français ne se prêtent pas à une généralisation immédiate, ils montrent que le partenariat de l'économie sociale avec le secteur public comme partenaire principal pourrait être plus contraignant qu'avec des partenaires privés lucratifs. Quoiqu'il en soit, ces deux cas, ainsi que celui des Centre locaux de développement québécois, révèlent une tension structurelle entre les représentants de la société civile et les élus dont un des éléments est celui du type de représentativité qui fonde, d'une part, la démocratie représentative, d'autre part, la démocratie participative. Par ailleurs, en ce qui concerne la gouvernance partenariale avec le secteur privé lucratif, les difficultés semblent provenir de la position souvent inégale de l'économie sociale dans le cadre d'une concurrence pensée pour (et parfois par) le secteur privé lucratif. Enfin, à partir d'une typologie des partenariats, Petrella montre que, pour les associations, les partenariats les plus stables et les plus avantageux sous l'angle de l'intérêt général seraient ceux dont l'initiative vient des associations, ceux dont l'équilibre interne des partenaires est respecté et enfin ceux dont les sources de financement sont diversifiées. Autant d'éléments qui, à notre avis, relèvent plus de la dimension institutionnelle (règles, place des acteurs et répartition des ressources) que de la dimension organisationnelle.

Conclusion

Si l'on se fie aux cas de services sociaux d'intérêt général présentés dans cet ouvrage, le marché et le partenariat sont les deux principaux vecteurs de la reconfiguration des régimes de gouvernance. Le régime de gouvernance publique et le régime de gouvernance corporatiste ne sont pas disparus pour autant, mais le plus souvent les innovations se feraient dans le sens d'un régime de gouvernance concurrentielle devenue hégémonique comme le suggère bien l'appel récurrent au privé et à la concurrence, soit pour améliorer la qualité, soit pour élargir le choix offert aux usagers soit pour réduire les coûts à charge de la collectivité, et en particulier des budgets publics. Comme cette dynamique dominante semble bien connue, nous avons centré notre mise en perspective sur le régime de gouvernance partenariale qui émerge souvent au second plan mais qui semble favoriser, plus que tous les autres régimes, l'innovation et l'expérimentation, notamment par sa capacité de mobiliser un grand nombre d'acteurs pour la construction d'une approche partagée et de projets relevant de l'intérêt général.

Pour que le régime de gouvernance concurrentiel réussisse à prendre en charge l'intérêt général dans le domaine de la santé et des services sociaux, l'État doit procéder à des interventions nombreuses et diverses, notamment pour combler les défaillances du marché ou encore pour créer les conditions d'un quasi-marché au regard de services dont une partie importante des usagers n'est suffisamment pas solvable. Ainsi, le financement de l'État peut se faire à partir d'appels d'offres qui mettent en concurrence les divers fournisseurs, ou encore d'agences qui achètent les services pour les fournir ensuite gratuitement aux usagers ou enfin par des bons d'achat (*vouchers*) qui permettent aux usagers de choisir le fournisseur. Dans la perspective d'un quasi-marché, les acteurs de l'économie sociale et de l'économie publique peuvent y participer, à travers notamment de réseaux, comme le montrent bien certains cas examinés dans cet ouvrage. De même, quand le régime de gouvernance partenariale domine, tous les acteurs (quelle que soit la forme de propriété et la forme de contrôle) peuvent y participer, à travers un partenariat dont les formes d'institutionnalisation peuvent être variables, par exemple négociées ou imposées. Autrement dit, avec les nouveaux régimes de gouvernance qui émergent, on assiste moins à un démantèlement des régulations publiques qu'à une combinaison de dérégulation et re-régulation, comme la plupart des chapitres de cet ouvrage le montrent.

La modernisation, ou mieux, une grande réforme des services sociaux d'intérêt général, ne semble pas facile à réaliser. Mais elle est jugée nécessaire voire urgente : par exemple par l'État pour réduire les coûts ; par les usagers, pour améliorer la qualité ; par le secteur privé lucratif, pour plus d'efficacité et pour élargir ses champs d'activité. Depuis maintenant presque deux décennies, les innovations se multiplient mais se produisent le plus souvent dans le cadre d'expérimentations. De plus, ces dernières se font souvent à la marge du système des services sociaux, ce qui ne veut pas dire pour autant qu'elles soient marginales puisqu'elles contribuent au renouvellement des approches, et que la gouvernance partenariale et même la gouvernance concurrentielle entraînent des changements significatifs des autres formes de gouvernance. Si le régime de gouvernance partenariale semble s'implanter plus facilement dans les services sociaux, les services de santé s'orientent plutôt vers le régime de gouvernance concurrentielle. Mais les nouvelles approches qui vont dans le sens de l'intégration et de l'horizontalité nous invitent à ne pas établir des frontières étanches entre la santé et les services sociaux d'autant plus que ces derniers ouvrent sur le développement économique, comme cela est manifeste dans une vision large de l'insertion socio-professionnelle alors que la santé pourrait se retrouver au cœur de la nouvelle économie (Boyer, 2002).

Enfin, une des conclusions transversales aux divers cas serait la co-existence de plusieurs formes de gouvernance dans un même domaine, ce qui ouvre la porte à l'hypothèse de l'hybridation des formes de gouvernance, notamment des gouvernances partenariales et des gouvernances concurrentielles. À partir des partenariats locaux stratégiques au Royaume-Uni, où les discours mettent l'accent sur la gouvernance partenariale, Spear n'en conclut pas moins à la co-existence de diverses formes de coordination qui relèvent à la fois du partenariat, de la hiérarchie, du marché et du fonctionnement en réseau. À partir de deux cas que sont les services d'accompagnement offerts aux entreprises sociales, d'une part, les services financiers, d'autre part, Richez-Battesti se demande si l'on est face à une juxtaposition de régimes différents ou à une hybridation entre un régime de partenariat et un régime quasi-concurrentiel[12].

L'hypothèse d'un régime inédit qui ne soit ni complètement concurrentiel, ni complètement partenarial mérite sans doute d'être examinée. La métaphore de l'hybridation, qui est utilisée par les économistes évolutionnistes (Nelson et Winter, 1982 ; Boulding, 1981), provient de la biologie. Sous cet angle, l'hybridation ne permet la fécondation ou la reproduction que lorsqu'elle est réalisée entre espèces animales ou végétales assez voisines. Cela pose la question des points communs entre le régime de gouvernance concurrentielle et le régime de gouvernance partenariale, ce que la typologie élaborée au premier chapitre pourrait nous permettre d'approfondir dans des recherches ultérieures. Cela dit, l'hypothèse de l'hybridation entre types idéaux de régimes de gouvernance nous invite à ne pas confondre idéaux types et réalité. Comme l'explique bien Weber, qui en a été l'initiateur de cette méthodologie dans ses *Essais sur la théorie de la science*, le type idéal est une construction mentale qui a une valeur heuristique, mais qui n'existe jamais à l'état pur dans la réalité où l'on ne retrouve tout au plus qu'une dominante[13]. Dès lors, la question serait moins de savoir si la cohabitation d'une gouvernance concurrentielle et d'une gouvernance partenariale donnera un type hybride de gouvernance que de chercher à voir lequel s'imposera sur l'autre dans une cohabitation durable et selon quels arrangements institutionnels.

Bibliographie

Adema, W., Ladaique, M., *Net Expenditure, More comprehensive measures of social support*, Paris, OECD, Social, Employment and Migration Working Papers No.29, 2005, 78 p., www.oecd.org/els/working papers

Albert, M., *Capitalisme contre capitalisme*, Paris, Seuil, 1991, 318 p.

Alesina, A., Glaser, E. L., *Combattre les inégalités et la pauvreté. Les États-Unis face à l'Europe*, Paris, Flammarion, 2006, 384 p.

Amable, B., *Les cinq capitalismes. Diversité des systèmes économiques et sociaux dans la mondialisation*, Paris, Seuil, 2005, 382 p.

---

[12] À la suite de Katheleen Thelen (2003), Robert Bayer (2003) distingue ces deux formes de changement qu'entraîne la sédimentation (juxtaposition) et l'hybridation. Cette dernière serait plus lourde en terme d'innovation et de transformation.

[13] Ainsi, dans *Économie et société* (1995), Weber, après avoir distingué clairement les types idéaux du prêtre, du prophète et du sorcier, montre que, dans la réalité, le prêtre est un peu prophète et un peu sorcier. De même, le prophète serait également un peu prêtre et un peu sorcier. Idem pour le sorcier. En somme, si les types idéaux peuvent être définis à l'état pur, ils n'existent pas comme tels dans la réalité, bien que fréquemment l'un d'entre eux domine.

Amable, B., Palombarini, S., *L'économie politique n'est pas une science morale*, Paris, Raisons d'agir Éditions, 2005, 288 p.

Arts, W., Gelissen, J., « Three Worlds of Welfare Capitalism or More? A State-of-the-art Report », in *Journal of European Social Policy*, 2002, Vol.12, No.2, p. 137-158.

Bayer, R., « Les analyses historiques comparatives du changement institutionnel : quel enseignement pour la théorie de la régulation », in *L'Année de la régulation*, No.7 (2003-2004), Paris, Presses de Sciences Po, 2003, p. 167-203.

Beauchemin, J., *La société des identités. Éthique et politique dans le monde contemporain*, Montréal, Athéna Éditions, 2004, 184 p.

Beck, U., *Risk Society*, London, Sage, 1992 (trad. Française : *La société du risque. Sur la voie d'une autre modernité*, Paris, Aubier, 1992).

Becker, G. S., *The Economic Approach to Human Behavior*, Chicago, The University of Chicago Press, 1976.

Bergmann-Winberg, M.-L. von, « Conclusion », in Enjolras, B., Bergmann-Winberg, M.L. von (dir.), *Plural Economy and Socio-Economic Regulation / Économie plurielle et régulation socio-économique*, Liège, CIRIEC international, 2002, p. 201-208.

Borzaga, C., Spear, R. (dir.), *Trends and Challenges for Cooperatives and Social Enterprises in Developed and transition countries*, Trento, Edizioni, 2004, 280 p.

Boulding, K. E., *Evolutionary Economics*, Berverly Hills (Cal.), Sage Publications, 1981.

Boyer, R., *La croissance, début de siècle. De l'octet au gène*, Paris, Albin Michel, 1992.

Callon, M., Lascoumes, P., Barthe, Y., *Agir dans un monde incertain. Essai sur la démocratie technique*, Paris, Seuil, 2001, 360 p.

Castell, R., *Les métamorphoses de la question sociale. Une chronique du salariat*, Paris, Fayard, 1995.

Castells, M., *The Rise of the Network Society*, Oxford, Blackwell, 1996 (trad. française : *La société en réseaux*, Paris, Fayard, 1996).

Castells, M., *The Power of Identity*, Oxford and Malden (MA), Blackwell Publishers, 1997 (trad.: *La société des identités*, Paris, Fayard, 1999).

Cox, H., « Changement de paradigmes dans la politique économique allemande : de l'entreprise publique classique à l'entreprise régulée? », in Monnier, L., Thiry, B. (dir.), *Mutations structurelles et intérêt général. Vers quels nouveaux paradigmes pour l'économie publique, sociale et coopérative ?*, Bruxelles, CIRIEC et De Boeck Université, 1997, p. 51-63.

Crouch, C., Streeck, W. (dir.), *Les capitalismes en Europe*, Paris, La Découverte, 1996.

Demoustier, D., « Débat autour de la notion d'économie sociale en Europe », in *Revue internationale de l'économie sociale (RECMA)*, 2006, No.300, p. 8-18.

Desroche, H., *Histoires d'économies sociales. D'un tiers état aux tiers secteurs*, 1791-1991, Paris, Syros, 1991, 262 p.

Draperi, J.-F., « L'économie sociale face à un siècle de pratiques coopératives », in *Revue internationale de l'économie sociale* (RECMA), 2000, No.275-276, p. 124-135.

Enjolras, B., Bergmann-Winberg, M.-L. von (dir.), *Plural Economy and Socio-Economic Regulation / Économie plurielle et régulation socio-économique*, Liège, CIRIEC international, 2002, 208 p.

Enjolras, B., « Introduction », in Enjolras, B., Bergmann-Winberg, M.-L. von (dir.), *Plural Economy and Socio-Economic Regulation / Économie plurielle et régulation socio-économique*, Liège, CIRIEC international, 2002, p. 9-16.

Enjolras, B., « Beyond Economics: Social Change and General Interest », in Enjolras, B., Bergmann-Winberg, M.-L. von (dir.), *Plural Economy and Socio-Economic Regulation / Économie plurielle et régulation socio-économique*, Liège, CIRIEC international, 2002a, p. 27-46.

Esping-Andersen, G., *Social Foundations of Postindustrial Economies*, New York, Oxford University Press, 1999.

Esping-Andersen, G., *The three Worlds of Welfare Capitalism*, Harvard, Harvard University Press, 1990 (trad. française par F.-X. Merrien : *Les trois mondes de l'État-providence. Essai sur le capitalisme moderne*, Paris, PUF, 1999, 310 p.

Evers, A., Laville, J.-L. (ed.), *The Third Sector in Europe*, Cheltenham, Edward Elgar, 2004, 266 p.

Fung, A., Wright, E. O., « Deepening Democracy: Innovations in Empowered Participatory Governance », in *Politics and Society*, 2001, Vol.29, No.2, p. 5-41.

Gadrey, J., « Rapports sociaux de service : une autre régulation », in *Revue économique*, 1990, No.1, p. 193-213.

Hall, P., Soskice D., « An Introduction to Varieties of Capitalism », in Hall, P., Soskice, D. (Dir.), *Varieties of Capitalism. The Institutional Foundations of Comparative Advantage*, Oxford, Oxford University Press, 2001, p. 1-70 (trad. du texte de Hall et Soskice, « Les variétés du capitalisme », in *L'année de la régulation* 2002, Vol.6, Paris, Presses de Sciences-Po, p. 47-123).

Hicks, A., Kenworthy, L., « Varieties of Welfare Capitalism », in *Socio-economic Review*, 2003, Vol.1, p. 27-61.

Hollingsworth, R. J., Boyer, R. (dir.), *Contemporary Capitalism: The Embeddedness of Institutions*, Cambridge, Cambridge University Press, 1997, 494 p.

Jenson, J., *Catching Up to Reality: Building the Case for A New Social Model*, Ottawa, Canadian Policy Research Networks, CPRN Social Architecture Papers Research Report F|35 Family Network, 2004, 65 p.

Laville, J.-L., *Sociologie des services. Entre marché et solidarité*, Ramonville Saint-Agne, Eres, 2005, 180 p.

Lévesque, B., « Le potentiel d'innovation sociale de l'économie sociale : quelques éléments de problématique », in *Économie et Solidarités*, 2006, Vol.37, No.1, p. 13-48.

Lévesque, B., « Un nouveau paradigme de gouvernance : la relation autorité publique-marché-société civile pour la cohésion sociale / A New Governance Paradigm : Public Authorities-markets-civil Society Linkage for Social Cohesion », in *Les choix solidaires dans le marché : un apport vital à la cohésion sociale/Solidarity-based Choices in the Market-Place: a Vital Contribution to Social Cohesion*, Strasbourg, Édition du Conseil de l'Europe/Council of Europe Publishing (coll. Tendances de la cohésion sociale No.14/Trends in social cohesion, No.14), 2005, p. 29-66/29-67.

MacPherson, I., « Remembering the Big Picture: the Co-operative Movement and Contemporary Communities », in Borzaga, C., Spear, R. (dir.), *Trends and Challenges for Co-operatives and Social Enterprises in Developed and Transition Countries*, Trento (Italy), Edizioni, 2004, p. 39-48.

Maurice, M., « Méthode comparative et analyse sociétale. Les implications théoriques des comparaisons internationales », in *Sociologie du travail*, 1989, Vol.XXXI, No.2, p. 175-192.

Mishel, L., Bernstein, J., Allegretto, S., *The State of Working American 2006/2007*, Washington, Economic Policy Institute, 2006 (notamment le chapitre 8: International Comparisons. How does the United States stack up?).

Monnier, L., Thiry, B., « Architecture et dynamique de l'intérêt général », in Monnier, L., Thiry, B. (dir.), *Mutations structurelles et intérêt général. Vers quels nouveaux paradigmes pour l'économie publique, sociale et coopérative ?*, Bruxelles, CIRIEC et De Boeck Université, 1997, p. 6-30.

Mytelka, L. K., Smith, K., « Interactions Between Policy Learning and Innovation Theory », in Conceiçao, P., Heitor, M. V. (dir.), *Innovation, Competence Building and Social Cohesion in Europe. Toward a Learning Society*, Cheltenham (UK) and Northampton (MA), 2003, p. 24-44.

Nelson, R.R., Winter, S.G., *An Evolutionary Theory of Economic Change*, Cambridge, M.A., Harvard University Press, 1982.

OECD, *Extending Opportunities. How Active Social Policy can benefit us all*, Paris, OECD, 2005, 146 p. (version française : *Accroître les chances de chacun. Pour une politique sociale active au bénéfice de tous*).

OECD, *Social Expenditure Database*, Paris, 2004 (SOCX www.oecd.org/els/social/expenditure).

Offe, C., *Les démocraties modernes à l'épreuve*, Paris et Montréal, L'Harmattan, 1997, 350 p.

Palier, B., Bonoli, G., « Phénomène de Path Dependence et réformes des systèmes de protection sociale », in *Revue française de Science Politique*, 1999, Vol.49, No.3, p. 399-420.

Piore, M. J., Sabel, C., *The Second Industrial Divide: Possibilities for Prosperity*, New York, Basic Book, 1984 (Trad. : *Les chemins de la prospérité. De la production de masse à la spécialisation souple*, Paris, Hachette, 1989).

Policy Research Initiative, *European Integration and Convergence of the National Welfare States. North American Linkage. Briefing Notes*, Ottawa, Government of Canada, 2006, www.policyresearch.gc.ca/page.asp?pagenm-pub_index.

Policy Research Initiative, *Exploring New Approaches to Social Policy. Synthesis Report*, Ottawa, Government of Canada, 2005, www.policyresearch.gc.ca/page.asp?pagenm-pub_index.

Quermonne, J-L, *Les régimes politiques occidentaux*, Paris, Seuil, 2006, 301 p.

Saint-Arnaud, S., Bernard, P., « Convergence ou résilience ? Une analyse de classification hiérarchique des régimes providentiels des pays avancés », in *Sociologie et sociétés*, 2003, Vol.35, No.2 (Publié également sous le titre « Convergence or Resilience? A Hierarchical Cluster Analysis of the Welfare Regimes in Advanced Countries », in *Current Sociology*, Vol.51, No.5).

Sauviat, C., « La crise chronique du système de santé américain », in *Revue de l'IRES*, 2004, No.46, p. 3-45.

Sen, A., *Development as Freedom*, New York, Alfred A. Knoff Publishers, 2000, 366 p.

Thelen, K., « Comment les institutions évoluent : perspective historique », *L'Année de la régulation*, No.7 (2003-2004), Paris, Presses de Sciences Po, 2003, p. 13-43.

Théret, B., *Protection sociale et fédéralisme. L'Europe dans le miroir de l'Amérique du Nord*, Montréal, Presses de l'Université de Montréal, 2002, 504 p.

Théret, B., « Méthodologie des comparaisons internationales, approches de l'effet sociétal et de la régulation : fondements pour une lecture structuraliste des systèmes nationaux de protection sociale », in *L'Année de la régulation*, Paris, La Découverte, 1997, Vol.1, p. 163-228.

Weber, M., *Économie et société*, Paris, Plon, 1971 (œuvre postume de 1921) (réédition 1995).

Weber, M., *Essais sur la théorie de la science*, Paris, Plon, 1965 (édition originale : 1904-1917).

Présentation des auteurs

Marie J. Bouchard est directrice de la Chaire de recherche du Canada en économie sociale de l'Université du Québec à Montréal. Professeure titulaire à l'École des sciences de la gestion de l'UQAM, elle est aussi un membre régulier du Centre de recherche sur les innovations sociales (CRISES) depuis 1996, et coresponsable du Chantier Habitat communautaire de l'Alliance de recherche Universités/Communautés en économie sociale (ARUC-ÉS) depuis sa création en 2000.

Détenteur d'un doctorat en science politique de l'Université Laval, **Louis Demers** est professeur à l'École nationale d'administration publique (ÉNAP). Son enseignement porte sur la structure et la théorie des organisations. En recherche, il s'intéresse depuis plusieurs années à l'organisation des services sociaux et de santé et aux politiques publiques visant ce secteur. Ses projets de recherche en cours portent sur les services aux personnes âgées fragiles.

Bernard Enjolras est directeur de recherche à l'Institut pour la Recherche Sociale (ISF) à Oslo, Norvège. Il est diplômé de l'Institut d'Études Politiques de Paris (France), Docteur en Sociologie (Université de Québec à Montréal, Canada) et Docteur en Sciences Économiques (Université Paris I. Panthéon-Sorbonne, France). Ses principaux champs de recherches portent sur la société civile, les organisations de l'économie sociale, les politiques publiques et la gouvernance. Il est l'auteur de plusieurs ouvrages et articles scientifiques et notamment : *Conventions et institutions. Essais de théorie sociale* (Paris: L'Harmattan, 2006) et *L'économie solidaire face au marché. Modernité, société civile et démocratie* (Paris : L'Harmattan, 2002).

Serge Koulytchizky rencontre au départ Henri Desroche, qui publie sa thèse de Science politique dans sa collection à la Sorbonne (« L'Autogestion, l'Homme et l'État », Mouton éditeur, 1974) ; compagnonnage jusqu'en 1994, à travers l'expérience des collèges coopératifs et de l'Université coopérative internationale.

Dans les années 1980, il est rédacteur en chef de la REC, actuelle *Revue internationale de l'Économie sociale*, dont il est aujourd'hui rédacteur associé.

Dans le parcours universitaire, fondation en 1991, à l'Université du Mans de l'Institut Charles Gide, formation diplômante de second et troisième cycle totalement dédié à l'économie sociale.

Dans la recherche, membre du conseil scientifique de l'ADDES, associé au jury d'un prix dont les choix font autorité en économie sociale, par ailleurs membre du bureau du CIRIEC-France et des instances scientifiques du CIRIEC international.

Rosella Levaggi (D. Phil, UK-York) est professeur titulaire d'économie publique à l'Université de Brescia (Italie). Elle est référé pour plusieurs revues internationales telles que *The Economic Journal, Annales de l'économie publique, sociale et coopérative, Journal of Health Economics, Health Economics, Public Choice.* Ses recherches portent principalement sur les sciences sociales, en particulier la régulation des services publics, les effets de l'évasion fiscale, la croissance des dépenses publiques et les enjeux d'équité.

Benoît Lévesque est professeur titulaire associé (sociologie) à l'UQAM (Université du Québec à Montréal) et à l'ÉNAP (École nationale d'administration publique). Après avoir été président du CIRIEC Canada (1995-2000), il est président du Conseil scientifique international du CIRIEC international depuis 2002. Il est membre et co-fondateur du Centre de recherche sur les innovations sociales (CRISES) et de l'ARUC en économie sociale dont il a assumé la direction dans le premier cas de 1986 à 2002 et dans le deuxième cas de 2000 à 2003. Il a réalisé de nombreuses publications dans les domaines de l'économie sociale, de la gouvernance et du développement régional et local.

Francesca Petrella est maître de conférences en sciences économiques à l'Université de la Méditerranée et co-directrice du Master RH Économie sociale avec Nadine Richez-Battesti. Elle a réalisé sa thèse de doctorat sur les partenariats entre organisations publiques et associatives pour le développement local à l'UCL (Belgique). Membre du Laboratoire d'économie et de sociologie du travail (LEST) à Aix-en-Provence, ses principaux domaines de recherche concernent les formes de gouvernance territoriale et l'évaluation des politiques sociales, dans des secteurs comme l'accueil des jeunes enfants et les services à la personne.

Madeleine Richer est professeure titulaire à la faculté des sciences économiques et sociales de l'Université du Zulia à Maracaibo, Venezuela. Elle est membre du conseil de direction du CIRIEC Venezuela, et responsable de l'édition de la revue *Cayapa. Revista Venezolana de Economía Social.* Ses travaux portent sur les processus d'intercoopération et sur les relations entre les organisations d'économie sociale et les politiques publiques.

Nadine Richez-Battesti est maître de conférences en Économie à l'Université de la Méditerranée (France) où elle dirige avec Francesca Petrella un Master d'Économie sociale et solidaire. D'abord chercheur au centre d'Économie et de Finances internationales, elle est maintenant rattachée au Laboratoire d'Économie et de Sociologie du Travail à Aix-en-Provence. Ces travaux portent d'une part sur le modèle social européen et le processus d'intégration européenne et d'autre part sur la caractérisation des modèles de gouvernance, et notamment du modèle partenarial, dans le champ des services sociaux et des services financiers.

Roger Spear est membre du comité scientifique du CIRIEC, président de la Co-operatives Research Unit, membre fondateur et vice-président de EMES, réseau de recherche sur les entreprises sociales, et enseigne les systèmes organisationnels et les méthodes de recherche dans le Centre for Complexity and Change à l'Open University. Ses recherches depuis de nombreuses années portent sur les coopératives, l'économie sociale, et, plus récemment, les entreprises sociales.

Julie St-Pierre est agente de développement de l'économie sociale à la Corporation de développement économique communautaire CDEC LaSalle-Lachine. Elle est détentrice d'une Maîtrise en administration de l'École des sciences de la gestion de l'UQAM. Elle a été assistante puis agente de recherche au Centre de recherche sur les innovations sociales (CRISES) et à la Chaire de recherche du Canada en économie sociale de l'UQAM de 2001 à 2004.

Bernard Thiry est professeur d'économie à HEC-École de Gestion de l'Université de Liège (Belgique). Il est directeur général du CIRIEC international depuis 1990. Après avoir présidé pendant plusieurs années l'Office public wallon de l'Emploi et de la Formation (FOREM) et une importante mutualité de santé en Belgique (UNMS), il est depuis 2006 directeur des relations internationales d'ETHIAS, importante mutuelle d'assurances.

Jean Turgeon (Ph.D., Université Laval, Canada) a travaillé 10 ans au ministère de la Santé et des Services sociaux du Québec avant de joindre en 1991 l'École nationale d'administration publique (ÉNAP, Canada) où il est professeur titulaire. Il s'intéresse à l'analyse des politiques dans le secteur des services sociaux et de santé. Co-fondateur en 2005 du Groupe d'étude sur les politiques publiques et la santé, il est également associé au Centre de recherche et d'expertise en évaluation (CREXE, ÉNAP).

Boštjan Zalar est chercheur à l'Institut des sciences sociales, Faculté des sciences sociales, Université de Ljubljana. Il est par ailleurs Juge de Haute Cour à la Cour administrative de la République de Slovénie et Professeur associé à la Postgraduate School of Government and European Studies, Brdo pri Kranju en Slovénie.

Économie sociale & Économie publique

La collection « Économie sociale & Économie publique » rassemble des ouvrages proposant, dans une perspective de comparaison internationale, des analyses d'organisations et d'activités économiques orientées vers l'intérêt général et l'intérêt collectif : services sociaux, services publics, régulation, entreprises publiques, action économique des entités territoriales (régions, autorités locales), coopératives, mutuelles, associations, etc. Dans un contexte de « grande transformation », l'activité scientifique dans ce domaine s'y est fortement développée et la collection se veut un nouveau vecteur de diffusion et de valorisation de cette activité dans une approche pluridisciplinaire (économie, sciences sociales, droit, sciences politiques, etc.).

La collection est placée sous la responsabilité éditoriale du CIRIEC. Organisation internationale à but scientifique, le CIRIEC a pour objet la réalisation et la diffusion de la recherche sur l'économie publique et l'économie sociale et coopérative. Une de ses principales activités est l'animation d'un vaste réseau international de chercheurs dans ces domaines.